문화문고 027

동아시아의

유교와 전통문화

이동희 저

傳統文化硏究會

동아시아의
문화문고 유교와 전통문화

2018년 4월 10일 초판 인쇄
2018년 4월 20일 초판 발행

저　자　이동희
기　획　이계황
편　집　남현희
교　정　김효동 전병수
출　판　김주현
관　리　함명숙
보　급　서원영

발행인　이계황
발행처　(사)전통문화연구회
서울시 종로구 삼일대로 428 낙원빌딩 411호
전화 : 02-762-8401 전송 : 02-747-0083
사이버書堂 : cyberseodang.or.kr
온라인서점 : book.cyberseodang.or.kr
전자우편 : juntong@juntong.or.kr
등　록 : 1989. 7. 3. 제1-936호
인쇄처 : 한국법령정보주식회사(02-462-3860)
총　판 : 한국출판협동조합(070-7119-1750)

ISBN 979-11-5794-176-6 04150
978-89-91720-76-3(세트)

정가 13,000원

간행사

본회는 한국고전의 연구와 번역의 선결과제先決課題로, 동양고전의 협동연구번역과 on-off 라인을 통한 교육을 해온 지 20여 년이 되었다. 이는 우리의 역사歷史와 문화文化를 깊이 이해하기 위하여 동양의 역사와 문화를 총체적으로 조명하여야 한다는 취지에서이다.

그런데 동서양 고전에 대해서 그 중요성은 인정하고 있지만, 특히 한국과 동양의 한문고전은 지식인이나 일반인은 물론 전문가조차 해독하기 어려워 일본이나 중국의 번역본을 중역하는 상황이었고, 동양고전은 현대화가 늦어져 이제야 본격적인 작업을 하고 있다.

오늘날 각계의 교류가 긴밀히 이루어지면서 세계가 하나로 되는 상황에 이르러, 우리 국민의 역사·문화 의식이 한국에서 동양으로, 또 세계로 지향해야 하는 시급한 시대가 다가왔다.

그러나 세계로의 지향이 서구화의 다른 이름이고 우리로서는 허상일 수 있음을 주의해야겠지만, 우리와 동양의 자주성과 자존의 아집도 경계하여 새로운 그 무엇을 그려내야 할 것이다. 이를 위해서는 일차적으로 한韓·중中·일日이 삼국양립三國兩立에서 발전하여 삼국정립三國鼎立을 이룸으로써, 치욕의 역사에서 벗어나 안정과 발전의 기반을 마련해야 할 것이다.

본회는 이러한 상황에서 1차적인 준비로 '동양문화총서'를 몇

권 간행한 바 있으나, 이 계획의 충실을 기하기 위해서는 한 손에는 연구, 다른 한 손에는 보급이라는 과제를 좀 더 확실히 해결하지 않으면 안 된다. 이러한 문화 보급의 취지에서 앞으로 국민의 전체적인 수준 향상을 위하여 '사서四書'의 문고화를 시작으로, 우리와 동양에서부터 서양의 고전과 인물과 문화에 관한 '문화문고' 간행의 출발점으로 삼고자 하는 것이다.

대체로 문고는 연구서에 비하면 2차적 작품이므로, 해석과 주석 등을 본문에 녹여서 중등학생 수준의 독자가 읽어서 이해되도록 하려고 한다. 그러나 특수한 분야나 전문적인 것도 필요한 것이다. 또한 시대에 부응하여 편리하며 염가로 읽힐 수 있는 '전자출판'도 겸행할 예정이다.

구미歐美의 유명한 문고본이 끼친 세계 문화적 영향이나, 이웃 일본의 교양과 지식이 이와나미문고岩波文庫에서 나왔다는 사실을 기억해야겠다. 우리나라의 문고본은 그간 부침浮沈이 있었으나, 여러 분의 서가에도 상당수 있듯이 그 공헌은 인정하지 않을 수 없다.

앞으로 우리는 동양고전의 번역 및 교육사업과 함께 통섭적統攝的 방법으로, 국가경쟁력을 키우고 문예부흥을 개막하는 계획의 꿈도 이루기 위하여 지혜를 모아 헌신할 것을 다짐하며, 이에 각계의 관심과 지원을 기대한다.

전통문화연구회 회장 이계황

이 책에 대하여

이 책은 과거 우리의 생각과 삶을 지배했던 종교요 세계관이라고 할 수 있는 유교(유학)에 대한 이야기이다. 추석과 설 명절이 되면 한복을 입고 조상님께 차례를 올리고 세시풍속의 여러 놀이를 행하는 며칠 동안의 행사의 기원은 유교적 유풍이다. 뿐만 아니라 조상 숭배라는 소위 제사 행위 역시 유교적 행사로서 하나의 전통문화를 형성하고 있다. 다른 문화권에서도 조상 숭배나 가족 화합도 중요시하기 때문에 우리의 유교식 제사와 조상 숭배가 상대적으로 중요하게 생각되지 못하고 있다. 특히 서양 문명이 확산되어 기독교 종교가 널리 퍼진 상황에서 유교의 전통이 잊혀져 가고 있는 느낌이다. 그러나 전통문화와 그 바탕인 유교적 사고방식과 삶의 태도는 여전히 남아 있다. 그러한 유교의 모습을 조금 일반화하여 교양으로서 소개하려는 시도로 이 책이 쓰여졌다. 그러나 유교의 전모를 체계적이고 종합적으로 이야기한 것이 아니고 일면을 소개하여 읽을거리로 만든 것이다. 그러므로 유교를 학술적으로 또는 역사적으로 논하는 다른 책과 함께 보면 좋을 것이다.

이 책은 크게 두 부분으로 나누어져 있다. 제1부는 그야말로 '유교 이야기'이다. 오늘날 우리가 던질 수 있는 주제를 가지고 필자가 쓴 몇 편의 이야기를 게재하였다. 이 글과 함께 전체적으로 유교의 모습을 현대적 주제로 이야기한 것에 《현대인의 유교읽기》(개정증보판, 아세아문화사, 2005)가 있다. 이 글과 함께 보면 도움이 될 것이다. 필자의 다른 책으로서 〈문화문고〉로 간행된 《유학이란 무엇인가》(전통문화연구회, 2014)도 시각을 달리하여 썼지만 역시 교양용으로 유교에 대해 쓴 것이므로 함께 읽으면 도움이 된다.

제2부는 동아시아 한·중·일 세 나라에서 유교를 어떻게 받아들여 전개하였는지에 대해 이야기한 것으로 교양 수준에 맞춰 칼럼식으로 쓴 글이다. 제1장은 한국 유교를 이야기하기 전에 전론, 혹은 총론으로서 포괄적으로 인문학적 관점에서 불교 · 유교를 포함하여 한국의 종교 및 사상, 문자(한글), 문학 등 소위 인문학적 전통을 문화사적으로 개괄하였다. 물론 그 중심에는 사상으로서의 유교를 비중 있게 이야기하였다.

제2부 제2장은 한국의 조선조 사상의 흐름을 다루었다. 특히 사상으로서의 유교를 다루려면 주자학을 다루지 않을 수 없는데, 가능한 역사적 흐름에 치중하여 쉽게 서술하였다. 물론 주자학(혹은 성리학)이 일종의 철학(혹은 종교철학)으로서 매우 사변적이어서 오늘날 생활관습으로 남아 있는 유교적 삶의 양식과는 거리가 있지만, 조선조 인물들을 말하려면 반드시 언급하지 않을 수 없다. 이

것은 조선조 전기 유교(주자학) 사상 개론이 된다.

제2부 제3장은 언젠가 사회윤리 입장에서 혹은 유교인의 시각에서 통일이라는 한국의 민족적 과제 앞에 유교가 어떤 기여를 할 수 있는가라는 매우 생경한 주제를 두고 토론한 적이 있었는데, 필자가 사상적인 측면, 즉 사회윤리적인 측면에서 한번 고찰한 것이 이 글이다. 물론 필자의 전공이 정치학이 아니므로 통일이라는 구체적 정책론을 구상한 것은 아니다. 따라서 내용은 결국 유교의 극복이라는 다소 전통 비판적인 입장을 말한 것이 되었다. 유교 전통을 지키려는 옛 선비의 후예들의 시각에서 보면 다소 생경함을 줄 수 있다. 그러나 한국의 유교를 논할 때 사회윤리적인 측면에서 그 부정적인 요소를 논하지 않을 수 없는 것이다. 이때 유교란 한국에서 토착화된 '한국의 유교 전통'(이념적 유교가 아닌 역사적 유교)을 말하는 것은 물론이고, 그 보는 시각 역시 오늘날 근대화라든가 세계화라든가, 또 나아가 자본주의 세계 경제에서의 생존과 발전이라는 '현대적' 시각에서 말하는 것이다. 유교 정신의 본질과 현대적 기여를 논하는 것과는 별개의 주제이다.

제2부 제4장은 근자 1978년 중국의 '개혁 개방' 이후 자본주의 경제 체제 도입과 그로 인한 경제성장에 발맞추어 민족적 문화 전통을 살리려는 노력의 일단을 살펴보았다. 이념적 측면에서는 마르크시즘의 퇴조와 더불어 그에 대신할 새로운 이념으로서 유교

를 부흥시키려는 운동을 이야기하였다. 마치 한국의 과거 경제 개발과 더불어 '민족문화부흥'을 정책으로 내세웠던 것과 흡사하고, 과거 중국 한漢나라에서 제자백가 중에서 유교를 국가 통치이념으로 삼은 것을 상기시키기도 한다. 유교의 장려는 국가 통치 이념으로서 유교를 다시 강조하고 있다는 징표인데, 국가에서 정책적으로 추진하고 있는 점이 흥미로운 것이다. 자본주의 및 서구적 자유주의 경향과 전통 유교가 이념적으로 갈등 없이 조화롭게 잘 병행될 수 있을지 관심이 가지 않을 수 없고, 한국 문화와 밀접한 관련을 맺어왔던 중국 문화의 변화가 한국의 미래에 어떤 영향을 미칠지도 관심의 대상이 되지 않을 수 없다. 특히 한자로 된 중국 고전의 유행과 그 속의 중국 중심주의(중화사상)와 연관하여 한국의 문화적 주체성 문제를 생각해 보아야 하고, 종교적 측면에서 한국의 기독교 문명과 중국의 유교 부흥과의 관계도 고찰해 보아야 할 것으로 생각된다.

제2부 제5장은 한 · 중 · 일 삼국의 유교의 역사와 자국 내에서의 토착적 전개 양상을 비교해 본 글이다. 중국 유교의 역사도 한나라 때부터 시작되었고, 그것도 왕조의 이념 통제의 수단으로서 유교를 채택한 측면을 먼저 이야기하였다. 이는 서구 왕조에서 기독교를 국교로 인정하여 통치의 수단으로 활용한 것과 양상이 같은 것이다. 중국의 그러한 국교가 일본과 한국에서 토착화되면서 나타난 특색을 핵심 내용으로 살펴보았다. 특히 일본의 경우 근세

막부정권에서도 한국의 영향으로 주자학을 국가 통치이념으로 삼았는데, 특이하게도 일본 고유종교 신도神道와 습합시켜 해석한 것이 매우 흥미롭다. 또 한국처럼 과거제도가 없었고, 주자학 수용 주체가 승려였다는 배경도 특이하다. 한국의 경우 주자학의 나라라고 할 만큼 주자학에 너무 일방적으로 경도한 특징이 있다. 한국은 주자학으로써 선비 그룹의 문화생활이 이루어졌다 해도 과언이 아닌데, 전근대의 농업경제 구조에서는 그것이 가능했고, 그 결과 선비의 문화적 업적은 정신문화면에서 오늘날 고급 문화유산으로 남겨졌다. 이것은 그만큼 주자학이 유교의 종교로서 체계적이고 종합적인 성격을 가졌기 때문에 한국의 선비들이 지나치게 편애할 수밖에 없었다고 보이지만, 민족문화의 입장에서 보면 역시 비판의 여지가 있다. 미래 문화 건설에 이데올로기적 편집성은 가지지 말아야 한다는 교훈을 여기서 얻을 수 있다.

이 책은 수미일관된 서술이 아니고 약간 이야깃거리를 모아놓은 잡고의 느낌이 있다. 그러므로 독자들이 필자의 다른 저서를 참고하여 보완해주기를 기대한다. 전통문화연구회에서 이 보잘 것없는 원고를 〈문화문고〉로 출간해준 것은 정말 기대 밖이라 감사의 말씀을 올린다. 유교가 점차 잊혀져 가고 있는 느낌인데, 전통으로서 한국과 나아가 동아시아 전통문화로서 유교에 관심 있는 젊은 세대, 또 교양으로서 유교를 알고자 하는 많은 지식인, 그리고 옛날 한문이 좋아서 교양으로서 유교고전을 배우러

다니는 많은 일반시민들이 이 책으로 약간의 도움을 받았으면 다행이겠다.

2018. 4.

솔바람 이동희

일러두기

1. 본서는 동서양東西洋의 중요한 고전古典, 인물人物, 문화文化에 관한 모든 국민의 교양도서로, 미래 한국의 양식良識 기반을 구축하기 위한 문화문고文化文庫이다.
2. 본서에서는 동아시아의 전통문화 속에서 유교儒教가 어떤 역할을 하였고, 어떤 위상을 정립하였는지를 다각적으로 조망하였다. 나아가 오늘날의 복잡한 사회 문제에 유교를 어떻게 활용할 수 있는지 미래의 전망을 제시하였다.
3. 본서에 수록된 글은 기존에 여러 지면에서 발표했던 논설들을 개고改稿한 것으로 그 출처는 권말卷末에 부록으로 제시하였다.
4. 관련 도판圖版 자료를 함께 수록하여 내용 이해를 도왔다.
5. 고유명사 및 주요 어휘는 독자의 이해를 돕기 위하여 한자漢字를 병기하였다.
6. '理'는 '철학적 용어'로 나올 때는 한글 표기의 경우 '리'로 표기하였다.
7. 주자朱子, 퇴계退溪 등 성리학자의 경우 이름 표기가 원칙이나 호號를 쓰기도 하였다.
8. 현대 중국인과 일본인의 경우 그 나라말로 읽되, 필요한 경우

우리말 한자 읽기도 병기倂記하였다.

9. 본서에 사용된 주요 부호符號는 다음과 같다.

“ ” : 대화, 인용

‘ ’ : 재인용, 강조

( ) : 간단한 주석註釋

《 》 : 서명書名

〈 〉 : 편장명篇章名, 작품명作品名 보충역補充譯

〔 〕 : 관용구慣用句, 보충 원문原文

– : 대립 관계, 사승師承 관계, 계승 관계

목 차

제1부

현대 교양을 위한 유교 이야기

선사공자행교상先師孔子行敎像

제1장 유교의 인생관

1. 인생론과 우주론

인생관이란 인간의 삶의 문제이긴 하지만, 근본적으로는 인간을 어떻게 보느냐 하는 인간관과 밀접한 관련이 있다. 그러므로 인생관은 먼저 인간의 우주에 있어서의 위치, 인간과 자연과의 관계, 그리고 인간과 사회와의 관계를 논할 수 있다. 중국의 인생관은 각 학파에 따라 극단적으로 양립되는데, 유교, 도가 사상(및 도교), 그리고 묵자墨子 사상, 불교 등이 뚜렷이 특색 있는 주장을 하였다. 유교의 인생관은 다른 사상에 비해 매우 현실적이며 현세 긍정적인 것이 특징이다.

그런데 인생관은 대개 우주관이나 자연관과 밀접한 연관을 가지고 있다. 즉 우주관에서 인생론을 추론한다. 그러므로 유교의 인생론은 단순히 현실적이며 현세 중심적이라고만 할 수 없다. 유교의 인생론은 극단적이지 않다는 점에서 '중용적'이다. 즉 우주에 있어서 인간의 위치를 고귀하게 위치 지우며, 인간의 삶 자체를 의미 있다고 보며, 인간의 운명에 대해서도 직시하지만, 운명론에 빠지지 않는다. 유교가 하늘(자연; 우주)의 도와 인간의 도를 같다고 규정하고, 인간의 도는 하늘의 도에 따르는 것을 이상으로 보는 소위 '천인합일天人合一' 사상도 인생을 의미 있게 보려는 하나의 중요한 증거인 것이다. 뿐만 아니라 이것은 유교가 인간 사회의 질서를 도모하려는 하나의 노력으로도 볼 수 있다.

또 유교는 인간의 운명에 대해서 절망하지 않고 인생을 낙천적으로 보려 한다. 다만 인간의 도덕적 의무를 너무 강조하여 도덕의 실현만이 인생을 가치 있게 만드는 것이라고 본 것에 한계가 있다. 지성이 뛰어난 사람은 이 원칙을 따를 수 있지만, 중인 이하의 보통 사람은 아무래도 도덕적 의무만으로 인생의 행복을 논할 수가 없지 않겠는가?

2. 공자의 도덕적 인생관 : 인생과 휴머니즘

유교의 인생관은 공자에게서 그 원형을 찾을 수 있다. 공자의 인생관을 설명하기 위해서는 도가의 창시자인 노자老子의 사상과 대비해보는 것이 쉽다. 노자는 인간이 도를 본받고 자연을 본받는 것이 이상적인 삶의 방식이라고 보았다. 인간이 자연의 도를 본받는 것은 물론 자연을 이상화한 결

노자老子

과이지만, 유가의 지나친 인위에 대한 반감도 내포되어 있다. 그리하여 노자의 삶의 덕은 부드러움과 유약함을 오히려 굳고 강한 것보다 더 우위에 두었다. 그리하여 노자에게 있어서 인생의 이상은 여성적인 부드러움, 어린아이와 같은 순박함, 그리고 물과 같은 겸손함을 귀하게 여겼다. 이러한 것은 인생을 소극적인 방법으로 사는 것 같지만, 그 나름의 장점이 있다. 즉 남과 다투지 않고 평화를 추구하는 것은 물론, 인위人爲의 문화가 가져오는 가식과 허위의 병폐를 막고, 그리하여 고귀한 생명을 보존할 수 있는 중요한 방식인 것이다.

그러나 실제에 있어 부드러운 것이 언제나 강함을 이기지 못하고, 인간의 본성에서 유래하는 인간의 사악함, 그리고 그에 의한 인생과 사회의 사특함을 결코 그 이상대로 완전히 극복하지 못하는 것이 인간 사회다. 그러므로 이러한 삶의 방식은 역시 소극적인 방법이라고 할 수밖에 없을 뿐만 아니라 오히려 반문명으로 치달아 인생 그 자체를 뿌리째 뽑히게 할 위험도 있는 것이다. 여기에서 우리는 인간의 사악함을 인정하면서 인간적인 노력으로 문화를 건설하고, 인간 사회의 문제는 적극적으로 대처하려는 태도가 중요한 하나의 삶의 방식으로 대두되어야 함을 알 수 있다. 유교의 공자가 그러한 시원을 열었다.

공자는 만년에 도가 사상의 연원이 되었던 은둔자들로부터, 세상이 말세인데 명예를 낚으려고 제자들을 데리고 다니면서 공연히 떠든다는 비난을 자주 받았다. 그러나 공자는 이러한 비난에 대해 단호히 말하였다. 즉 "나는 새나 짐승의 무리와 더불어 살 수 없다. 사람의 무리와 살지 않고 누구와 더불어 같이 지내겠는가?" 라고 하였다. 그리하여 그 당시 사람들은 공자의 무리를 '안 되는 줄 알면서도 돌아다니는 자들'이라고 몰아붙였다. 공자는 분명히 인간과 같이 살면서 인간을 사랑하고자 한 휴머니스트였다. 그는 퇴근해서 집에 들어오는 길에 마구간에 불이 난 소식을 듣고는 사람이 다치지 않았느냐고 묻기만 하고 말에 대해서는 묻지 않았다고 제자는 기록하고 있다. 공자가 인仁을 내세워 인간애人間愛를 강조한 것 역시 유교가 사람과 더불어 사는 공동체 윤리를 중요시하고, 인간의 문화 창조력에 대한 깊은 신뢰를 표시한 것이라고 할 수 있다.

공자는 이 인을 실현하기 위하여 여러 가지 실천 덕목을 제시하고 있다. 이러한 덕목을 실천한다는 것은 물론 인간의 타고난 본성을 잘 발현하는 것이지만, 공자에게 있어서 덕목 실천은 인간의 이상적 삶 바로 그것이었던 것이다. 즉 유교의 인생은 이러한 인간의 고매한 인격을 실현하는 도덕적 삶 그것을 인생의 이상으로 여겼다. 예와 음악도 중요시하였는데, 그것은 바로 인을 실현하는 중요한 보조수단이었다. 즉 예로써 절제하고 음악으로 정서를 도야하는 것이다. 공자는 또 의義도 말하였는데, 이때 의는 인의 실현 방식이었고, 아직 구체적으로 사회 정의의 차원으로까지는 발전되지 않은 단계였다.

공자는 인의 구체적 실현 방법에 대해 평생 제자들에게 여러 가지로 이야기해주었다. 가장 중요한 것이 '충서忠恕'이다. 그는 '내도는 이 충서 하나로 꿰뚫었다.'고 하기도 하였다. '충'은 나의 도덕심을 다 발휘하는 것이며, '서'는 내 마음을 미루어 남을 헤아리는 것이다. 이는 도덕적 관점에서 보면 인간 마음이 공통적으로 남을 고려하고 동정하는 마음이 있다는 것이 전제되어 있다. 그런 의미에서 공자는 노자에 비해 인생을 매우 긍정적으로 보았다고 할 수 있다. 뿐만 아니라 이러한 남에 대한 동정과 배려는 인류 공동체에 대한 가능성도 낙관한 것이며, 그것은 바로 공자의 휴머니즘이라고 할 수 있다. 공자는 이와 같은 남에 대한 사랑을 또 다음과 같이 말하기도 하였다. 즉 "인자한 사람은 자기가 서고자 하면 남을 먼저 세워주고, 자기가 이르고자 하면 남을 먼저 이르게 해준다."라고 하였다. 또 공자는 이 충서를 실행하기 위하여 인간은 자기의 사욕을 이겨야 한다고 하였는데, 이것이 바로 '극기복례克己復禮'의 수양법이다.

이 충서의 인은 매우 포괄적으로 남을 사랑하는 것을 말하고 있다. 그런데 공자는 이것을 '가정'이라는 당시의 가장 기초적인 공동체에 적용하여 '효제孝悌'가 인을 행하는 근본이라고 하였다. 이는 분명 공자가 인간의 본성

문자도文字圖

을 낙관하고 있는 증거이며, 또한 이것이 바탕이 되어 인간의 삶 자체도 영위될 수 있다는 신념을 나타낸 것이다. 효제는 물론 부정적으로 보면 과거 가부장적 가족 공동체에서(혹은 계급적인 사회 조직에서) 윗사람을 옹호하고, 일방적 의무 윤리를 강요한 것으로 볼 수 있으나, 당시 봉건적 사회라는 문명 발전 단계에서는 어쩔 수 없는 것이었다.

사회적 조건을 떠나서 본다면 본질적으로 거기에는 공자의 인륜 공동체의 이상, 즉 유교적인 인생 이상이 들어있다고 할 수 있다. 인생에 있어서 인간이 새나 짐승과 같이 사는 것이 아니라 인간 문명을 창조하고 인간 사회를 윤리적 공동체로 가꾸어가야 한다는 것이 유교적 삶의 이상이다. 이것은 유교에서 떨어져 나와 다시 유교를 비판한 당시 묵자墨子의 사상과 비교해보면 너무나 잘 알 수 있다.

여기에서 잠깐 공자의 인생의 이상 중에서 후세(송명시대의 리학)에 큰 영향을 준 '성인의 경지'와 '살신성인殺身成仁'에 대해 말해둘 필요가 있다. 이는 유교의 도덕적 인생관을 단적으로 나타내주는 말이기 때문이다. 공자는 "먼저 자기 자신을 수양하여 백성을 안정시킨다."라고 하고, 더 나아가 사회적으로 "널리 백성에게 '인정仁政'을 베풀어서 대중을 구제한다."고 하였다. 대중을 구제하여 그 삶을 편안히 해주는 것이 바로 성인의 경지라고 하여 그러한 경지는 요임금, 순임금 같은 훌륭한 임금도 다하지 못한 것이라고 하였다. 이것은 성인의 경지가 자기가 추구하는 삶의 최고 목표임을 말하는 것이다.

요堯임금과 순舜임금

살신성인, 즉 "자신을 죽여서 인을 이룬다."는 것은 목숨과 도덕률 사이에 모순이 발생했을 때 도덕적 이상을 위하여 목숨을 내버리는 것도 마다하지 않는다는 것, 즉 인을 구하기 위하여 기꺼이 죽을 수도 있다는 것이다. 이것을 보면 공자의 이상적 인생관은 그의 인생의 이상인 인을 실현하고자 노력할 때만이 비로소 삶이 가치를 갖게 된다고 주장한 것임을 알 수 있다. 그러므로 그는 말하기를 "뜻 있는 선비와 인의 덕을 갖춘 사람은 살기를 위하여 인을 해치는 일이 없고, 자신을 죽여서 인을 이루는 것이다."라고 하였다. 이는 오늘날 '이익'에 의하여 인생의 목표가 정해지는 자본주의 시대에 맞지 않는 것 같지만, 궁극적으로는 인간의 가치를 높이고, 인간다운 삶의 공동체를 건설하기 위한 목표가 없다면 이익을 추구하는 인생이라 할지라도 과연 의미가 있을 것인가 라는 반성을 촉구하고 있는 것이다.

개인과 집단의 이해 갈등의 문제에 부닥치면 유교의 차별적 사랑과 묵가墨家(묵적墨翟의 교教)의 겸애兼愛가 대조된다. 묵적은 유교의 가정윤리로서의 '친친인민親親仁民', 즉 자기 아버지를 먼저 사랑하고 남에게 점차 그 사랑을 넓혀가는 것을 반대하고 차별 없이 남을 사랑해야 한다는 '박애'의 사랑을 주장하였다. 유교의 사랑이 "널리 대중을 사랑하라."고 하여 박애의 사랑을 말하지 않은 것은 아니지만, 묵가의 입장에서 볼 때는 유교의 사랑은 역시 가정윤리로서 폐쇄적이라고 생각하였다.

이러한 유, 묵의 대립을 통해서 볼 때 유교의 이상적 삶은 가족공동체에서 실현시키려고 한 것을 잘 알 수 있는데, 이는 분명 묵자의 비판대로 혈연관계 때문에 폐쇄적인 사랑이 되지 않을 수 없다. 그러므로 공동체주의에 있어서는 유교는 다시 묵가의 비판을 받아들여 '보편애'로 나아가지 않으면 안 된다고 할 수 있다. 그렇게 할 때만이 가정윤리와 공동체 윤리의 융합이 가능할 뿐만 아니라 공자의 이상인 인도 궁극적으로 완전히 실현될 수 있는 것이다.

3. 맹자와 순자의 인생관 : 인간과 자연의 문제

공자 사후 약 100년 뒤 맹자孟子가 나와 공자를 계승 발전시키면서 유교의 교리를 더욱 세밀하게 전개하고 그 과정에서 다른 학파와 전투적인 논쟁을 벌였다. 맹자는 인간은 다른 동물과 달리 심心이라는 특유의 사유 능력을 가지고 있다고 하였다. 이 능력으로 의리義理라는 도덕 원리를 인식할 수 있다고 그는 보았다. 그러므로 그는 묵자가 인의의 도덕을 공리적으로 보는 것에 대해 극력 반대하고, 의리를 실천하는 것만이 인간이 인간답게 사는 인생 목표라고 하였다.

맹자孟子

그리하여 맹자는 선천적인 도덕심을 '사단설四端說'로써 설명하고 그 구체적인 예로 어린아이가 우물에 빠지는 상황을 가지고 증명하였다.

사단은 네 가지 종류의 인간의 선험적인 도덕심이 발현되는 경우를 말한 것인데, 측은히 여기는 동정의 마음, 부끄러워할 줄 아는 도덕심, 사양하고 양보하는 예의의 마음, 도덕적 시비를 가릴 줄 아는 마음, 이 네 가지를 사단이라 하였다. 여하튼 맹자는 이러한 선천적인 도덕심을 잘 확충하는 것을 인생의 중요한 목표라고 생각했다. 뿐만 아니라 그는 이렇게 하는 것이 '하늘을 아는 방법'이라고까지 말하였다.

이는 실제 하늘을 인격신처럼 믿는 것이 아니라 인간의 도덕심이 천부적이고 인간 존재의 근거라고 할 만큼 절대적이라는 것을 하늘을 빌려 표현한 것이다. 하늘을 안다는 것은 서양식으로 말하면 종교윤리와 같은 것이라고 할 수 있다. 그러면서 그는 인간이 노력하면 요임금 순임금과 같이 될 수 있다고 하였는데, 이는 유교의 인간관이 매우 낙관적이고 인간의 능력을 적극적으로 긍정한 결과라고 할 수 있다.

맹자의 이러한 사상과 궤를 같이하는 사상으로서 《중용》의 '성誠' 사상이 있다. 《중용》은 송나라 성리학 성립 이후 '사서四書'의 하나로 중요시되었는데, 그 이유가 바로 이 성 사상 때문이었다. 이는 성으로써 인간과 우주의 관계를 잘 표현해내었을 뿐만 아니라 인간 도덕의 차원을 종교적인 신성성의 경지로까지 끌어올렸다. 《중용》에서는 인간의 본성은 하늘에서 왔고(천부적으로 부여해서 절대적이란 말), 따라서 우주의 본체는 인간세계의 도덕의 근원이라는 의미이다. 바꾸어 말하면 인간 사회의 도덕은 우주 본체를 자연스럽게 체현하는 것이라는 의미이다. 그러므로 《중용》에서 말하기를 "〈인간의 도덕적 완성은〉 우주의 만물 생성의 작용에 참여하여 그 작업을 돕는 것이다."라고 하였다.

이는 우주에 있어서의 인간의 위치를 높이 설정한 것이며, 인간의 도덕적 노력이 얼마나 큰 의미가 있는가를 종교적인 차원으로 끌어올려 의미를 부여해주고 있는 것이다. 다만 그러한 신비적 천인합일을 너무 강조한 나머지 인간의 도덕을 절대시하고, 한편으로는 우주의 법칙을 도덕적 관념을 가지고 설명하는 혼란을 야기하였다. 그러나 그 중요한 긍정적인 의미는 인생의 의미를 도덕적 완성에 두었다는 점이다. 이는 휴머니즘으로서 공자와 맹자의 유가 사상을 충실히 계승한 것이라고 할 수 있다.

맹자보다 약간 뒷사람인 순자荀子는 더욱 적극적으로 인간의 세계와 자연의 세계를 구분하여 자연계는 그것의 법칙이 있고, 인간계는 인간의 문화 창조력에 의해 문화를 유지 발전시켜 나간다고 보았다. 사실 맹자의 도덕심 발휘가 하늘을 아는 것이라고 한 것은 도덕을 신비화한 종교적인 관점이지만, 순자가 인간세계를 오로지 인간 능력에 의해 창조할 수 있다고 한 것은 매우 인간중심적이고 문화적인 관점이라고 할 수 있다. 이는 순자가 인간이 우주에서 차지하는 위치를 누구보다도 높이 고양시킨 결과다. 그리하여 순자는 자연세계는 인간에 의해 인식될 수 있고, 인간의 능동성에 의해 이용되고 개조될 수 있다고 하였다. 이러한 순자의 사상은 유교의 인간주의를 강조하고 그 전의 신비적인 종교적 천인합일 사상을 버리고 '인문주의'로 나아가게 한 진보적인 사고방식인데, 그러나 자연의 법칙을 탐구하거나 자연변화가 인간 생활에 미치는 영향까지도 부정하는 오류를 범하고 말았다.

순자荀子

순자는 한편으로는 인간과 자연의 통일을 강조하기도 하여 인간세계와 자연세계를 구분해야 한다는 자신의 주장과는 모순되는 관점을 피력하기도 하였지만, 결국 그의 기본적인 생각은 인간의 능동적 노력에 의한 문화 창조였다. 그러나 여기에서 우리는 순자처럼 우주에서의 인간의 고귀한 위치를 정립하는 것은 좋지만, 그것이 지나치게 인간과 자연의 대립을 지향하는 것이 되어서는 곤란하고, 역시 인간과 자연의 구분과 동시에 상호 조화 및 보완 관계를 유지해야 할 것이다. 여기에는 맹자적인 관점과 순자적인 관점의 조화가 필요하다고 하겠다.

4. 운명과 자유 : 유교의 낙관적 인생관

인생 문제에서 중요한 것 중의 하나가 인생은 운명적으로 정해진 것인가, 아닌가 하는 문제이다. 인간의 노력이 어느 정도까지 영향을 미치는가, 또 인간의 힘으로 어찌할 수 없는 경우는 없을까 하는 문제와 그럴 경우 우리는 어떠한 인생관을 가지고 운명을 대처해 나가야 하는가 하는 것이다.

장자莊子

도가사상의 완성자인 장자莊子는 인생은 아주 보잘 것 없는 것이라 하여 매우 부정적으로 인생을 보았다. 같은 노장사상이라도 노자는 인간을 하늘과 땅과 도道와 함께 네 가지 중요한 요소로 본 것과 대조적이다. 장자는 인간이 이 대우주 사이에 처하여 있는 것이 너무 보잘 것이 없어서 마치 큰 산 속의 작은 돌멩이나 나무 한 그루, 또는 큰 창고 속의 한 톨의 곡식, 또는 말 몸뚱이에 붙어 있는 한 가닥 터럭 정도에 지나지 않는다고 비유하면서 인간의 모습이 초라함을 설명하였다.

사람이 이 우주에서 미세한 크기임은 인정할 수 있다. 그러나 장자는 이것을 부연하여 이러한 인간의 삶이 무의미하다고 단정하였다. 그는 인간은 형체와 생명, 그 자손까지도 모두 천지의 조화에서 나온 것으로 인간 자신은 주체적으로 소유한 것도 없으며, 따라서 자기 자신조차 주재할 수 없다고 하였다. 뿐만 아니라 그 삶의 기간도 우주의 시간에 비하면 너무 짧아서 훌쩍 지나가는 한 순간에 지나지 않는다고 하여 인생 그 자체가 의미가 없다고 하였다. 다시 말하면 인간은 자연의 한 부분, 즉 부속품이니 인생 자체에 의미가 있을 턱이 없다는 것이다. 그러므로 장자에서 인생의 방식은 자연의 필연성에 따르는 것뿐이라고 하였다. 이것이 장자식의 절대자유이며, 이를 그는 '소요逍遙'의 경지라고 말하였다. 그러나 이는 인생을 운명적인 것으로 보는 소극적인 관점이라고 할 수 있다.

한나라 때 왕충王充이라는 사람은 장자와는 다른 시각에서 인간의 운명을 말하였다. 그는 개인뿐만 아니라 나라에도 운명이 있다고 하여 나라의 운명, 즉 국운이 나쁘면 그 속에 살고 있는 개인의 운명이 아무리 좋아도 재앙을 면할 수 없다는 특유의 운명론을 전개하였다. 그는 "재주가 뛰어나고 행동이 착실해도 반드시 부귀하게 된다는 보장이 없고, 지혜가 모자라고 덕이 부족하더라도 반드시 빈천하게 된다고 믿을 수 없다."라고 하였다. 인간의 이러한 운명은 기氣에 의해서 결정된다는 것이다.

즉 그에 의하면 하늘은 기를 베풀고 별은 정精을 베푸는데, 그 기와 정에 따라 인간의 운명이 결정된다고 하였다. 왕충은 당시 횡행하던 미신적인 신앙을 기의 유물론으로써 불식하려 하면서 그 기의 유물론으로써 한편으로는 인간의 운명을 연역해내는 모순된 모습을 보였는데, 왕충의 이러한 운명 결정론으로써는 인생을 정확히 파악할 수가 없다. 사회현상과 자연현상, 사회법칙과 자연법칙을 구분하지 않고, 기로써 인간의 빈부귀천 등을 설명하면 이는 관념론에 빠지고 말지 않겠는가? 물론 인간은 실존철학자의 말처럼 피투被投된 투기投企, 즉 운명적이면서 자유의 선택을 할 수 있다는 말과 같이 양면성이 있다. 그렇지만 왕충과 같이 운명론에 빠진다면 인생은 죽음밖에 없지 않겠는가? 역시 유물론적 사고방식은 휴머니즘의 도움을 반드시 받지 않으면 안 된다고 할 수 있다.

인간이라면 운명에 휘말리면서도 그것을 운명이라고만 말하지 않고 주체적인 자유를 행사해야 될 것이 아니겠는가? 공자 역시 인간의 힘으로는 어찌할 수 없는 명命, 즉 운명을 체험하지 않은 것은 아니지만, 공자는 그것에 머물지 않고, 그 인간의 비극 때문에 더욱 인간다운 노력을 하지 않을 수 없다는 신념, 즉 사명감을 누누이 토로하였다. 공자는 병든 제자가 몹쓸 병에 걸렸을 때 문병 가서 "네가 이런 병에 걸릴 리가 없는데, 아마도 운명인가 보다!" 하고 슬퍼하였고, 또 수제자 안연이 죽었을 때 "하늘이 나를 망치는구나!"라고 한탄하였다. 그러면서 공자는 "주나라 문왕이 돌아가셨으니, 그 예악문물은 〈내가 잘 알고 있으니〉 나에게 있지 않느냐?"라고 하였으며, 또 "하늘이 나에게 덕德을 주셨으니 환퇴가 나를 해치지 못할 것이다." 하고 사명감에서 나오는 진정한 용기를 나타내 보이기도 하였다.

이와 같이 유교의 입장은 인생을 결코 무의미하다고 소극적으로 보지 않고 오히려 인간중심적이라 할 만큼 인생을 낙천적으로 생각하고 있다. 다만 도덕적 인간관으로 인하여 인생의 활동 범위를 좁혀온 것이 한계라고 할 수 있다. 이는 인간의 도와 자연의 도를 구분하여 각각 발전시키지 못한 전근대의 사고방식으로 이해해야 되겠지만, 현대 문명 역시 인간과 자연의 조화와 협력, 인간 사회의 평화, 그리고 우주에 있어서의 인간의 위치(즉 인간의 존엄성 문제) 같은 문제에 있어서 여전히 완전한 해결을 보았다고는 할 수 없다.

인생의 여러 문제는 단순하지 않으므로 중국 고대에도 여러 가지 사조가 나온 것을 보았는데, 그중에서 보완을 한다면 유교의 인간주의(휴머니즘), 문화주의는 가장 의미가 있다고 할 수 있다. 그러므로 그것에 바탕을 둔 유교의 도덕적 인생관은 오늘날 인간을 긍정적으로 보게 하고, 인간을 인간답게 만드는 중요한 원리를 제시하고 있는 것이다.

제2장 유교의 문화관

공자는 예를 말하면서 "예의 형식에 치우치면 너무 기계적이며, 반대로 예는 잘 모르고 인간의 덕만 풍부하면 야하다 할 수 있다." 라고 하여 예를 갖추는 것을 세련된 것으로 보았다. 이와 같이 항상 예는 문화의 기본요소이다. '문화적이다' 하면 예의를 갖추어 아름다움과 우아함이 있다는 것이다. 오늘날 상업주의, 물질주의에 휘말려 이러한 예의 기능을 망각하고 실용에 빠지는 경우가 많지만, 만물의 영장으로서의 인간의 특성은 이 '문화'를 창조하는 데 있다고 해도 과언이 아니다. 문화나 예는 인간의 정신과 감정을 만족시켜주는 하나의 중요한 요소임에 틀림없다.

동아시아의 전통 속에서 물질문명은 서양 근대 이후로 뒤떨어졌지만, 이 문화만은 매우 찬란하다고 하지 않을 수 없다. 여기에는 크게는 국가의 문물제도에서 작게는 선비의 일상생활의 우아한 행동과 정신적 절제, 그리고 음악, 미술 등 모든 정신적 작품에 이르기까지 풍부하다고 할 수 있다. 그런데 이와 같은 동아시아 문화의 기저는 유교와 도가 사상이라고 할 수 있고, 그중에서도 유교의 문화의식의 역할이 컸다. 그것은 유교의 시원이 중국 고대의 문화, 즉 예를 계승하는 사람들 무리에서 시작되었기 때문이다. 다시 말하면 전통 예의 계승자가 유교인이었다. 그러므로 예와 문화, 그리고 유교는 매우 밀접한 관련이 있다.

1. 공자의 문화의식

공자는 주나라의 문화를 이상적인 인류의 문명이라고 생각했다. 당시의 공자의 안목으로 볼 때는 주나라 문화만이 가장 훌륭하게 보였을 것이다. 이는 공자 당시까지의 역사에서 주나라가 비로소 인문문화를 창조했고, 공자 자신의 인문주의 사상과 통하였기 때문이다. 오늘날 다양한 문화를 접촉하고 있는 우리로서는 이상하게 생각될 수도 있지만, 이것을 통하여 공자의 문화의식의 한 전형을 볼 수 있다. 실제로 유교는 이 문화의식에서 출발하는 것이며, 그 내용도 중국 고대문화의 정수, 그중에서도 인문문화의 전통으로 가득 채워져 있다. 따라서 유교를 수용한다는 것은 그만큼 중국문화의 영향을 많이 받는 것을 의미한다. 이는 기독교와 서양문화를 떼어서 생각할 수 없는 것과 같다.

주나라의 문화를 가장 많이 간직한 나라가 공자의 고국 노나라였다. 그러므로 공자와 같은 인물이 나올 수 있었던 것이다. 주나라 문화는 주공周公이 완비했는데, 노나라는 이 주공을 봉건 영주로 삼은 나라였다. 그러므로 주나라 문화의 정수가 노나라에 그대로 남아 있었던 것이다. 공자는 이 주공의 인품을 존경하였고 그 영향도 많이 받았다. 그는 평생 이 마음을 가지고 살았는데, 만년에 노쇠하여 더 공부할 수 없는 상황이 되자 "나는 이제 노쇠했나 보구나! 꿈에도 주공을 다시 더 볼 수 없으니 말이야!"라고 한탄하기도 하였다.

주공周公

공자가 살았던 시대는 전국시대로 주나라의 찬란한 봉건 문화가 허물어지고 각 봉건제후들이 약육강식을 일삼는 침략과 전쟁이 그치지 않는 혼란의 시대였다. 이런 와중에서 공자는 주나라 문화를 회복하는 염원을 가지고 그것을 계승하고 보호하고 전파하는 것을 자기의 사명으로 알고 일생을 보낸 사람이다. 그러므로 그의 문화의식은 바로 그의 사상 내용을 이루고 있는 것이며, 유교의 내용 역시 그러하였다. 한번은 공자가 광匡이라는 곳에서 사람들에게 구금되는 위기를 맞았다. 이때 공자는 말하기를 "주나라 문왕이 돌아가셨으나 그 모든 예악문물禮樂文物이 내게 있지 않느냐? 하늘이 만약 이 예악문물을 없애고자 한다면 나는 어찌할 도리가 없지만, 하늘이 만약 이것을 없애고자 하지 않는다면 광 사람들이 나를 어찌 하겠는가?"라고 하여 문화 계승자, 문화 전달자로서의 자기의 사명감을 자신 있게 피력하였다.

유교는 이와 같이 인문주의 사상으로 문화주의, 교양주의를 표방한다. 중국전통의 원시종교를 바탕으로 세워진 고대국가 은나라를 지나 주나라 초기 비로소 인문문화적인 고대국가가 성립되었다. 그러나 당시 일반적 추세는 아직도 여전히 은나라의 종교문화를 완전히 탈피하지 못하고 있었다. 유교의 시조 공자가 나와 종래의 하늘 신앙을 버리고 인간의 도덕적 노력에 의해 인문문화를 건설하는 사상적 기초가 마련되었던 것이다.

2. 유교의 문화와 예禮

공자 이전에는 예는 천도天道에 의거해야 한다고 생각했다. 이러한 생각은 공자에 이르러 근본적인 혁신을 하였다. 공자는 예禮의 기초로 의義를 강조하였고, 나아가 예의 바탕으로 인仁을 강조하였다. 이는 예의 기초가 천天에 있지 않고 인간의 도덕적 자각에 있다는 것을 말한다. 즉 인간의 가치의식의 자각에 의해 과거의 원시신앙의 관습에서 벗어난 것을 의미한다. 이와 같이 예는 의라고 하는 가치의식 위에 세워졌으므로 하나의 문화질서가 되었다. 그리하여 인간 주체에 의한 문화 건설이 가능하게 된 것이다. 이 점이 유교의 인문주의로서 다른 종교와 근본적으로 다른 점이다.

공자가 어릴 때 제기祭器를 벌여놓고 예를 갖추는 놀이를 하였다고 한 것은 공자가 사士에 속하는 유儒라는 신분 출신이었기 때문이다. '유'는 은殷나라의 '사'에 속하던 유민遺民 중의 한 계층으로서 그들은 은례殷禮(은의 문화)의 보존자인데, 공자의 유가儒家도 여기에서 나온 것이다. 이들은 부잣집의 예를 돌보아 주는 것으로 생계를 유지하였다. 그러므로 공자가 예를 극히 중요시한 것은 이러한 신분적 조건과 유관한 것이다.

공자가 말한 예는 크게 말하면 은나라의 유민으로서 보존한 은나라의 여러 가지 문화형식이며, 작게 말하면 인간 행동의 기준을 총칭하는 것이다. 행동 기준으로서의 예는 다시 말하면 한 인간을 자립하게 하여 남 앞에 나설 수 있게 하는 것이다. 문화형식으로 말하면 예는 또한 유가의 '치인治人'을 위한 정치적 기능도 하는 것이다.

공자는 제자들에게 예를 중요한 교과목으로 가르쳤다. 이는 당시 사회에 있어 통용되는 예법에 익숙해야 벼슬에 나아가 정치를 담당할 수 있었기 때문이지만, 공자는 이러한 관행적인 예의 형식에 철학적인 의미를 부여하였다. 그러므로 공자는 예가 한 사람이 사회에서 살아가는 기초이므로 좋은 덕이 이 예로써 절제되어야 함을 강조하였다. 그러므로 그는 말하기를 "공손하되 예가 없으면 공연히 수고롭기만 하고, 매사에 신중하되 예가 없으면 멋대로 행동하다 화를 불러오고, 대쪽 같이 곧되 예가 없으면 다른 사람을 거역하게 된다."라고 하였다.

또 공자는 유교의 여러 덕과 함께 예가 어떤 상관성이 있는지도 말하였는데, 특히 나라를 다스리는 사람이 예로써 백성을 다스리지 않으면 안 된다는 것을 강조하였다. 즉 그는 말하기를 "지혜가 비록 나라를 다스릴 만하여도 인仁으로써 그 지위를 지키지 못하면 비록 그 자리를 얻었다 하더라도 반드시 잃게 될 것이다. 지혜가 충분하고 인으로 지킬 수 있어도 장엄한 태도로 임하지 않으면 백성이 공경하지 않을 것이다. 지혜, 인, 장엄한 태도 다 갖추어도 백성을 예로써 다스리지 않으면 완전한 선이라 할 수 없다."라고 하였다. 나라를 다스리는 데는 여러 덕을 갖추어도 결국은 예로써 하지 않으면 안 된다는 것이다.

분명히 공자는 당시의 관행적이고 형식화된 예에 의미를 불어넣어 예의 중요성을 일깨웠다. 특히 치국에 있어 그 중요성을 강조하였다. 공자는 말하기를 "예의 운용에 있어서 조화가 가장 중요하다. 옛 훌륭한 군주의 정치도 이 조화를 얻는 것을 극치로 여겨 정치의 크고 작은 일을 막론하고 이 원칙에 따랐다. 그러나 이 조화만으로 잘 행할 수 없을 때가 많다. 따라서 조화의 중요성만 알고 예로써 적당히 절도를 가하지 않으면 일을 잘 할 수 없다."라고 하였다. 예는 원래 계층적 질서를 세우는 것이며, 절도를 가하여 질서의 아름다움을 찾는 것이다. 개인행동도 마찬가지이며, 나라를 다스리는 큰 일은 더욱 중요하다. 그런 의미에서 유교는 동아시아 문화 내용을 이루는 중요한 요소이다. 그것이 치국에 있어서는 전장문물, 즉 국가 제도로서 이루어지고, 이 형식에 의하여 계층적(신분적) 위계(질서)가 엄하게 규정지어졌던 것이다.

이 예는 전통성이 매우 강하다. 공자는 예의 형식은 바꿀 수 있다고 하였지만, 이는 공자의 개방된 입장이고, 아무래도 예는 형식을 규정하기 때문에 과거의 전례가 중요시되지 않을 수 없다. 그러므로 예는 과거를 참고한다는 인습성, 관행성이 강한 것이다. 이

때문에 유교는 언제나 이념으로서 보수주의 입장에 서왔다. 이러한 예의 보수성은 잘못되어 형식화하는 경우가 많은데 공자는 이 예의 형식성, 관행성에 대해 강하게 비판하였다. 즉 예의 근본정신을 잘 알아야 된다고 하였다.

공자는 말하기를 "군자는 의義(올바름)로써 바탕을 삼고 예로써 이 의를 실천하며, 겸손한 말로써 이 의를 나타내며, 성실한 태도로 이 의를 이룬다."라고 하여 예의 근본으로서 의를 생각하였다. 그러므로 공자는 예의 형식 문제는 바꿀 수 있다고 생각하였다. 즉 공자는 말하기를 "삼으로 만든 관을 쓰는 것이 옛날의 예이지만 지금은 명주실로 짠 것을 쓰는데, 이렇게 하는 것이 간소하므로 나는 지금 여러 사람이 행하는 대로 따르겠다. 또 신하가 임금을 뵈올 때 먼저 당 아래에서 절하는 것이 예에 맞는 것이나. 지금은 모두 당 아래에서 절하는 것을 생략하고 당 위에서만 절을 하는데, 이것은 거만한 것이다. 그러므로 나는 관행을 거스르더라도 당 아래에서 절을 하겠다."라고 하였다. 잘못된 관행이나 예의 형식은 이렇게 바꿀 수 있다고 보았다.

또 공자는 예는 형식미와 근본정신(덕)이 잘 조화되어야 한다고 하였다. 즉 공자는 "근본정신이 형식미보다 지나치면 촌스럽고, 형식이 근본정신보다 지나치면 형식적이 된다."고 하였다. 또한 공자는 당시 예법이 형식에 치중하고 예의 정신은 망각하는 풍습을 비판하여 "예의 정신은 상을 당해서 형식적 예법을 척척 잘 해나가는 것보다 애통해 하는 마음이 더 중요하고, 또 예는 사치하는 것보다 검소한 것이 더 낫다."고 하였다. 예의 근본정신으로서 마음 가짐의 중요성을 말한 것이다.

예는 계층적 질서를 규정하는 것이 근본 기능이므로 자연히 명분론과 관련이 많다. 다시 말하면 예를 지켜라 하는 것은 자기 분수를 지켜라 하는 것과 마찬가지 말이며, 분수를 지키는 데서 명분이 바로 서는 것이다. 공자 당시 명분에 안 맞는, 즉 분수를 넘어선 참람된 짓이 횡행하였다. 공자 당시 노나라에서 계씨季氏 집안이라고 하는 족벌 세도가가 왕권을 전횡하고 있었는데, 이들은 천자의 예를 참람되게 행하고 있었다. 이런 일은 세도가 집안의 가신家臣들이 다시 본받아 행하는 식으로 되풀이되어 국가질서가 무너지고 있었다. 공자는 예의 근본을 강조하며 이러한 참람된 짓을 매우 강하게 성토하였다. 《논어》에 이러한 사례가 한두 번 나오는 것이 아니다.

유교의 보수성은 시대의 변화를 억제하는 역기능을 하지만, 이러한 명분론은 사회를 안정시키는 긍정적 작용을 하기도 한다. 유교의 이러한 속성 때문에 유교는 일찍이 한나라 무제 때부터 제자백가의 여러 사상을 누르고 왕권에 어용되어 치국의 이념이 되었다. 다시 말하면 왕에게 왕권강화를 위한 하나의 도구가 되었다. 왜냐하면 예에 의한 계층적 질서 유지는 왕권이 바라는 바이며, 그것은 사회 안정에 크게 기여할 수 있기 때문이다. 왕권 아래에서 이러한 예에 바탕을 둔 신분제가 동아시아 역사에서 오랫동안 왕조의 유지라는 사회적 안정을 가져왔지만, 반면에 왕조의 반복이라는 역사의 정체도 가져왔던 것이다.

당시의 공자 자신은 얼마나 예법에 맞는 생활, 곧 문화생활을 하였을까? 공자의 일상생활의 모습은 《논어》 제10편 〈향당편〉에 모아져 있는데, 매우 까다로웠음을 엿볼 수 있다. 음식 문화를 예로 들어보면 공자는 쉰 것, 냄새 나는 것, 익지 않은 것, 색이 변한 것은 먹지 않았고, 고기는 바르게 썬 것이 아니면 먹지 않았고, 제철 음식이 아닌 것, 시장에서 사온 술과 고기포는 먹지 않았고, 또 고기는 그에 맞는 양념장이 없으면 먹지 않았다고 한다. 이것은 공자의 음식에 관한 문화의식이라고 할 만한 것이다. 한편 당시의 위생 수준을 감안하고 보면 공자의 까다로운 일상 음식 문화에 공감이 가는 것도 있다.

공자의 또 다른 면으로서 의衣생활 문화를 한번 살펴보면 다음과 같다. 공자는 보라색과 주홍색으로 옷깃이나 가선을 달지 않았고, 붉은 색과 자주색으로 평상복을 만들지 않았다고 한다. 이러한 색깔은 간색으로 여자들의 옷 색깔과 비슷했기 때문에 입지 않은 것이다. 이러한 옷의 색채 문화는 지금도 남녀 간에 차이가 있는 것과 같다고 하겠다. 또 더울 때는 칡베로 만든 홑옷을 입었는데, 반드시 속옷을 받쳐 입었다고 한다. 이는 물론 속살이 비치기 때문에 그렇게 한 것이다. 다음과 같은 예는 참으로 옷 문화라고 할 만한 것들이다. 즉 공자는 검은 웃옷엔 흰 양 갖옷, 흰 웃옷엔 흰 사슴 갖옷, 누른 웃옷엔 누른 여우 갖옷을 각각 받쳐 입었다고 한다. 이는 색깔의 조화를 맞춘 것을 나타낸다. 그 외 일상생활에서의 공자의 행동거지는 우아하고 점잖게 묘사되어 있다. 《논어》의 이러한 여러 기록을 가만히 살펴보면 공자는 한 사람의 성인으로서보다 한 사람의 교양 있는 신사로 보인다.

오늘날 우리는 자본주의 체제에서 국제화되는 시점에 있지만 우리의 생활 관행 중에는 농업사회의 관행에 머물러 있는 것이 많이 있다. 그중에 대표적인 것이 관혼상제의 허례허식이다. 과거 '가정의례준칙'까지 만들어 강제로 간소화를 추진했지만, 이제는 국민의식이 바뀌어야 할 때가 되었다. 오늘날 국제경쟁력이란 물질적 생활 조건의 경쟁으로 생존과 직결되고 있으므로 선택의 여지가 없는 것이다. 그러나 오늘날 지나친 과학주의와 상업주의의 유행으로 동양의 자연친화적인 문화양식을 오히려 폄하하는 우를 범하는 경우도 많다. 그러므로 옥석을 잘 가려 동양의 보존해야 될 전통문화는 잘 보존하지 않으면 안 된다. 유교적 예법 관행이 많이 남아 있는 우리나라에서는 이러한 어려운 과제를 두고 공자의 예와 유교의 예의 문화전통에 대해 깊이 생각하는 바가 있어야 할 것이다.

3. 문화와 교양

문화는 교양과 또한 밀접한 관련이 있다. 유교의 교양은 공자 당시를 예로 든다면 시詩와 음악, 그리고 예(예법 익히기)라고 할 수 있다. 예는 앞에서 많이 이야기하였으므로 여기서는 시와 음악에 대해 간략히 언급한다. 원래 유교에서 인문주의, 교양주의를 표방한 것은 당시 공자의 교육목표가 일반 서민에 이르기까지 모두 교양을 익혀 당시 귀족들이 요구하고 있는 정치엘리트를 만드는 데 두었기 때문에 더욱 그러하였다. 시는 공자 당시 외교사절로 나가서도 매우 유효하게 사용되는 기본 교양이었다. 그러나 이 점 이외에도 공자는 시를 배우면 사물의 이치도 많이 알게 된다고 하면서 인문교양으로서 적극 권장하였다. 심지어 자기 아들에게도 시를 배웠느냐 물을 정도로 매우 강조하였다. 아마 오늘날로 말하면 언어와 문학에 해당되는 것이 시이므로 가장 중요시된 것이 아닌가 한다.

공자는 당시 내려오던 민간의 시 3천여 수 중에서 3백여 편을 뽑아 교육용으로 새로 편집하였다. 그리하여 이 시 3백편의 문학정신을 한마디로 표현하기를 "시상詩想이 사악함이 없고 순수하고 아름답다."라고 하였다. 그러므로 공자는 항상 이 시를 먼저 읽어 인간의 정감을 일으키라고 하고, 이러한 정감이 학문의 처음 시작이라고 하였다. 공자의 유명한 말 "시에서 감흥이 일어나고, 예로써 인간 구실을 하고, 그리고 마지막에 음악으로 학문과 인격을 원만하게 이룬다."고 한 것이 그러한 의미이다. 또 공자는 자기 아들에게 시를 읽지 않으면 사람이 담벼락을 대하고 선 것과 같이 답답하다고 하였다. 여기서도 인문교양의 첫 번째로서, 언어와 문학으로서의 시의 위치를 잘 알 수 있다.

앞에서 시를 읽으면 사물의 이치도 많이 알게 된다고 하였지만,

실은 공자는 시의 내용 자체가 교육 자료가 된다고 생각하였다. 그러므로 시의 효용은 이에 그치지 않고 매우 폭넓은 교양을 얻을 수 있다고 하였다. 즉 공자는 말하기를 "너희들은 어찌하여 시를 배우지 않느냐? 시를 배우면 마음을 흥기시키고, 정치의 득실을 살필 수 있으며, 다른 사람과 잘 어울릴 수 있게 하며, 마음의 애원을 터뜨리게 하며, 가깝게는 부모를 잘 모실 수 있게 하고, 멀리는 임금을 잘 섬길 수 있게 하며, 사물의 이름도 알게 된다."라고 매우 포괄적으로 효용을 말하였다.

교양에서 빼놓을 수 없는 것이 또 음악이다. 공자는 음악을 매우 좋아하였다. 스승으로서 가르치기 위해서가 아니라 자신이 직접 음악을 연주할 정도로 음악에 소양과 이해력을 가지고 있었다. 노나라의 임금이 내란으로 이웃 제나라에 피신하여 있을 때 공자는 자기 나라 임금도 뵙고 또 그곳에서 벼슬이나 할까 하고 제나라로 갔다. 그러나 정치적으로는 별반 소득도 없이 일 년 정도 있다 돌아왔다. 그러나 그곳에서 공자는 영혼을 울리는 좋은 음악을 듣는 행운을 얻었다. 《논어》에는 그때의 일을 이렇게 기록하고 있다. 공자가 제나라에 가서 옛날 순임금의 음악 소韶를 듣고 오랫동안 고기 맛을 잊으셨다. 그리고 그 소감을 말씀하시기를 "소 음악이 이렇게 아름다운지는 예전에 미처 몰랐다."라고 하였다. 그리고 공자는 실제로 만년에 노나라로 돌아와 노나라의 음악을 바로 잡기도 하였다.

유교에서 음악을 중요하게 여긴 것은 국가 전례典禮에서도 이것이 매우 중요하게 취급되었기 때문이기도 하지만, 그 연원은 이와 같이 공자 개인의 기호도 결코 무시할 수 없다. 그리하여 공자 제자들은 이 음악과 예, 시, 그리고 옛날 역사 기록인 서書를 기본교양으로 배웠다. 이후 유교에서는 예와 음악을 합하여 '예악'이라고 익은 말로 부르게 된 것도 다 이러한 연유이다. 또 실제로 시와 음악은 밀접한 관련이 있기 때문이기도 하다. 즉 당시에는 시가 가사라면 음악은 이 시에 붙여진 악곡이었다. 가사를 읊고 음악을 연주하고 이렇게 혼연일체가 되어 있었다. 오늘날 젊은이들이 음악을 애호하는 것과 마찬가지이며, 언어와 문학이 대학교양의 첫 번째 교과인 것과 마찬가지라고 하겠다.

다만 오늘날은 공자가 말한 사악한 생각이 없는 시의 정신, 곧 문학정신과 순임금의 소韶의 음악과 같은 진선진미한 음악성이 점점 적어지고 세속적인 문학과 음악이 너무 유행되는 언발란스가 심한 것이 아닌가 우려된다. 젊은이들도 고급문화를 이끌어 갈 책무가 있는 것이다. 공자의 시와 음악은 오늘날로 말하면 고전문학과 고전음악이므로 젊은이들도 공자의 문학과 음악의 정신을 반드시 참고하지 않으면 안 된다.

4. 공자의 인문주의 정신

공자는 만년에 이르기까지 인간세상을 구제하려는 노력을 그치지 않았다. 약 15년에 걸친 천하 주유도 이 세상 구제에 대한 강한 집착 때문이었다. 그리하여 만년에는 은자들로부터 많은 비난을 받았다. 하루는 그의 제자 자로子路가 석문石門이라는 곳을 지나며 하룻밤 묵었는데, 그곳 성문지기가 자로를 보고 "당신은 어디서 왔소?" 하고 물었다. 자로가 "나는 공선생 문하에서 오는 길이오." 하고 대답했더니, 그 문지기는 "아! 안 되는 줄 알면서 굳이 하려는 그 사람 말이구먼."이라고 하였다는 이야기가 《논어》에 실려 있다. 이것을 통하여 보면 공자는 당시 은자들에게, 세상이 말세여서 무엇인가 현자가 바로 잡으려고 해도 되지 않는 세상인데도 자기 혼자 잘난 체하며 수십 명의 제자들을 데리고 다니면서 무엇인가 해보겠다고 다니는 사람쯤으로 조롱을 받고 있었던 것을 알 수 있다. 당시 성문지기와 같은 직책에는 은둔하는 현자가 많았다. 그러므로 이런 현자의 평은 그렇게 틀린 말은 아니고, 그 당시 실상을 잘 나타내주는 말이라고 할 수 있다.

공자는 과연 안 되는 줄 알면서 다닌 사람인가? 그렇다고 할 수 있다. 공자는 또 한 번은 은자인 장저長沮라는 사람과 걸익桀溺이라는 사람을 만나 이야기를 나눈 적이 있다. 공자 만년에 제자를 데리고 가던 중 세상이 말세여서 공자는 비통에 잠겨 제자에게 나루터를 묻게 하였다. 나루터는 배를 타고 가는 곳이므로 이곳을 떠나 다른 곳으로 가려는 뜻을 나타낸다. 장저는 "공자라면 자신이 나루터를 더 잘 알 것이오." 하고 대꾸할 뿐이었다. 제자가 다시 걸익에게 묻자 걸익은 "천하가 어지러움이 마치 물의 도도한 흐름과 같은데, 그대들은 누구와 더불어 그것을 개혁하려 하는가? 그대는 공자와 같이 악인을 피해 다니는 사람과는 어울리면서 어찌 우리와 같이 어지러운 세상을 피하는 사람은 따라오지 않는가?" 하고 자기 일을 계속하였다. 제자가 돌아와 공자에게 고하니 공자는 실망스러운 듯 "우리가 새나 짐승과 한데 어울려 살 수 없을진대, 내가 이 세상 사람들과 어울려 살지 않으면 누구와 더불어 살겠느냐? 천하에 도가 있으면 내가 구태여 세상을 개혁하려 들지 않을 것이다."라고 하였다. 여기서 공자와 유교가 문화를 창조하는 인간의 능력을 신뢰하고, 인간의 모둠살이(공동체 생활)를 통해 인간의 문화를 창조하려는 인문주의 정신을 가지고 있었음을 여실히 볼 수 있다.

제3장 유교의 학문관

유교의 학문관을 말하려면 먼저 '학學'이나 '학문'이라는 낱말을 동아시아에서는 원래 어떤 의미로 사용했는지 알아볼 필요가 있다. 오늘날 우리가 학이나 학문이라고 할 때는 물론 지식의 체계, 또는 지식의 체계를 쌓아올리는 인간의 노력을 의미한다. 이때 학문은 진리 추구를 목적으로 한다. 이는 서양의 science나 Wissenschaft의 번역에서 그 의미가 왔음은 물론이다. 그러나 중국에서는 원래 그렇지 않았다. '학'은 원래 '효效'라는 의미였다. 이는 글자 그대로 '모방=배움'의 의미였다. 그런데 배우는 내용은 시대에 따라 사람에 따라 다르지만 중국에서는 선각자(어버이나 교사, 선배 등 전세대의 앞선 사람)에게 경험과 지식을 배우고 습득하는 것이다. 다시 말하면 이들이 가르치는 것을 배우는 것이다. 그런데 이 중에서 가장 중요한 것은 '도道'이다. 도는 진리라는 의미도 갖고 있지만, 중국 전통에서는 '올바름'이라는 뜻이 더 강하였다. 그 올바름이란 참된 인간의 길이므로 '학'이란 당연히 도덕적으로 옳은 것, 즉 바른 것, 바른 길을 가르치고 배우는 것을 의미하였다.

성문사과聖門四科

그런데 도를 세우는 것은 아무나 하는 것이 아니고 성인聖人이 하는 일로서 성인이 가르침을 베푸는 것이며, 선생은 성인을 대신해서 그 말씀을 전하고 가르치는 셈이다. 그러므로 가르치는 것과 배우는 것은 상호 보완적이며 밀접한 관계에 있다. 종전에 '유교儒

敎'라고 하기도 하고, '유학儒學'이라고 하기도 하였는데, 유학이 유교의 역할도 다 하였다. 오늘날의 학문이 근대 계몽주의 이후의 학문 개념인 것을 생각하면 과거 유교에서 말한 학, 또는 학문이 어떠한 성질의 것인가 하는 것은 대략 짐작할 수 있다. 결론적으로 말하면 유교의 학의 내용은 주로 성인의 가르침, 즉 경서(사서오경 등)를 배우고 익히는 것이었다.

1. 공자의 학문 정신과 그 내용

유교의 학문관은 연원이 공자에게로 올라간다. 우리는 흔히 세계 4대 성인이라 하여 예수, 석가, 마호멧, 공자, 이 네 사람을 든다. 앞의 세 사람과 공자는 어떻게 다른가? 물론 이러한 분류 자체가 문제가 있지만 가장 큰 차이점은 공자는 유교의 시조인 것 같지만, 사실은 아니라는 점이다. 공자는 다른 사람과 달리 유교를 하나의 종교로 의식한 적이 없다. 다만 공자는 과거의 전통문화를 옹호하고 이것을 자신이 배워 제자들에게 전해주는 것을 임무로 여긴 한 사람의 교사에 불과하다.

이는 그의 언행록이라고 할 수 있는 《논어》를 읽어 보면 그는 결코 어떤 종교적 도그마를 내세우지 않았다는 데서 증명이 된다. 공자는 "나는 배우는 데 싫증내지 않고, 남을 가르치는 데 게으르지 않다."라는 말과 같이 훌륭한 선생일 뿐이었다. 이 점이 다른 성인과 다르고, 나아가 이런 점이 유교의 성격을 규정하였으며, 중국문화의 성격을 규정하였다. 다만 고대 사상이 일반적으로 갖고 있는 종교적 경건함이나 의식은 공자에게도 보인다. 그러나 최소한 공자에게는 이러한 종교적인 것과 학문을 좋아한 것이 병행한 것만은 사실이다. 그렇다면 공자의 학문 성격은 어떤 것일까?

공자가 《논어》 첫머리에서 "배우고 때로 익히면 기쁘지 않은가?"라고 하였지만, 공자가 생각한 '학문'이란 주로 옛날의 문화(유교 경전에 남아 있는 것)를 근거로 한 '도덕학' 또는 넓은 의미의 '인간학'을 의미하고 있다. 그러므로 지성에만 의지하는 것이 아니라 실천과 마음가짐까지도 중요시 여기는 포괄적인 학문이었다. 공자는 이것을 '박문약례博文約禮'라고 표현하였다. 이 말은 두 가지 낱말이 합쳐진 것인데, '박문'이란 널리 문을 배운다, 즉 옛날의 전통문화 전반에 대해 지식으로 많이 익힌다는 것이다. '약례'란 예로써 요약한다는 의미로서 행위규범인 예(그 속에 전통적인 관습적 의식도 포함한다.)로써 자신의 행위를 조절한다는 의미이다. 이것을 보아도 공자의 학문정신이 문화의식과 도덕적 행위의 병행에 있고, 그것은 궁극적으로 당시에 있어서 정치를 담당할 수 있는 귀족 엘리트, 즉 군자가 되는 데 필수적인 인격도야와 교양습득에 있었다는 것을 알 수 있다.

그렇다면 공자에게 있어 지식의 획득으로서 글공부의 대상은 무엇인가? 그것은 주로 역사 공부, 즉 전대의 예의제도에 관한 공부이다. 그는 이러한 전대의 문화 전반은 물론 다방면에 걸쳐 많은 지식을 축적해갔다. 그리하여 이미 당시의 제자들에게도 공자는 박학다식한 인물로 보였다. 그러나 공자는 제자들에게 자기는 젊어서 가난하였기 때문에 자연히 여러 가지 기예를 익히다 보니 그렇게 되었고, 또 자기가 많이 알고 있는 것이 아니라 오히려 하나의 도, 즉 '인'이나 '충서'와 같은 도덕심으로 일관되어 있다고 말하였다. 물론 이는 제자들에게 박학의 위험을 경계한 것이지만, 자신은 많은 지식의 습득을 결코 소홀히 하지 않았다.

공자는 물론 《논어》에서 인仁을 제일 많이 이야기하였다. 이는 공자의 중심 사상이 나의 마음을 미루어 남을 사랑하는 휴머니즘이기 때문이다. 그러나 공자는 반드시 인과 더불어 지知, 즉 배워서 무엇을 아는 것, 그것을 응용한 지혜를 함께 중요시하였다. 이 점에 유교의 특색과 공자의 장점이 있다. 그러므로 공자가 학문을 좋아한다('호학好學'이라 하는 익은 말이 있을 정도이다.)는 것은 전혀 이상한 일이 아니다. 당시까지 남아 있던 하늘 숭배 관념과 종교적 의례 및 도덕적 규범을 제외하면 공자의 호학정신은 곧바로 서구 근대 계몽시대의 "아는 것이 힘이다."라는 슬로건과 같은 것은 아니지만 소박한 지식 추구의 경향이 있다. 그러므로 공자는 학문을 하지 않으면 아무리 다른 좋은 덕이 있어도 원만한 인격을 형성하지 못한다고 말하였다.

즉 그는 제자 자로에게 말하기를 "내가 육언육폐六言六蔽에 대해 말해주마. 인을 좋아하되 배움을 좋아하지 않으면 그 폐단은 어리석음이요, 지혜를 좋아하되 배움을 좋아하지 않으면 그 폐단은 방탕이요, 신의를 좋아하되 배움을 좋아하지 않으면 그 폐단은 남을 해치는 것이요, 정직을 좋아하되 배움을 좋아하지 않으면 그 폐단은 박절함이요, 용맹을 좋아하되 배움을 좋아하지 않으면 그 폐단은 난폭함이요, 강직함을 좋아하되 배움을 좋아하지 않으면 그 폐단은 과격함이다."라고 하였다. 앞에 든 여러 가지 덕은 모두 좋은 미덕이나 이것만 믿고 학문을 하지 않으면 그에 따른 폐단이 생긴다는 뜻이다. 이와 같이 유교는 이미 공자 때부터 이 배움에 대한 강한 신념을 가지고 있었다.

공자의 향학열은 대단하였다. 인상적인 것은 공자는 학문을 좋아하여 마음이 내키면 밥 먹는 것도 잊고 몰두했으며(발분망식發憤忘食), 배워 얻은 것이 있으면 즐거워 근심걱정도 잊고, 그리하여 자기가 늙어가는 줄도 모른다고 하였다. 이 구절은 공자 자신이 자기를 표현한 말로서 매우 인상적이며, 죽을 때까지 공부하는 생사달관한 성인의 모습을 보는 것 같다. 물론 이러한 그의 향학열은 당시 '사' 계급이 노력하여 위로 귀족계급에 붙지 않으면 살 수 없었던 것과도 연관이 있지만, 공자 개인의 자각도 무시할 수 없다. 그가 만인의 사표가 된 것도 결코 우연한 일이 아니다.

흔히 서양 학문의 정신은 이론적이고 동양 학문의 정신은 실천적이라고 말한다. 동양이라고 해서 진리에 대한 이론적 탐구가 왜 없었겠는가마는 대체적인 경향을 말하면 동·서양이 대비가 되는 것이 사실이다. 서양이 애지愛知(philosophy)에서 출발했다면, 동양은 공자의 '호학好學' 정신에서 출발했다고 할 수 있다. 그것은 공자 학문의 목적이 단순히 이론이나 지식을 추구한 것이라기보다

수양이라든지 경세經世라든지 하는 도덕적 실천에 초점이 맞추어져 있었기 때문이다. 더구나 성인이나 선각자의 언행에서 직접 체험하는 지혜를 매우 귀중하게 여겼기 때문이다.

서양도 중세 이전에는 그런 종교적 경향이 강하였고, 근세에 와서 과학의 발달과 더불어 지식에 대한 추구가 종교적 체험과 차차 분리되었던 것은 다 아는 사실이다. 그런 면에서 보면 공자의 가르침 역시 서양 중세 사상과 같이 종교적 실천의 성격을 다분히 갖고 있다고 하겠다. 물론 이것은 고대 사상으로서 공자 사상의 일반적 성격을 말한 것이다. 그러므로 그의 사상이 지와 지식의 중요성을 강조했다는 것과 모순되는 것은 아니다. 나중에 이 두 가지 조화를 '존덕성尊德性'과 '도문학道問學'이라고 표현하였다. 이 말을 풀이하면, '존덕성'이란 덕성을 높인다는 말이고, '도문학'이란 말은 문학, 즉 오늘날의 학문에 말미암는다(통과하여야 한다)는 말이니, 결국 도덕적 수련과 지식을 쌓는 것을 말한다.

오늘날은 근대 자연과학의 발전으로 객관적 지식 추구의 경향이 강하다. 그러나 이것과 공자의 호학 정신은 결코 모순되지 않고 오히려 상호 보완적이다. 공자의 호학정신은 도덕적 수양과 그것의 사회적 구현에 있었기 때문이며, 그러한 덕성과 인격을 갖추어야만 엘리트로서 정치를 담당할 수 있었기 때문이다. 오늘날로 말하면 자기를 수양하고 그것이 공동체에 영향을 미치는 그러한 사회적 인물, 즉 건전한 시민을 만드는 것이 공자의 이상이었다.

이러한 공자의 학문 정신은 그 열정과 노력을 보면 서양 중세의 종교적 수련과 비슷한 점이 있다. 공자가 천명天命을 이야기한 것이 바로 그것이다. 천명의 뜻은 두 가지가 있다. 하나는 이 세상을 위해 봉사하여야 한다는 자기의 사명의식이요, 다른 하나는 인간적 노력으로는 어떻게 할 수 없는 운명에 대한 객관적 인식과 달관達觀이다. 인격신을 상정하지 않은 유교에 있어서 인간적 힘의 한계에 대한 인간적 고뇌와 한탄이 공자에게 있었던 것이다. 이 점은 서양 중세의 종교적 믿음과는 또 다른 면이다.

공자 내지 유교의 소박하나마 지식을 강조하는 호학정신은 후세 송대 성리학에까지 계승되었다. 송대 성리학이 '격물치지格物致知'라 하여 객관적으로 사물의 이치를 탐구하여 나의 지식을 넓힌다고 한 것도 이러한 공자 및 유교의 전통을 이은 것이며, 청나라 말기에 서양의 과학이 들어왔을 때도 중국인들은 서양과학을 앞의 문구를 이용하여 '격치학格致學'이라 하였다. 이는 물론 용어를 차용한 것이지만, 이를 통해서도 공자의 학문 성격의 일단을 읽을 수 있다.

그런데 공자가 '배운다'는 것과 '생각한다'는 것을 병칭하고 있는 것을 볼 때, 양자의 통일을 통한 지식의 체계화를 도모하고 중요시한 것으로 볼 수 있다. 지식의 습득뿐만 아니라 생각한다는 것은 주체적 노력을 말한다. 공자는 말하기를 "배우고 깊이 생각하지 않으면 얻는 것이 없고, 생각하기만 하고 배우지 않으면 위태롭다."라고 하였다. 또 공자는 "나는 먹지도 않고 밤을 새우며 사색에 잠겨보았지만 배우는 것만 못하였다."라고 하기도 하였다. 이는 주체적으로 생각하는 기능을 중요하게 여긴 말이다. 배운다는 것은 공자의 호학정신임은 앞에서 말한 대로이지만, 여기에 생각한다는 주체적 노력이 중요하다고 한 것은 공자 학문정신의 특이한 일면이다. 이런 사상을 가진 공자는 또 다른 곳에서 "요즈음 사람들은 조금 안다고 함부로 창작을 하는데 나는 그렇게 하지 않는다."라고 하여 자기는 배우면서 공부하는 자임을 자처하였다. 당시 잘 알지도 못하면서 자기의 작은 지식을 자랑하는 자들이 오늘날과 마찬가지로 있었던 모양이다. 그러므로 공자는 "나는 창작하지 않는다. 나는 전통을 계승하여 전해줄 뿐이다〔述而不作〕."라고 하였다. 물론 공자의 겸손한 말이지만 그의 호학정신의 일단을 여실히 볼 수 있다.

공자는 비록 소박하나마 지식 추구의 호학정신을 가지고 있었지만, 그 학문 내용이 도덕학이었으므로 자연히 전체적으로는 '지행합일知行合一'의 학문관이라 할 수 있다. 그런데 공자는 '일이관지一以貫之'라는 한 마디 신비한 말로써 자기 사상의 특징을 나타내었다. 이것은 어떤 의미인가? 공자는 제자들에게 "나의 도는 하나로 꿰뚫었느니라.〔一以貫之〕"라고 하였고, 당시 우수한 제자였던 증자가 그 '하나'를 '충서忠恕'라고 해석하였다. 공자 자신의 직접적인 설명이 아니어서 확실한 그의 의도를 알 수 없지만, 증자의 위치로 보아 그 대답이 크게 틀리지는 않았을 것으로 보인다. '충서'는 '나의 진심을 다하고 이것을 미루어 남에게도 그렇게 행위하는 것'을 말한다. 이는 지식과 실천의 이분법적 설명이 아니고, 그 두 가지로 분화되기 이전의 근본인격에 대해서 말하고 있는 것이다.

이 말의 의미는 《논어》 속의 다른 말과 연관시켜 보면 잘 알 수 있다. 공자는 "열심히 배운 것을 실천한 뒤에 남은 힘이 있거든 학문을 또 익혀야 하느니라."라고 한 것이라든가, 자하라는 제자가 "어진 이를 존경하고, 여색을 멀리하며, 부모를 잘 모시며, 임금을 또한 잘 섬기며, 붕우와 사귀는 데 신용을 잘 지키면 비록 학문이 깊지 못하다 하더라도 나는 그를 배운 사람이라고 말하겠다."라고 한 말과 상관관계가 있다. 즉 이 말은 사람이 근본인격, 즉 인간성이 올바로 되어 있지 않으면 학문을 해도 소용이 없다는 것이다. 여기에서 결국 공자의 학문은 근본적으로 인에 귀착된다. 공자가 "인하지 못하면 음악을 해서 무엇 하며, 예를 배워 무엇 하겠는가?"라고 한 것도 다 이런 이유에서이다. 공자의 지행합일, 박문약례도 모두 이 인에 귀착된다. 그런 의미에서 공자의 학문관은 고대적인 학문관으로서 종교적 색채를 많이 띠고 있다고 할 수 있다. 그러나 인간성의 의미는 지금도 불변이다. 오늘날도 인간됨의 가치가 어떠한 학문적 성취보다 더 가치 있다고 보아야 하지 않을까?

2. 맹자의 내적 수양의 학문

맹자는 공자를 배우기로 작정한 사람이었으므로 공자의 학문관과 별로 다른 것은 없으나 보다 확대된 면이 있다. 맹자는 "학문의 길은 다른 것이 없다. 그 방심放心(놓아버린 마음)을 구할 따름이다." 라고 하였다. 방심은 본래 타고난 양심을 잃어버려 '양심 없는 마음'을 말한다. 그것을 되찾는다는 것은 결국 '수양'을 말한다. 이 수양이란 유교에서 많이 언급되는 말인데, 매우 고전적 의미를 담고 있어 오늘날 잘 이해하지 못하는 사람이 많다. 수양이란 도덕적 수련을 말하는데, 그 목적은 나의 인격을 완성하는 것이며, 도덕적 실천력을 향상시키는 것이라고 할 수 있다.

이러한 수양을 위하여 맹자는 여러 가지 방법을 말하였다. 먼저 그는 인간이 도덕적 존재임을 전제로 하고, 그 근거를 천명에서 찾아 그것이 인간에 내재하여 도덕적 양심이 된다고 하였다. 이것이 맹자의 유명한 '성선설性善說'이다. 이는 마치 기독교에서 하느님이 자기를 닮은 형상으로 인간을 창조했으므로 인간은 하느님 앞에서 모두 절대 평등하고 속죄를 통하여 하느님 곁으로 갈 수 있다고 한 명제와 같다. 공자는 제자들의 여러 가지 질문에 대답하면서 그 상황에 맞고 그 사람에게 맞는 도덕적 실천 방법을 제시하였다. 맹자에 와서는 왜 사람은 도덕적이어야 하느냐 하는 근거를 묻게 되었는데, 여기에 응답한 것이 맹자의 성선설이라고 할 수 있다.

맹자는 이 성선설에 근거하여 여러 가지 수양 방법을 제시했는데, 모두 양심을 회복하는 방법이었다. 대표적인 것이 '사단四端의 확충'과 '양기養氣'이다. 사단은 도덕심에서 순수하게 발로하는 도덕적 감정을 말한다. 예를 들면 남을 불쌍하게 생각하고, 악을 미워할 줄 알고, 사양할 줄 알고, 그리고 도덕적 시비판단을 할 줄 아는 것 이 네 가지이다. 이 네 가지를 대표적으로 들었지만 포괄적으로 인간은 이러한 순수한 도덕적 감정의 근거로서 양심을 가지고 태어났다는 것이다. 맹자가 오늘날 태어났다면 생물학적으로 인간은 도덕적 감정을 발휘하도록 유전인자를 가지고 태어났다고 했을 것이다. 이것을 평소에 잘 기르고, 또 방해 받지 않고 잘 발휘되도록 연습하는 것이 맹자에 있어서의 '수양'이다.

양기는 '호연지기'를 기르는 것을 말한다. 호연지기는 오늘날도 더러 쓰는 용어인데, 글자 뜻은 '큰 기'라는 것이다. 보통 크다는 의미가 아니라 우주의 기와 나의 기가 하나의 길로 연결되어 무한한 우주에까지 뻗어간다는 의미를 담고 있어 특별히 호연지기라고 명명한 것 같다. 그런데 맹자는 이 기가 도덕적 양심과 함께 자란다고 하여 신비한 정의를 내렸다. 즉 이 기는 누구나 타고난 기 바로 그것인데, 우리가 도덕적 수련을 하면 할수록 더욱 더 커져서 우주에 가득 차는 큰 기가 된다는 것이다. 물론 그렇지 못하면 기가 쭈그러든다고 하였다. 맹자는 이 호연지기의 예를 들기를 자기 양심에 거리낌이 없으면 비록 천만인의 앞이나 천자와 같은 높은 지위에 있는 사람에게 나가도 당당하지만, 그렇지 못하면 천한 서민에게도 부끄럽게 된다고 하였다. 결국 호연지기를 기르는 데는 평소 도덕적 수련을 하는 것이 그 지름길이 된다고 한 것이다.

맹자는 이 호연지기를 기르는 방법에 도덕적 수련(수양)과 더불어 '지언知言'이라는 독특한 방법을 생각해내었다. 이는 상대방의 말을 통하여 그의 마음을 읽어내는 방법을 말하는데, 일종의 심리분석과 같은 지식추구의 방법이다. 예를 들면 그 사람이 자꾸 변명을 하면 그 사람의 현재 심리 상태가 불안하기 때문에 그렇다는 것을 알아낼 수 있다는 식이다. 여하튼 상대방에 대한 정보를 알아내는 방법이므로 이는 지식의 측면이라고 할 수 있다. 이는 공자의 지식 추구의 경향을 계승한 것으로 공자가 인을 말하면서 항상 지(지혜)와 병행하여 말한 것과 상통하는 것이다. 결국 맹자의 학문은 도덕적 수양과 '지언'이라는 지식 추구의 양 방법의 병행이라고 할 수 있다. 공자의 학설을 계승하면서 보다 도덕적 인간관을 확고히 확립하고 그 근거를 대고, 그 수양방법을 구체적으로 심화시킨 데 맹자의 공로가 있다. 맹자의 이 도덕적 인간관은 이후 동양의 학술과 정치에 기초가 되었다.

3. 유교의 전통과 오늘날의 왜곡된 학문관

유교의 학문은 그 후 중국 역사에서 점차 사서오경과 같은 경서經書를 외우는 일을 지칭하게 되었다. 그것은 유교를 국가 공인의 학술 사상으로 인정하였기 때문이다. 다시 말하면 국가에서 유교로써 가르치고 과거 시험을 보였기 때문에 자연히 유교로써 국가이념 자체가 단일화되었다는 것이다. 이 단일화된 유교는 점차 형식화되어 사람들은 경서만 형식적으로 외워 과거 시험에 응시하는 것을 필생의 업으로 생각할 뿐 창의적이고 비판적인 안목을 기르지 않았다.

여기에다 송대에 이르러는 성리학이라는 새로운 학문이 대두되어 자신의 철학적 사색을 통하여 성인의 철학을 연구하려는 새 학풍이 조성되었다. 그러나 유교가 가지고 있는 도덕적 인간관의 도그마로 인하여 그 창의적인 것이 실제는 도덕적 실천을 위한 것으로 한정될 뿐, 보다 폭 넓은 지식의 추구로 나아가지 못하였다. 앞에서 말한 주자朱子의 '격물치지'라는 방법이 다소 지식 추구의 정신을 가지고 있었으나 전체적으로 유교의 도덕학의 범위를 벗어나지 못했다. 그리고 송대 사대부라는 새로운 엘리트 계층 역시 과거를 통하여 충당되었기 때문에 경서를 외우는 일을 그치지 않았다. 오히려 그전보다 더 경서공부에 매달리는 학문관이 고착되어 버렸다. 이 풍조가 우리나라에도 그대로 옮겨졌다.

이러한 동아시아의 학문관은 오늘날 우리나라가 우수한 인적 자원을 소유하여 근대화를 이루는 데 한 몫을 하였다. 그러나 그 경제발전이 자발적인 자본주의 정신에 바탕을 둔 것이 아니고, 국가주도의 경제개발에 의한 위로부터의 추진이었기 때문에 오늘날 고부가가치의 생산에는 이르지 못하고 선진국 문턱에 머물고 말았다. 또한 대기업 위주의 경제 성장이었던 관계로 학벌주의 사회를 조성하고, 따라서 학문은 취직을 위한 도구로 전락하였다. 과거의 경서가 고시의 육법전서로 바뀐 것뿐이다. 유교의 유구한 학문 존중 정신은 장점도 많으나, 과거에는 과거科擧 때문에 지금은 고시 때문에 실제 도덕적 인간을 만들기는커녕 학문을 도구화시켜 저열한 인간을 양산하고 말았다. 눈에 보이지 않는 다국적 기업의 손이 전 세계로 뻗어가면서 한 나라의 산업계를 좌지우지하는 상황이므로 오늘날 국제 경쟁에 이기려면 이러한 선비적인 학문관의 일대 변혁이 있어야 한다. 그것을 위해서는 사회적 제도 개혁이 뒤따라와야 할 것이다. 그리하여 유교 본래의 교양주의, 인문주의, 문화주의의 학문관으로 되돌아가 그 근본정신을 살려야 할 것이다.

제4장 유교의 행복관

1. 유교의 '공동체 속의 행복감'

우리는 인간을 다른 동물과 구별하여 말할 때 '이성적 동물'이라고 한다. 인간은 다른 동물과 달리 자신을 윤리적으로 반성하고, 진선미의 높은 가치에 의해 문화를 만들며, 그리고 과학기술에 의해 자연을 활용하여 문명을 건설한다. 이러한 것은 모두 이성의 능력에 의해서 가능하다. 그러므로 인간은 정신적으로나 물질적으로나 그때까지의 수많은 축적된 문명의 지혜를 가지고 자연적 조건을 받아들이거나 부대끼면서 자신의 고유한 목적을 성취해 간다. 그것을 우리는 새로운 문명의 창조, 인간의 자연에의 생존적 적응이라고 한다. 그때 문화적 가치와 이상을 원만히 성취한다면 만족, 즉 행복을 느낄 것이고, 그렇지 못할 때는 불행을 느낄 것이다.

이와 같이 인간이 가지는 동물학적 원초적 행복감이란 자연적으로는 주어진 자연 환경 속에서 자신의 고유성을 성취해가는 데 있다고 할 수 있다. 이것을 종합하여 말하면 '삶'이라는 것이며, 또는 '문화' 혹은 '문명'이라는 것이다. 여기에는 일상성이라는 삶의 원만성과 문화적 가치라는 높은 가치가 동시에 실현되어야 한다. 그래야만 인간은 진정한 행복을 느낄 수 있는 것이다.

인간이라는 고도의 유기체는 위와 같은 삶을 꾸려나가는 하나의 방법으로서 사회적 모둠살이를 해나간다. 넓게 말하면 인간의 자연에의 적응이지만 좁게 말하면 사회적 모둠살이가 된다. 그런데 이 사회적 모둠살이에는 여러 가지 문화적 요소가 깃들어 있다. 그중 한 가지 중요한 것은 인간과 인간의 여러 관계이다. 가족이나 친족집단도 그중의 하나요, 마을, 국가, 이렇게 점점 확대되어 나간다. 이러한 모둠살이는 생산양식, 즉 수렵 채취냐, 농경이냐, 유목이냐, 아니면 공장제 생산이냐에 따라 그 양상이 달라진다. 보통 우리가 봉건제, 혹은 전근대의 모둠살이라고 하는 것은 주로 농경제 생산양식과 밀접한 관련을 갖고 있다. 동아시아 문명권도 물론 그러하다.

대체로 어떠한 생산양식이든지 인간 모둠살이의 중요한 기반은 인간적 유대관계이다. 이러한 관계는, 크게는 오늘날의 법률적, 계약적 관계와 같이 매우 발달한 근대적 인간관계에서부터 작게는 봉건시대의 혈연관계에 이르기까지 다양하다. 농경제 사회에서는 혈연관계가 주축을 이루었고, 이 인간관계에서는 도덕적 관계가 매우 중시되었다. 그리하여 개인간에도, 모둠살이에서도 도덕적 성숙과 도덕적 의무의 이행이 행복의 근원이었다. 인간 존재의 지고한 존재 가치 자체가 도덕적 의무의 이행 여부에 달려 있었다.

물론 서양 중세의 종교 우위의 시대에서도 그러하였고, 더 나아가 어떤 문화권에서도 정도의 차이는 있으나 도덕적 인간관계를 역시 중요시하였으며, 오늘날 시민사회도 역시 도덕적 인간의 추구는 변함이 없다. 그러나 특히 유교 문화권에서 그러한 경향이 강하였다. 유교 문화권에서는 행복을 행복 그 자체로 추구하지 않고 인간의 인간됨, 옳은 모둠살이의 모습에서 찾았다. 다시 말하면 행복은 도道, 즉 인간의 도의 실현이라고 생각했다.

2. 도덕과 불행, 유교의 딜레마

공자는 무엇을 안다는 것과 그것을 좋아한다는 것, 그리고 그것을 즐긴다는 것을 구분하여 말하면서 최종적으로 '즐긴다'는 경지로 나아가야 된다는 것을 제시하였다. 이 즐긴다는 경지는 공자에게 있어 행복의 경지라고 할 수 있다. 공자는 "의롭지 못한 부귀는 나에게는 뜬 구름과 같다. 반찬 없는 밥을 먹고 가난하게 지내도 즐거움이 그 속에 있다."라고 하였다.

맹자는 "군자에게는 세 가지 큰 즐거움이 있는데, 하늘을 우러러 보아도 양심에 거리끼는 일이 없고, 양친 부모 다 살아계시고, 천하의 훌륭한 인재를 교육시키는 일 이 세 가지이다. 천하를 다스리는 일은 이 속에 들어가지 않는다."라고 하였다.

공자는 부귀와 바꿀 수 없는 고귀한 가치가 있다는 것을 말하였고, 맹자는 도덕적 양심을 유지하는 것이 즐거움이라고 하였다. 이 둘을 종합하면 유교의 훌륭한 인간됨의 조건이 양심을 지키는 것과 도덕적 경지에 사는 것이라고 할 수 있다. 이것이 유교의 도덕적 행복관이다.

그러나 여기에 문제가 없는 것이 아니다. 도덕적 행복은 보통 사람들이 모두 원하는 바는 아니다. 즉 유교가 추구하는 도덕은 이상적인 가치로서 보통 사람들이 하고 싶어 하는 목표가 아니다. 보통 사람은 세속적 가치를 추구한다. 근대사회의 시민윤리 역시 상인의 윤리로서 상업과 이윤추구를 긍정한 데서 출발한 것도 그 때문이다. 그러므로 유교적 도덕을 추구하는 것이 세속적 가치 기준과 충돌을 일으키는 일이 왕왕 있게 된다. 이때 세속인들에게 과연 유교적 행복을 강요할 수 있겠는가? 할 수 없다면 세속적으로 살도록 그냥 놓아 둘 것인가? 하는 문제가 생긴다.

중국의 유명한 역사책 《사기史記》는 사마천이 지은 것으로, 그 속에 당시 인물의 전기를 실어놓았는데, 이것을 '사기열전史記列傳'이라 부른다. 그 가운데 첫 번째 인물은 누구일까? 사마천은 〈백이전伯夷傳〉을 먼저 실었다. 백이는 그 아우 숙제叔齊와 더불어 은나라 제후국 고죽국의 왕자였는데, 주나라 무왕이 천하를 통일하자 그 치하에 들어가는 것이 굴욕이라 하여 수양산에 들어가 고사리를 뜯어먹으면서 저항하다 결국 굶어 죽었다. 이들은 나라가 망하자 침략자에 저항한 것이지만, 주나라가 신하로서 은 왕조에 반기를 든 것에 대한 정의의 외침이기도 하였다. 즉 유교적 도덕과 천하 의리(정의)를 실천하고자 하여 죽음을 택한 것이다. 그러므로 공자는 "백이와 숙제는 인仁을 구하고자 하여 인을 얻었으니, 무슨 여한이 있겠는가?"라고 칭찬하였다.

채미도采薇圖(백이伯夷와 숙제叔齊)

그런데 사마천은 여기에 대해 공자와 의견을 달리 하였다. 즉 그는 "세상에 하늘은 반드시 착한 사람의 편이라는 말이 있는데, 그렇다면 왜 백이 같은 이가 불행하지 않으면 안 되었는가?"라고

사마천司馬遷

의문을 제기하였다. 그는 또 계속하여 말하기를 "백이만이 아니다. 공자의 제자 70명 중 가장 우수한 인물이었던 안회顔回는 끼니조차 굶을 정도로 가난했고, 거기다 명이 짧아 일찍 세상을 떠났다. 이와는 반대로 세상의 큰 도적놈인 도척 같은 이는 수많은 살인을 하고도 천수를 다 누렸다. 안회와 도척의 이러한 예는 무수히 볼 수 있다. 하늘의 뜻은 과연 공평하고 믿을 만한가? 잘못된 것은 아닐까?"라고 큰 의문을 제기하였다. 이 논리에 의하면 유교의 도덕군자론은 세속적 가치와 충돌을 일으켜 결국에는 설 땅이 없어진다는 것을 웅변으로 말하여 주고 있다.

사마천이 제기한 의문과 같이 유교는 도덕적 의무를 말하였지 세속적 행복을 말하지 않았다. 그러므로 유교의 도덕론으로써는 보통 사람, 즉 민중들을 달래기 어렵다고 할 수 있다. 이런 점에서 유교의 행복론은 매우 허술하다고 할 수 있다. 사마천 자신이 정의감 때문에 흉노의 포로가 되었던 이릉 장군의 변호를 맡았다가 그로 인해 황제(무제)에게 노여움을 사서 치욕적인 궁형을 당하였으므로 당시 선비로서의 비운 앞에 유교의 행복론에 이러한 의문을 제기하지 않을 수 없었는지도 모른다. 아무튼 이러한 유교 행복론에 대한 불만은 사람들로 하여금 불교를 믿도록 이끄는 중요 동인이 되었다. 그 후 약 400년이 지나 육조시대에 와서 사람들이 맹렬하게 불교의 삼세보응설三世報應說에 경도하게 된 데는 이러한 사정이 있었던 것이다.

삼세보응설은 일종의 윤회설로서 과거세, 현세, 내세의 삼세 사이에 서로 인과응보가 있다는 종교적 믿음이다. 현실적인 유교의 도덕론으로써는 사람들이 바라는 행복(유교에서 보면 세속적 행복)을 충족시켜줄 수 없었고, 이러한 불안이 마음을 종교에 귀의하지 않을 수 없게 만들었다. 이때 불교의 인과응보설이 현세의 불행을 위로할 수 있었던 것이다.

서양의 철학자 칸트의 윤리학에서도 이 문제는 중요한 테마가 되고 있다. 즉 그는 올바로 인간이 산다는 것과 행복하게 산다는 것은 같은 권리를 갖고 있다고 하지만, 실제 현실적으로 이 두 소망이 양립하기는 어렵다고 하였다. 중세 스토아학파는 이 문제를 유교식으로 다루었는데, 이들은 도덕을 실현하여 얻는 만족감이 행복이라고 하였다. 그러나 칸트는 도덕과 행복은 이질적이므로 이러한 스토아학파의 태도는 일종의 속임수라고 비판하였다.

후한 시대의 왕충王充은 한술 더 떠서 매우 합리주의적인 입장에서 인생은 우연한 운명에 의해서 결정된다고 하면서 하늘과 인간 사이에는 아무런 인과 관계가 없다는 무신론의 입장을 나타내었다. 즉 왕충에 의하면 인생이란 자연의 동물세계처럼 생로병사라는 엄연하고 냉엄한 자연의 섭리만 있을 뿐이라고 하였다. 이러한 무신론적, 합리주의적 인생론에 인문주의 사상인 유교의 고상한 도덕적 행복론은 점차 무력해지지 않을 수 없었다.

3. 고차원의 정신적 행복

세속적 행복론을 넘어선 고차원의 정신적 열락을 추구하는 행복론이 또 하나 있다. 유교적 행복론을 말하려면 이것을 부득이 말하지 않을 수 없다. 노장사상으로 잘 알려진 장자莊子(장주莊周)의 행복론이 그런 것이다. 장자는 행복에 도달하는 데는 여러 단계가 있다고 먼저 전제하고, 우리 본성의 자유로운 전개는 우리에게 행복을 가져다준다고 하여 남과 다른 자신의 개성을 발휘하는 '자유로움' 그 자체에서 먼저 행복을 찾았다.

그런데 이 본성의 자유로운 전개는 인간뿐만 아니라 모든 존재에 대해 그 사물의 본성을 고차적으로 이해해야 한다고 한다. 이를 위해서는 감정에 휩쓸려서는 안 되고 냉철한 이성에 의해서 감정을 컨트롤하여 사실을 직시해야 한다고 한다. 오리의 다리는 짧고, 학의 다리는 긴데, 이것을 비교해서 길고 짧음을 말해서는 안 되고, 각각 길고 짧은 것이 사물의 본성이라는 것을 깨달아야 한다고 하였다. 만물이 자연의 도道로부터 본성, 즉 덕德을 타고 났으므로 이 덕을 잘 발휘하는 것이 행복이라는 것이다. 인간의 생사 문제도 물론 마찬가지로 이와 같이 이해해야 한다고 하였다.

그런데 이러한 이해에 도달하려면 유한한 관점을 버리고, '무한한 관점'에 도달해야 한다. 유한한 관점이란 세속적 관점으로서 인간의 시비판단, 상대적 인식 같은 남과 상대적인 입장을 취하는 모든 관점을 말한다. 우리의 인식과 표현은 상대적일 수밖에 없고, 그런 점에서 유한하다는 것이다. 그러므로 시비판단을 버리고 도의 관점에서 사물을 비추어 보면 절대평등하게 사물을 볼 수 있게 된다고 한다.

이는 마치 원의 중심에 서서 사물을 보는 것과 같이 자신은 원 안에서 일어나는 것을 모두 볼 수 있지만, 자신은 그들의 변화에 영향을 받지 않는 것과 같다는 것이다. 이것이 장자의 '제물론齊物論'이다. 우리가 세속적 관점에서 사물의 우열을 구별하지만, 도의 입장에서는 만물은 만물 그대로이고, 모두 유용하다. 즉 만물은 도에 의해 통합되어 간다. 이것을 아는 것, 즉 제물론의 관점에 서는 것이 행복의 요체라는 것이다. 이는 고차원적 인식의 전환에 의한 정신적 열락이라고 할 수 있다.

육조시대에 들어와 중국인들은 불교를 통하여 종교에 대한 식견도 넓어지면서 혼란한 세상을 맞이하여 장자의 철학을 새롭게 인식하기 시작하였다. 이는 유교식 현실 도덕으로는 해결할 수 없는 그 시대의 문제를 푸는 하나의 방법이기도 하였다. 장자의 인생철학, 즉 사물을 구별하는 세속적 관점을 초월하는 마음이나 정신을 가지고 남이야 뭐라 하든 스스로에 의하여 스스로에 충실한 삶을 살려는, 말하자면 '실존적 히피'들이 나타났던 것이다. 이러한 사람들이 저 유명한 '죽림칠현竹林七賢'이다. 그들의 삶의 태도를 '풍류風流'라고 한다. 이들의 사상을 이론화한 사람은 바로 장자의 사상을 해설한 향수와 곽상이라는 사람들이며, 그 원류는 물론 장자 사상이다. 풍류는 오늘날로 말하면 '낭만주의'라고 할 수 있는 것으로 그 의미는 '자유로움과 편안함'이다.

풍류인은 진정한 자유와 그로 인한 또 다른 편안함을 추구한다. 그들은 장수, 명예, 지위, 부귀 같은 것을 원하지 않는다. 그들은 본성과 일치된 삶을 살려고 한다. 본성과 일치된 삶이란 남을 따라 사는 것이 아니고, 자기 자신에 따라 사는 것을 말한다. 다시 말하면 사람은 자신의 이성이나 충동에 따라 살아야지 그 시대의 관습과 도덕에 따라 살아서는 안 된다는 것이다.

여기서 이성에 따라 산다면 '합리주의자'들이며, 충동에 따라 산다면 '낭만주의자'들이라고 할 수 있다. 충동에 의하여 사는 낭만주의자들은 결국 인간의 욕망과 감각을 따라 즐기는 것을 중요한 나의 자유로움이라고 여기게 된다. 이런 의미에서 낭만주의자들의 극단은 '쾌락주의'라고 할 수 있다. 그들은 인생에 있어서 고뇌의 원인은 본성의 방해이며, 이것은 자유의 억압이라고 생각했다. 그리하여 그들은 세속적 예의염치, 관습 등이 본성의 발로를 방해한다고 여겼다.

죽림칠현 중의 한 사람인 유령劉伶은 늘 자기 방에 있을 때 옷을 벗고 있어 당시 말썽이 많았다. 하루는 친구가 찾아와 그를 보고 못마땅해 하자 유령은 말하기를 "천지가 나의 집이고 나의 방은 나의 옷이다. 그대는 왜 나의 바지 속에 들어오는가?"라고 하였다고 한다.

그러나 이들은 극단적인 쾌락만을 추구하지는 않았다. 그들은 고상한 취향과 이 우주에 대한 합일의 느낌을 가지고 자신과 자연물 사이에 평등의 감정과 무차별의 감정을 가지고 있었다. 비록 혹 쾌락을 추구하더라도 세속적인 것을 넘어섰으며, 오히려 정서(감정)를 가지고 있으나 이성에 의하여 그러한 정서를 흩어버리고 그 영향을 받지 않는 우월한 정신을 가지고 있었다. 그러면서 그들은 독특한 감정을 가지고 다른 사람들이 감동하지 않는 사물에 대해 종종 감동하였다. 이러한 섬세한 감각과 남다른 감정은 예술적인 데가 있었다.

명필 왕희지王羲之의 아들 왕휘지王徽之(자 자유子猷) 역시 명필이었는데, 그의 예술적 심성 또한 독특하였다. 어느 날 잠을 자다가 눈이 내리는 소리에 잠이 깼다. 창문을 열고 보니 온 천지가 하얀 빛이었다. 갑자기 그는 친구 대규戴逵(자 안도安道)가 생각났다. 즉시 배를 타고 그를 만나러 갔다. 그 집에 도착하여 문을 두드리려는 순간 그는 그만 두고 집으로 돌아왔다. 누가 그 이유를 물으니, 그는 말하기를 "흥에 겨워 갔는데, 도착하여 그 흥이 끝나버렸다." 라고 대답하였다 한다.

분명히 이들과 같이 도가의 탈속적인 정신과 감정을 숭상하는 자들은 유교의 세속적인 윤리에서 오는 구속을 벗어나는 데서 행복감을 즐길 수 있었을 것이다. 즉 풍류라는 이러한 낭만주의는 자연(자연스러움)에서 출발했으므로 분명히 인문주의인 유교의 도덕과 규범에는 반대했을 것이다. 그러나 인간은 역시 속된 존재, 언제나 이러한 고상한 취향을 가지고 탈속적 삶을 누리기는 어려운 법이다. 또한 낭만주의는 쾌락주의와 매우 가까워 자유스러움은 곧 방탕으로 치닫기 일쑤다. 특히 그가 여간한 정신의 소유자가 아니고는. 그러므로 즐거움과 행복은 반드시 여기에만 있지 않고, 인간다움을 실현하는 데도 있음을 당시 학자였던 악광樂廣은 말하였다. 인간다움의 실현이란 결국 유교적 도덕규범에 의한 절제와 조화였던 것이다.

4. 행복은 초월과 일상의 사이에서

11세기 성리학이라는 유교의 새로운 사조를 일으킨 철학자들도 도가 사상의 영향을 받아 행복은 우리가 정서를 갖지마는 어떻게 하면 그 정서의 덫에 걸리지 않는가에 달렸다고 보았다. 이상적인 사람(성인聖人)은 그 정서가 사물의 본성을 따르지 스스로는 아무런 정서를 갖지 않는다고 하였다. 즉 그들의 정서는 비개인적이며, 공평하며, 사물에 자연스럽게 응하는 것이다. 사람이 일반적으로 갖는 병폐는 이기적이거나 합리적인 데 있는데, 그들은 즐거움과 노여움이 그 마음에 매어 있지 않고 사물에 매어 있도록 하였다. 즉 그들의 마음은 무엇이나 공평하게 비출 수 있는 거울과 같았다. 그러므로 그들은 공자의 수제자 안회顔回를 자주 들먹였다. 《논어》에 보면 공자는 안회를 칭찬하여 "안회는 노여움을 옮기지 않았다."라고 하였다. 이와 같이 신유교주의자(성리학자)들은 진실한 행복은 어디에 있는가를 찾으려 하였다.

안회顔回

대표적인 예화를 들면 다음과 같은 이야기가 있다. 공자와 제자들의 문답에서 이 행복 문제는 많이 다루어졌다. 공자는 "의롭지 못한 부귀는 나에게는 뜬 구름과 같다. 반찬 없는 밥을 먹고 가난하게 지내도 즐거움이 그 속에 있다."라고 한 구절은 앞에서 인용하였다. 안회에 대해 공자는 "실로 비길 바가 없구나, 회는! 한 그릇의 밥과 한 표주박의 물을 먹으며 누추한 집에 살면서도 회는 불평 없이 잘 견디었다. 남은 차마 견디지 못하였을 일을!"이라고 칭찬하였다. 공자와 안회가 즐긴 것은 과연 어떠한 즐거움이었는가에 대해 많은 학자들이 논란을 벌였다.

또 하나의 중요한 예화가 있다. 공자는 네 사람의 제자와 이야기를 나누고 있었는데, 그가 제자들에게 각자 자기의 포부를 말해보라고 하였다. 한 사람은 한 나라의 국방장관, 다른 사람은 재무

증점曾點

장관, 또 다른 한 사람은 예부장관이 되고 싶다고 답하였다. 그러나 마지막의 한 사람, 즉 증점(증자의 아버지)은 이런 말에 관심을 두지 않고 한가하게 거문고를 타고 있다가 말하기를 "늦은 봄에 봄옷을 차려 입고 젊은이와 어린이를 몇 사람 데리고 야외에 나가 강가에서 목욕하고 바람을 쐬고, 노래하며 돌아오겠습니다."라고 하였다. 이에 공자는 기쁜 듯이 자기도 증점의 생각과 같다고 하였다는 이야기이다.

이는 매우 신비한 면이 있어 확실한 의미를 알기 어려우나 요점은 이런 것이다. 즉 다른 사람은 매우 세속적이며, 인위적인 일에 관심을 가지고 있었던 반면에 증점은 사회와 우주 내에서 자기의 현존 상태를 벗어남이 없이 일상생활을 즐겼다는 데 있다. 자기의 이기심을 다 버리고 도처에 퍼져 있는 하늘의 뜻을 감지함으로써 이러한 평범한 일상 속에서 지고한 높은 가치를 실현하고 있다는 것이다. 이것은 유교인이 발견한 도덕적 규범과 인문문화 속의 초월의 의미를 잘 말하고 있는 것이다.

공자와 맹자는 유교의 규범이 결코 자연에 반하는 것이 아니고, 오히려 이러한 규범의 경지로 나아간다면, 이는 자연을 더욱 발전시킬 수 있다고 보았다. 바꾸어 말하면 규범이 세속화되는 것을 막기 위해서는 이러한 자연과 우주의 도에 대한 이해가 필요하다고 본 것이다. 오늘날 우리는 너무 극단으로 치닫고 있다. 풍류는 퇴폐로, 자유는 방종으로, 규범은 허례허식으로 변하고 있다. 진정으로 인간성을 회복하고 자연과의 친화를 되살리고 우주와 인생의 진정한 모습을 직시할 때 우리의 일상은 의미가 있고 진정한 평화와 사랑의 모둠살이(공동체 생활)를 할 수 있을 것이다. 이 속에 진정한 행복이 있다고 해야 하지 않을까?

제5장 유교의 수양관

1. 공자의 학문과 휴머니즘

유교가 도덕론이라는 것은 잘 알고 있다. 그러나 선진시대 원시유교(공자, 맹자, 순자로 대표되는 초기 유교 사상)는 아직 도덕론의 철학적 이론이 완비되지 못하여 일상 윤리적인 규범의 형태로 나타났다. 체계적인 도덕 형이상학이 이루어진 것은 송대에 와서 노장사상이나 불교의 영향을 받은 후의 일이다.

공자는 《논어》 첫머리에서 강조한 것을 비롯하여 배우는 일(학문)을 매우 중요시했다. 공자는 자기는 많이 아는 사람이 아니라고 제자들에게 겸손하게 말한 적도 있지만, 사실은 당시 그 누구보다

又學之本故學者不可以不盡心焉
○今讀論語且熟讀學而一篇若明
得一篇其餘自然易曉○學而篇皆
是先言自脩而後親師友有朋自遠
方來在時習之後而親仁在入孝出
弟之後就有道而正焉在食無求飽
居無求安之後毋友不如己者在不
重則不威之後今人都不去自務只
是專靠師友說話○覺軒蔡氏曰學
而名篇專以學言而所謂學者果何
所學耶朱子首發明學之本
惟在全其本性之善而已
子曰學而時習之不亦說乎 說悅同
學之爲言效也人性皆善而覺有先後後
覺者必效先覺之所爲乃可以明善而復
其初也 朱子曰學之一字實兼致知力行
而言問學之爲言效也效字所包

《논어집주대전論語集註大全》

박학다식한 사람이었다. 또한 인仁의 덕을 말하면서도 항상 배움을 병행하기를 권하였고, 덕이 있더라도 배움을 통하여 지성을 갖추지 못할 때의 위험성을 경고하기도 했다. 이 점이 다른 종교 교주(창시자)와 공자의 다른 점이다. 그는 위대한 스승으로서 몸소 지성을 연마하고 이성의 능력으로써 살아가려고 노력했다. 그가 괴·력·난·신怪力亂神을 말하지 않은 점, 이웃나라에서 좋아하는 음악을 듣고 침식을 잊은 점, 인의 덕을 말하면서 관중管仲이라는 정치가의 용기를 감싸면서 인이 단순한 사랑이 아니라 고도의 지성과 남성적 용기를 겸비한 종합적 덕이라고 규정한 점 등에서 공자는 종교 창시자의 모습을 볼 수 없고, 최고 인격자로서 우리에게 다가온다. 이것이 그의 덕의 수양론의 모습이다.

공자는 그렇다고 하여 배우는 일에만 매달린 사람은 아니다. 그는 남과의 사회적 소통에 있어 예가 가지고 있는 기능을 충분히 알고 있었다. 뿐만 아니라 전래의 전통적 종교의례의 불합리함을 알면서도 전통을 존중하는 마음으로 남과 더불어 그 종교의 례를 행하기도 하였다. 물론 자기 내면에 있어서는 윤리적 각성이 인간의 도리이고, 그것이 전래의 종교의식보다 하늘의 뜻을 더 잘 아는 방법이라고 생각했지만, 간간이 하늘을 원망하기도 하고 하늘과 대화하는 실존적 고뇌의 모습도 보여 주었다. 현세의 살아 있는 사람을 잘 섬기지 못하는데 죽음을 어떻게 알겠는가 하고 내세와 죽음의 문제에 대해 공자는 함부로 예언하지 않음으로써 윤리적 각성과 내면의 도덕적 완성을 인간의 길로 제시하였다.

그렇다고 그가 생의 초월적 의미를 몰랐다고 볼 수는 없다. 하늘이 자기에게 덕을 내려 주었다고 하여 도덕적 성취를 통하여 하늘이 준 사명을 완수하고자 했다. 다만 이러한 것보다 현세에서 예를 행하고 의를 통하여 인을 실현하는 것이 인간의 의무이고, 이를 통하여 그 초월성을 달성할 수 있다고 생각했다. 그리하여 그의 모든 생활이 도덕적 고양에 맞춰졌다. 심지어 제자들과 봄에 야외에 나가서 흥겹게 노는 것 자체가 인생의 중요한 멋이라고 하기도 하고, 당시의 정치현실에 대해 날카롭게 비판하기도 하고, 또 제자들을 당시 정치 일선에 나아가 부패한 세상을 개혁하도록 지도하기도 하였다. 이 두 전혀 다른 영역을 오가면서 자신은 잠시도 쉬지 않고 배우고 가르치는 일을 계속한 곳에 공자 수양론의 진면목이 있다.

2. 맹자와 순자의 수양론

맹자는 공자 사상을 계승하는 것을 자기의 임무로 여기고 당시 양주 사상이나 묵자(묵적) 사상이 풍미할 때 공자 사상을 적극 선양하였다. 아마 양주나 묵적의 사상이 맹자의 눈에는 비윤리적인 사상으로 비쳤을 것이다. 그의 수양론의 핵심은 인간이 도덕을 왜 지켜야 하느냐 하는 까닭을 설명하고 그 도덕의 힘이 얼마나 큰 것인가 하는 점을 계몽한 데 있다. 공자의 사상을 계승하면서 그 의미를 부연하고 재천명한 것이다.

공자는 인仁을 많이 말하였지만, 인간이 왜 인해야 하는가에 대한 철학적 설명을 하기보다는 실천의 방법을 지도하는 데 집중하였다. 맹자는 당시 성행하던 다른 학설에 대항하기 위하여 공자의 인의 의미와 실천 방법에 대해 설명하였다. 맹자는 사람이 인을 행해야 하는 이유, 즉 사람이 도덕적인 이유에 대해 설명하기 위하여 '사단설四端說'을 제시하였다. 사람에게 고유의 선천적 능력으로서 네 가지 덕이 갖추어져 있고, 거기에서 우리가 경험할 수 있는 네 가지 도덕심이 나온다고 하였다. 다시 말하면 인의예지에서 측은惻隱, 수오羞惡, 사양辭讓, 시비是非의 마음(도덕적 감정)이 각각 나온다고 하였다. 사람들은 모두 이 덕과 마음을 가지고 있는데, 이를 발휘하지 못하는 것은 생각(자각)이 부족하기 때문이다. 그러므로 이를 발휘하는 방법으로 잃어버린 '마음(본성)'을 찾아서 잘 보존하는 일을 들었다. 이것이 맹자의 수양법인 존심양성存心養性

이다. 그의 '성선론性善論'은 바로 이러한 인간의 착한 선천적 본심(양심)을 규정하려는 의도에서 나온 것이다. 그뿐만 아니라 맹자는 한편으로 인간에게는 양지良知와 양능良能이 있다고도 하였는데, 선천적 착한 본심과 같은 말이다.

이러한 착한 본심(도덕심; 양심)을 발휘하기 위해서는 욕심을 줄여야 하고(과욕寡慾), 항상 본심을 길러야 한다는 생각을 잊지 말고, 오랫동안 선행을 쌓는 일이 중요하다고 보았다. 착한 본성을 타고 났으므로 그냥 두어도 되는 것이 아니라 이 도덕적 가능성을 항상 확충해야 한다는 것이다. 또 이를 위해서 맹자는 호연지기浩然之氣를 기르는 일과 '지언知言'이라는 방법을 제시하였다.

호연지기는 도덕심을 발휘하는 데서 오는 자신감인데, 이 기운은 무한히 커서 우주에 가득차고, 백만 대군도 무섭지 않게 된다고 비유하였다. 이 기는 물론 옳음(의義)이라는 도덕률에 부합해야 얻을 수 있다고 하였다. 옳음은 오늘날의 사회정의와 같은 것은 아니고, 인간의 선천적 도덕심의 기준(시비지심是非之心)에 비추어 보아 거의 직관적으로 깨달을 수 있는 시비 판단을 말한다. 그러므로 여러 상황에서 인에 부합하는 것이 의라고 할 수 있다.

지언은 남의 말을 분석해서 그 사람의 심리를 알아낸다는 뜻인데, 그렇게 함으로써 내가 유리한 고지에서 상대방을 대처할 수 있는 자신감이 확보된다는 것이다. 맹자의 수양론은 이와 같이 공자의 인이 인간의 도덕심에 근거하고 있으므로 사람이 도덕적으로 되는 것은 필연적이라고 인식하였으며, 그것을 발휘하는 방법으로 여러 가지 수양법을 제시하였다.

순자는 맹자보다 약 100년 뒤에 나와서 당시 여러 학파가 교류할 때에 여러 학설을 종합하면서 유가의 학설을 천명하려 하였다. 특히 당시 유행하던 장자의 자연주의에 대항하여 유가의 인간주의, 도덕주의를 내세우려고 하였다. 장자의 지나친 자연주의는 인간의 중요성이 매몰되는 결과를 가져왔으므로 순자는 이것을 도덕의 위기, 인간의 위기로 보았다.

그가 강조하는 '성악설性惡說'은 사실은 인간이 악하기 때문에 어쩔 수 없다는 그런 뜻이 아니다. 이것은 마치 맹자의 성선설이 인간이 본래 착하니 가만히 내버려두어도 된다는 의미가 아닌 것과 같다. 순자는 인간이 악하기 때문에 선해지려고 하는 것이고, 그 방법이 바로 스승을 좇아 예를 배우는 것이라고 하였다. 이때 순자가 말하는 예는 사회적 규범의 의미가 강하다. 유가의 도덕을 회복하고 실천하려는 점에서는 맹자와 같은 노선을 걷고 있었다. 그렇다면 순자가 강조하는 예는 누가 만드는가? 또 따라야 할 스승은 어떤 사람인가? 하는 의문이 일어날 수 있다. 그러므로 순자는 한편으로 길 가는 보통사람도 다 우임금처럼 될 수 있다고 하여 인간의 도덕적 가능성을 인정하였다. 여기에서 맹자와 순자는 만나게 된다. 두 사람 다 유가의 도덕적 본심을 다 발휘하여 도덕적 인간을 만드는 데서는 일치하였고, 그 방법(수양법)에서 차이를 보였을 뿐이다. 순자의 스승을 존경하는 기풍, 교육의 강조, 예법의 존중 등은 유가 도덕론의 핵심으로서 맹자와는 또 다른 면에서 유가 사상을 발전시켰다.

3. 송대 성리학의 수양론

성리학은 그 이전에 성행한 노장사상과 불교의 영향으로 개인의 내면적인 수양론을 발달시켰다. 유교의 원래 목표는 자기의 덕을 닦아 백성을 다스린다는 '수기치인修己治人'이므로 수양과 정치적 활동이 겸비되어야 했다. 성리학은 그 정신을 이어받으면서도 노장과 불교의 영향으로 개인 수양론이 발달하였다. 물론 거기에는 우주론적 통찰과 리기론理氣論이라는 형이상학으로 유교 도덕론을 체계화시키는 새로운 사상 경향과도 밀접한 관련이 있다.

북송시대 성리학을 연 시조라고 할 수 있는 주돈이周敦頤(호 염계濂溪)의 경우 도교적인 세계의 수양(종교적 수행) 방법을 차용하여 '무욕無慾'의 수양법을 강조하였다. 욕심이 없기 때문에 고요할 수 있다고 하여 일명 '주정설主靜說'이라고도 한다. 그는 우주론자로서 인간을 포함한 우주 만물

주돈이周敦頤

의 생성과정을 음양오행으로써 설명하면서 우주의 참된 목적은 만물을 생성시키는 우주의 사랑[仁]이라고 하였다. 이 우주적 사랑의 정신은 아무런 욕심이 없기 때문에 그것이 가능하므로 인간도 이것을 본받아 욕심을 없애야 한다고 주장했다. 그렇게 되면 인간과 만물은 일체감, 상호 소통의 느낌을 갖게 된다고 하였다.

그의 제자 정호程顥(호 명도明道)와 정이程頤(호 이천伊川)도 스승의 수양론을 이어 받아 정호의 경우는 만물일체萬物一體의 인仁을 체득하는 것이 배움의 기초라고 단정하면서 이 경지에 이르면 저절로 즐거움을 느끼게 된다고 말하였다. 그리하여 공자의 제자 안회顔回가 가난하면서도 공자에게 도를 배우는 즐거움을 그만 두지 않은 경지를 이해할 수 있을 뿐만 아니라 공자가 제자들과 자연 속에서 유유자적하는 즐거움이 가지는 의미도 알게 된다고 하였다. 만물일체의 인을 체득한다면 이 우주적 사랑(인仁)은 만물을 사랑하게 하고 나아가 가까이 있는 나의 이웃과 남을 진정으로 사랑할 수 있게 한다고 하였다.

동생 정이의 경우는 여기에 한 가지 수양법을 덧붙여 '격물치지格物致知'를 말하였다. 격물은 사물에 나아가 이치를 탐구한다는 뜻이고, 치지는 나의 지식(지혜)이 성취된다는 뜻이다. 오늘날 과학적인 지식의 획득과 같은 것은 아니지만, 객관적 지식의 획득까지 포함한 것이며, 그로 인한 나의 지혜(지성; 판단력)의 발전까지 의미하고 있다. 그는 풀과 나무의 이치도 탐구 대상이라 하였으므로 사물의 이치에 대한 객관적 지식을 제외한 것은 분명 아니었다.

그러나 당시 강조한 바는 그것보다 인간사의 여러 경우의 올바른 시비 판단을 주로 말하고자 했다. 그러므로 정이는 이것을 위해서는 간접적으로 책을 통하여 역사적 사건에 대해 시비를 가리고, 인물의 행위를 평가하는 등의 방법도 필요하다고 제시하였다. 그런데 중요한 것은 이 모든 것이 유가적 도덕을 기준으로 판단하고 평가하고 있다는 점이다. 마치 오늘날의 민사재판과 비교할 수 있다.

이러한 격물치지가 수양에 중요한 이유는 우리가 도덕을 행하기 위해 끊임없이 가치판단을 해야 하기 때문이다. 이것은 저 멀리 공자의 '학문' 정신, 맹자의 '지언'의 방법을 계승한 것으로 도덕론으로서의 유교의 사랑과 지성의 겸비라는 특성을 잘 말해주고 있는 것이다. 사랑은 정감이고, 우리의 정감은 언제나 분위기와 기분, 개인적 욕망에 휩쓸리기 쉬운 것이므로 반드시 냉철한 지성의 작용이 수반되어야 한다고 본 것이다. 격물치지는 이 지성의 연마인 것이다. 양지의 발현을 강조한 왕양명이 항상 직접 일에 부딪쳐 체험하는 '사상마련事上磨練'을 강조한 것도 같은 맥락이다.

또 정이는 심리적 평정을 유지하는 방법으로 '경敬'을 강조하였다. 이것은 도덕적 정감을 순화시키기 위한 방법이기도 하다. 그러므로 그는 말하기를 "마음을 기르는 데는 경을 사용해야 하고, 학문의 진척은 격물치지의 방법에 있다."고 하였다. 그는 주돈이의 '주정主靜'은 불교적인 맛이 난다고 하여 경을 주로 해야 한다고 하였다. 경은 오늘날로 말하면 '경건함'이다. 다소 종교적인 경향도 띠고 있다. 그는 경을 여러 가지로 설명했다. 정제엄숙整齊嚴肅, 주일무적主一無適 등으로 설명했다.

경의 첫걸음은 내적으로는 잡된 생각을 없애고, 욕심을 일으키지 않고 온갖 불필요한 사려와 걱정을 없애 정신이 산만하지 않도록 하는 것인데, 내외는 서로 연관되므로 이를 위해서는 정제엄숙이 필요하다는 것이다. 즉 정제엄숙은 외적으로 자세와 시선을 바로 하고 의복을 단정히 입고 예법에 맞도록 행동하는 것을 말한다. 그가 지은 유명한 〈사물잠四勿箴〉은 예가 아니면 보지도 말고, 예가 아니면 듣지도 말고, 예가 아니면 말하지도 말고, 예가 아니면 행동하지도 말라는 구체적 수양법을 말하고 있다. 이것은 공자와 안자의 대화에서 이미 나온 '사물四勿'의 계율을 부연한 것이다. 이러한 설명은 예법에 맞는 행동이 궁극적으로 경의 중요한 방법이라는 것이다.

주일무적은 경의 내면적 방법인데, 정신을 집중하여 정신이 산만하지 않도록 하는 일이다. 이것이 바로 종교적 경건성과 통하는 점이다. 그러나 인간의 의식은 물처럼 잠시도 가만히 있지 않기 때문에 억지로 무상무념에 잠기려 해서는 안 된다고 한다. 그러므로 마음의 주재가 있어야 하는데, 그것은 선한 목적을 항상 염두에 두는 데서 가능하다. 즉 임금은 인에 마음을 두고, 신하는 충을 항상 마음에 두는 식이다. 자기를 잊고 남을 위해 일하는 마음, 혹은 높은 가치를 추구하는 자세, 여기에서 마음이 집중하는 일이 생기고, 그 일에 집중하다 보면 자연히 경건성이 유지된다는 생각이다. 다른 종교에서 종교적 경건성이 대부분 초월적인 가치에 마음을 두는 데서 시작하는 것과 상통한다.

정이가 마음을 고요하게 가진다는 정靜을 버리고 경敬을 택한 이유는 경건하면 저절로 마음이 고요해지지만, 마음을 고요하게만 하면 활동성이 떨어진다고 생각했다. 군자는 마음의 주재, 즉 항상 마음을 어디에 쓰는(다잡아 집중하는) 일이 있는데, 그것도 억지로 해서는 안 되고, 그렇다고 잊어버리고 게을리해서도 안 되는 법이라고 하였다. 정과 경은 모두 마음의 경건성을 갖기 위한 자연스러운 방법이지만, 주정主靜의 경우 소극적이어서 쉽게 잊어버리게 된다는 것이다. 그러므로 정이는 주경主敬을 주요한 수양법으로 삼았다. 다만 현세의 일상성 존중이라는 유교의 세계에서 경건성은 높은 도덕적 가치나 초월적 가치(신성성)를 추구할 때 가능한 것이므로 현세성과 초월성의 밸런스가 무엇보다 중요시되었다.

정호程顥와 정이程頤

주자朱子

송대 성리학을 완성한 주자(주희朱熹)의 수양법은 정이의 방법을 대부분 계승하였다. 즉 주자의 수양법은 한마디로 '거경궁리居敬窮理'라고 할 수 있다. 다만 주자는 북송시대 여러 성리학자의 이론을 종합하여 체계화하고 설명을 논리적으로 전개함으로써 성리학을 하나의 학문으로 성립시켰다. 정이도 주자도 거경궁리를 강조했는데, 여기서 유의할 것은 주자는 지식의 탐구(지혜 증진)에 해당하는 격물치지 방법에서 지식이나 지혜의 양적 누적이 어느 단계에 가서는 활연관통豁然貫通한다는 점을 말한 것이다. 이것은 양적 누적이 질적 비약을 가져온다는 의미인데, 이것을 보면 격물의 적용범위가 오늘날 과학과는 달리 인간사의 이치 탐구에 치중된 것을 알 수 있다. 활연관통이란 인간사의 여러 경우에 처음에는 개별적인 것 같지만, 많은 경우를 다루어 보면 몇 가지 중요한 원리에 의해 일관됨을 알게 된다는 것이다. 이것은 종교적 직관과 유사한 것이다. 그러므로 이런 점에서 성리학은 중세 종교철학에 비할 수 있고, 그 수양법도 종교적인 측면에서 고찰할 수 있다.

4. 성리학 수양론의 종교성

유교의 수양론은 자기 덕의 완성과 충효와 같은 윤리적 가치의 실현이라는 점에서 보면 윤리적 수양론이라고 할 수 있지만, 그 목표가 '의리', '도(진리)'라고 하는 종교적 가치를 실현하는 데 있고, 또 그 실천의 동력으로서 유교 이념에 대한 신념화가 요청되기 때문에 종교적 수양론이라고도 할 수 있다.

성리학적 수양법을 들여다보면 내면적 실존적 종교 수행법을 찾아볼 수 있다. 다만 오늘날 기성교단이 없고, 따라서 일상에서 집단적 수행을 하지 않기 때문에 일반적으로 종교적 수행이 있는지 또 있다면 어떤 것인지 잘 모르고 있을 뿐이다.(특히 기독교를 종교 기준으로 보면 더욱 그렇다) 그러나 종교적 수행은 실존적인 결단과 신앙에 달려 있기 때문에 유교의 개인적 종교 수행이 전혀 불가능한 것은 아니다. 기독교도 무교회주의자가 있고, 불교도 재가불교신자가 있는 것과 같다. 따라서 과거 선비의 생활 속 종교의례를 실천한다면 이는 재가유교인(지성인)의 종교적 수행이 될 것이다. 성리학의 우주론과 인생론의 체계는 아인슈타인(A. Einstein)의 우주종교적 감정, 화이트헤드(A. N. Whitehead)의 형이상학에 기초한 과정신학過程神學과 유사하므로 오히려 초월적 인격신의 기독교나 범신론의 불교와 같은 기성종교와는 다른 새로운 종교론을 제시할 수 있다.

그런데 1984년에 한국갤럽조사연구소와 종교학자 윤이흠 교수가 공동으로 조사한 '한국인의 종교의식'에 의하면, 자기확인 방법에 의한 유교인은 0.5%뿐이다. 이 자각적인 유교인은 아마 성균관과 향교를 중심으로 하여 석전釋奠을 지내거나 서원書院 등 문중의 사당에서 선현향사先賢享祀라도 정기적으로 지내는 사람을 범위로 했을 것이다. 물론 가정(가문)을 중시하고, 집에서 제사를 지낸다든가 혈연 연고를 중요시 여기고 관혼상제를 유교식으로 한다든가 하는 생활 관습을 말한다면 훨씬 많은 수가 유교인이 될 수도 있다.

원래 유교적 제사의례는 군주의 '하늘제사'(제천의식), 군주의 '종묘제사'(군주 선대 조상제사), 성균관과 향교의 문묘(공자사당)에서 지내는 '석전', 양반 가문의 '가묘참배'(각 종가의 사당에 조상신 모심) 및 제사, 중요 문중의 서원에서 지내는 '향사'(선현 숭배 의식) 등이 종교의례에 해당한다. 이 중에서 지금 남아 있는 것은 석전과 향사인데, 이는 일부의 유교 교역자가 담당하고 있고, 제사는 각 집안에 맡겨져 있다.

한국종교연구회에서 엮은 《종교 다시 읽기》(청년사, 1999)에 보면(〈종교를 통계로 본다는 것에 대해〉), 종교를 통계지표로 계량화하는 것은 문제가 있다고 한다. 그중에서도 무신론으로 대답할 가능성이 많은 유교와 무속의 경우가 더욱 그렇다고 전제하고, '종교에의 소속감'보다 '종교적인 행위양식이나 삶의 방식'을 기준으로 물으면 기독교와 불교에서도 유교적인 성향이 많다는 것을 소개하고 있다. 불교와 무속, 혹은 무신앙의 경우 서로 사유방식이나 행위가 혼재된 경우가 많은 것은 물론이려니와 기독교의 경우도 기본적인 세계관과 생활방식이 유교적인 가치질서에 기반하고 있는 경우를 많이 볼 수 있다고 지적하고 있다. 이는 '한국종교의 중층성'이라고 할 수 있는데, 한국인은 많은 사람이 가정생활이나 인간관계에서는 유교적인 신념체계를, 학교와 직장생활에서는 서구적 합리주의에 바탕한 가치관을, 개인이나 집단의 위기에 직면해서는 무속적인 신앙을 적극적으로 추구하기도 한다고 지적하고 있다.

일본인 가지신행加地伸行은 《유교란 무엇인가》(김태준 역, 지영사, 1996)란 책과 이를 더 부연한 최근의 책 《침묵의 종교 유교》(이근우 역, 경당, 2002)를 통하여 유교의 '효孝'가 유교의 종교성과 윤리성을 동시에 나타내고 있는 매개점이라고 한 바 있는데, 참고할 만하다. 우리가 일반적으로 알기로는 효(효도)는 유교의 핵심적인 윤리로 알고 있다. 그런데 가지신행은 이 효 속에 윤리뿐만 아니라 종교적 목적도 들어 있다는 것이다. 다시 말하면 이 효에는 선조의 자손에 대한 기대, 즉 자신의 '불사不死의 염원'을 투사하고 있다는 것이다. 죽음의 문제는 역시 종교의 문제이고, 기원전 500년 차축車軸시대(역사적 전환 시기)에 성현들이 나와서 종교를 창시하면서도 이 문제를 핵심으로 다룬 것을 우리는 잘 알고 있다.

여기에서 유교의 종교성 여부는 확실해졌지만, 그러나 종교의 중요한 요소로서 '초월성'(초현실성)을 물으면 또 다른 문제에 부딪친다. 왜냐하면 유교가 일상성(현실의 삶)에 한 발을 들여놓고 있기 때문에 유교의 현세적 윤리 그 자체로는 종교적 의미의 초월성을 만족시키기에는 한계가 있기 때문이다. 예를 들면, 보편자로서의 하늘(하느님 또는 자연의 섭리라 해도 좋다)과 개별신인 자기 조상신과는 엄연히 다르고, 가족애와 박애는 상충되는 경우가 많은 것이다. 초월성은 개별성이 낮고 보편성이 높을수록 높아지므로 양자 길항 관계에서 개별성이 강조될수록 초월성은 그만큼 후퇴하게 된다. 그러면 유교의 초월성은 있는가? 있다면 어디에서 찾을 수 있는가? 종교학자 황필호는 캔트웰 스미스의 설을 인용하여 유교의 초월성이 있다고 설명하고 있다.(Wilfred Cantwell Smith, *The Meaning and End of Religion*, Harper & Row, 1978; 황필호, 《중국종교철학산책》, 청년사, 2001에서 재인용)

첫째, 모든 종교는 우리들의 육체적, 현실적, 일상적 삶보다 더욱 귀중한 어떤 초육체적, 초현실적, 초일상적 삶을 추구해야 한다고 가르친다. 이것을 우선 T(transcendence; 초월)라고 하자.

둘째, 어느 것이 종교라고 불릴 수 있는 또 다른 본질적 요소는 그것이 우리가 살고 있는 세계나 우주의 기원, 구성요소, 운용원리를 설명할 수 있어야 한다. 소위 종교 교리 그 위에 우주론이 있어야 한다. 이 우주에 대한 궁극적 설명이 없으면 인간 삶에 대해 적절한 교시를 할 수 없기 때문이다. 세계를 설명하는 이 원리를 W(world; 세계)라고 하자.

셋째, 종교의 또 다른 본질로 죽음과 내세에 대한 나름의 해결책이 있어야 한다. 영혼불멸설, 부활설, 환생설(윤회설) 등이 있는 것도 이러한 목적에서이다. 이것을 D(death; 죽음)라고 하자.

넷째, 유신론자들은 궁극적 대상으로서 신의 존재를 가정해야 종교가 될 수 있다고 한다. 이런 주장에서는 신의 존재를 믿지 않는 종교는 종교가 아니라고 본다. 이 주장을 G(God; 신神)라고 하자.

이러한 가설을 가지고 유교, 기독교, 불교, 힌두교 네 가지를 비교해보면 다음 표와 같다.

① 기독교	T	W	D	G
② 불 교	T	W	D	
③ 힌두교	T	W		
④ 유 교	T			

유교에는 W가 있는가 없는가? 성리학에서 이 우주와 세계를 설명하는 논리는 리기론理氣論이다. 물론 오늘날 천문학이나 우주론과는 다른 형이상학적 우주론이지만, 우주를 유기체로 설명하는 방식을 갖고 있다. 기독교처럼 천지 창조설을 말하지 않았다고 하여 종교가 아니라고 하기는 어렵다. 유교의 유기체 우주론은 오늘날 화이트헤드의 유기체 철학과 매우 유사하므로 결코 고대의 사유에만 그치는 것이 아니다.

또 유교에서 D는 어떻게 설명되는가? 성리학은 '기氣의 취산聚散'으로 만물의 생멸을 말한다. 그러므로 종교 이전에 과학적 해결을 본 것이기 때문에 이것으로 종교 여부를 판단할 수 없다. 기독교 입장에서 볼 때 성리학의 W와 D는 너무 철학적으로 설명된 나머지 없는 것처럼 보이는 것이다. 그러나 최소한 성리학의 '기의 우주론'에 의하면 W는 유교에 있다고 할 수 있다.(캔트웰 스미스가 원시유교만 보고 성리학에 대해 모르기 때문에 실수한 것이다) 또 D도 단순하게 말하기 어렵다. 기독교와 다른 방식으로 보고 있기 때문이다.

유교에서 유신론적인 초월신, 즉 G는 없다고 할 수 있다. 그러나 유신론을 기준으로 종교성을 단정하기는 어렵다. 다만 이 유일신 문제는 초월성과 유관하기 때문에 그것과 같이 보아야 한다. 결국 남는 것은 초월성 문제이다. 이것은 종교에서 매우 중요한 문제이다. 왜냐하면 보편 가치, 신성한 가치를 추구하는 것이 종교이기 때문이다.

여기서 '초월성'이란 '일상적인 삶을 초월한 삶'을 말한다. 세속성에 대해서 초월적 가치를 추구하는 삶을 말하는데, 그 초월적 가치는 진선미의 가치, 또는 신성의 가치(성聖)를 말한다. 이런 가치를 구체적으로 말하면 인간애로서의 기독교의 박애, 불교의 자비, 공자의 인仁과 같은 것이 그에 해당될 것이다. 중국의 근대 철학자 풍우란馮友蘭이 중국 철학의 정신을 '극고명이도중용極高明而道中庸'이라고 한 바 있는데, 이때 '극고명'(높은 가치를 다 발현한다)이 바로 '초월성'이고, '도중용'(일상성을 통하여 그것을 실현한다)이 현실성(일상성)이다. 종교학자 황필호는 이러한 종교의 초월성 추구라는 관점에서 유교의 종교성을 고찰한 것이다.

성리학의 도덕적 수양론은 종교적 수행의 성격을 강하게 가지고 있는데, 각종 종교의례에서 발휘되는 것은 물론 선비의 일상성 속에서도 그것을 실현할 것을 목표로 하고 있다. 기본 정신은 '인애仁愛'의 정신이며, 그 근거로서 '우주적 통찰'을 해야 하며, 인간 본질로서의 도덕심(덕德)을 잃지 않으려는 일상적 노력, 외적 실현 방법으로서 예법과 예절의 실천 등이 요구된다. 유교의 기본 정신과 내적 통찰에서 유교의 초월성을 충분히 볼 수 있다. 유교의 이러한 수양법은 오늘날도 윤리적으로 종교적으로 일정한 의미를 줄 수 있다.

제2부

동아시아의 전통문화와 미래 전망

강세황姜世晃의 도산서원도陶山書院圖

제1장 한국의 유교사회와 인문학 전통

1. 문제제기

한국의 인문학 전통을 말하기 전에 여기에서 필자가 말하는 '인문학'과 '인문정신'에 대해 먼저 언급해두고자 한다. 인문학은 근대과학에 대해 그 목적과 가치를 인간적 입장에서 규정하는 모든 정신과학을 통칭하여 말한다. 그러므로 어문, 역사, 철학, 종교 등이 이에 해당되고, 특히 그중에서도 과학의 목적과 가치를 규정하는 윤리성(주체의 성실성도 포함하여)이 더욱 중요하다고 본다. 인문정신은 휴머니즘으로 물론 인문학이 내포하는 정신을 말하는데, 그것은 일반적으로 인간성의 해방이라고 할 때 특히 민중성을 강조하고자 한다. 이는 그렇다고 하여 민중이라는 특별 계급을 옹호하려고 하는 것이 아니라 인류 역사에서 인간성의 해방이 완결이 아니고 계속되는 문제였다고 보기 때문이다. 특히 전근대에 있어서는 유·불·도 삼교가 언제나 일반 백성을 겨냥했고, 지식인 역시 이 이념을 자기 인문학의 모토로 삼았기 때문에 더욱 그러하다.

그런데 여기에서 우리가 한 가지 유의할 것은 인문학이 과학을 규정한다고 하여 과학과의 관계가 일방적인 것이어서는 안 된다는 것이다. 다시 말하면 규정이라는 것은 인문학 쪽에서 과학의 올바른 방향 내지는 원래부터 과학은 그러해야 된다는 것을 강조한 데 불과하고, 결코 인문학의 우위가 되어서는 안 된다. 따라서 지나치게 인문정신에 치우쳐 인간중심주의에 빠지는 것도 결코 과학과 인문학의 올바른 방향이 아니다. 오히려 인간-자연을 통일적으로 보는 일종의 변증법적 시각이 필요하다.

한국 역사에 있어서 인문학은 시대적으로 볼 때 처음에는 종교가 주술적인 샤머니즘이었으나 불교가 들어옴으로써 고급 종교생활을 영위하게 되었다. 고급 종교는 그만큼 인간성을 무지로부터 해방시키는 역할을 하게 된다.

삼국 및 통일신라시대 불교는 호국불교였으므로 민중성이 적었다고 할 수 있으나 원효를 비롯한 선각자의 민중불교 운동이 있었던 것은 기억해 둘 만하다. 고려는 심각한 외침으로 말미암아 불교가 국가운명을 개척하지 못하고, 오히려 종교의 힘에 의하여 외침을 격퇴한다는 중세적 종교주의의 전형을 보여주었다.

그러나 불교는 인간 내면성에 치중하여 인간사회를 문화화하기에는 적절하지 못하였다. 그리하여 유교가 그 역할을 대신하였는데, 삼국시대 이후 고려까지는 불교와 유교가 역할 분담을 하였다. 고려 말 불교의 쇠퇴와 주자학의 도입은 중세 종교주의에서 합리적 근세로 넘어가는 새로운 계기가 되었다. 물론 이러한 전환은 항상 대륙(중국)의 정치·문화 변동과 때를 같이하였다. 조선조 주자학은 불교에 비해 상당히 합리적인 문화철학이었다. 다시 말하면 중세 종교주의에서 인간 이성에 의한 문화창조의 밝은 길로 나아가게 하는 역할을 하였다. 다만 그것 역시 엘리트 계층의 전유물이 되고 정치와 결탁됨으로써 민중성이 잘 발휘되지 못한 점은 있다. 그리고 조선조의 훈민정음 창제는 특히 한국 인문학의 새로운 이정표를 세웠다고 할 만하다. 주어-술어 구조에 의한 서양논리가 서양언어에 연유한다면 우리말에 의한 논리를 발견하고 발전시키는 일이 긴요하기 때문이다.

조선조 성리학은 한국 인문학의 전통에 있어서 매우 중요한 의미를 가지고 있다. 퇴계에서 시작된 주자학 해석은 매우 도덕적이었다. 이와 반대로 율곡의 경우는 인간-자연 통합적 시각을 취함으로써 상대적으로 자연주의적인 경향을 가지고 있었다. 그러나 그 후학들은 오히려 절충적인 입장에서 율곡의 존재론적 장점과 도덕론적 단점을 구분하고, 또 다른 한편으로는 퇴계의 성리학 입론의 착오와 도덕론의 원의를 구분하면서 논리를 심화시켜 나갔다. 그리하여 절충파는 퇴계 도덕론의 장점을 취하게 됨으로써 도덕론의 입장에서 성리학(리기론)을 받아들이게 되었다. 도덕론 우위의 주자학 내지 유교의 이해가 조선조 학문성향을 지배하게 되고, 이것이 한국인의 집단 무의식을 형성하게 만들었다. 여기에서 한국 인문학의 한 특성을 볼 수 있다.

조선조 실학은 그 과학성(실증성), 학제적 개방성, 학문의 윤리성, 실천성, 민중성, 그리고 주체성(민족자각)에서 한국 인문학의 대표성을 가져도 좋으리라고 생각한다. 실학은 또한 근세 실학으로서 철학과 실학의 융합이라는 이상적인 학문정신을 갖고 있으므로 오늘날의 근대 실학의 입장에서도 결코 간과할 수 없는 의의를 갖고 있다. 결론적으로 조선조 성리학과 실학은 오늘날 세계화 시대에 있어서 한국 인문학의 특성을 고취하는 데 반드시 참고해야 할 전통이라고 할 수 있다.

2. 단군신화 속의 휴머니즘

단군신화는 우리나라 신화로서는 가장 오래된 것으로 그것이 문자로 기록된 것은 고려 후기이므로 서양 신화와 달리 설화(이야기) 형식을 띠고 있으며, 뒷부분은 역사적 사실을 기록한 부분이다. 이것을 통하여 고대 한민족의 원초적 염원을 읽을 수 있다. 그 내용은 다음과 같다.

단군檀君

《위서魏書》에는 다음과 같이 기록되어 있다.

지금으로부터 2천 년 전에 단군왕검檀君王儉이라는 사람이 있었는데, 그는 아사달에 도읍을 정하고 나라를 개창하여 조선이라 일컬었다. 때는 요임금(B.C. 2356~B.C. 2255 재위)과 같은 시기였다.

《고기古記》에는 다음과 같이 기록되어 있다.

옛날에 환인(제석帝釋을 말함)의 작은 아들 환웅이 자주 천하에 뜻을 두고 사람이 사는 세상을 탐내었다. 그의 아버지가 아들의 뜻을 알아차리고 삼위태백三危太白을 내려다보니 널리 인간을 이롭게 할 만하여 아들 환웅에게 천부인天符印 세 개를 주어 인간세상을 다스리게 하였다.

환웅은 무리 3천명을 이끌고 태백산 마루턱에 있는 신단수神檀樹 아래로 내려왔다. 이곳을 신시神市라 하고, 이 분을 환웅천왕桓雄天王이라고 한다. 그는 풍백風伯, 우사雨師, 운사雲師를 거느리고 와서, 곡식, 수명, 질병, 형벌, 선악 등을 주관하고 인간의 360여 가지 모든 일을 주관하며 세상을 다스리고 교화하였다.

이때 곰 한 마리와 호랑이 한 마리가 같은 굴속에 살고 있었는데, 이들은 항상 환웅에게 사람이 되기를 빌었다. 이때 신웅神雄(환웅)은 신령스러운 쑥 한 줌과 마늘 스무 개를 주면서 "너희들이 이것을 먹고 백일 동안 햇빛을 보지 않으면 곧 사람으로 변할 것이다."라고 하였다. 곰과 호랑이는 이것을 받아먹었는데, 곰은 3×7일(=21일) 금기를 지켰으므로 여자의 몸으로 변했으나 호랑이는 금기를 지키지 않았으므로 사람으로 변하지 못하였다.

웅녀熊女는 혼인할 사람이 없으므로 매일 단수 아래에서 아기

배기를 축원하였다. 이에 환웅이 사람으로 변하여 그와 혼인했더니 바로 잉태하여 아들을 낳았다.(B.C. 2333) 그 아기의 이름을 단군왕검이라고 하였다. 단군왕검은 당나라 요임금이 즉위한 지 50년인 경인년(B.C. 2306)에 평양성에 도읍하여 처음으로 조선이라고 불렀다. 또 도읍을 백악산 아사달로 옮기니, 이곳 이름은 궁홀산이라고도 하고 금미달이라고도 한다. 그는 여기에서 1500년 동안 나라를 다스렸다. 주나라 호왕虎王(무왕武王)이 즉위한 기묘년(B.C. 1125)에 기자箕子를 조선에 봉하였다. 이에 단군은 장당경으로 옮겼다가 후에 돌아와 아사달에 숨어서 산신이 되었다. 그때 그의 나이가 1,908세였다고 한다.(《삼국유사》 권1 〈고조선〉)

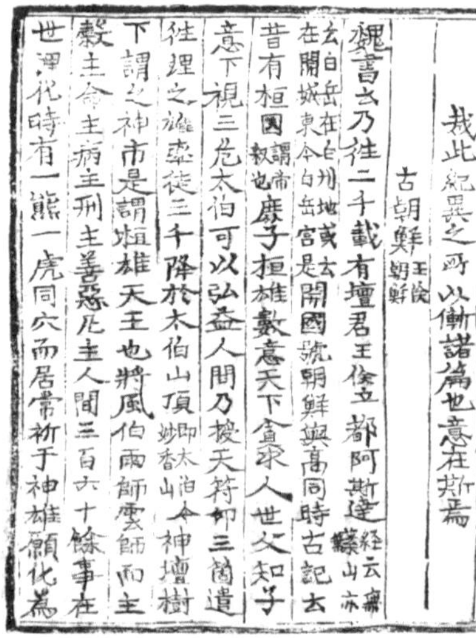

敍此紀異之所以漸諸篇也意在斯焉
古朝鮮 王儉朝鮮
魏書云乃往二千載有壇君王儉立都阿斯達 經云無葉山亦
云白岳在白州地或云在開城東今白岳宮是開國號朝鮮與高同時古記云
昔有桓因 謂帝釋也 庶子桓雄數意天下貪求人世父知子
意下視三危太伯可以弘益人間乃授天符印三箇遣
往理之雄率徒三千降於太伯山頂 即太伯今妙香山 神壇樹
下謂之神市是謂桓雄天王也將風伯雨師雲師而主
穀主命主病主刑主善惡凡主人間三百六十餘事在
世理化時有一熊一虎同穴而居常祈于神雄願化爲

《삼국유사三國遺事》

단군신화를 신화학적으로 분석해보면 고대 한민족의 원시신앙의 편린片鱗을 읽을 수 있다. 예를 들면 신단수 아래로 내려오고, 또 신단수 아래에서 빌었다는 데서 수목신앙을 볼 수 있고, 산꼭

대기로 내려온 것은 태양숭배와 관련이 있으며, 곰과 호랑이가 등장하는 데서 토테미즘도 볼 수 있다. 또한 3×7일이라든지 100일이라든지 하는 것은 지금도 산속産俗에 남아 있는 민간신앙이며, 단군이 산신이 되었다는 것은 국가의 수호신이 되었다는 것을 나타낸다.

그러나 무엇보다 중요한 것은 단군신화는 인간세계에 뜻을 두었다는 점에서 휴머니즘의 한 속성을 말하고 있다. 인간세상에 뜻을 두고 내려가서 인간을 다스린다고 하는 것이 고대국가(공동체) 관념의 신화적 표현임은 분명하지만, 널리 인간세상을 이롭게 한다(홍익인간弘益人間)는 소박한 휴머니즘 정신 또한 담고 있는 것이다. 이는 이 신화에 나타난 조화의 정신이 입증하고 있다. 즉 이 신화에서는 서양 신화에서처럼 신들의 투쟁이나 신과 인간, 또는 동물간의 갈등이 없다. 대체로 상징적인 표현을 통해서이지만 하늘과 인간 및 땅(짐승)이 조화를 지향하고 있다.

그리고 태백산 아래로 내려왔다는 데서 소위 태백太白은 태양숭배와 관련이 있는데, 우리 민족이 중앙아시아에서 광명을 찾아 동쪽으로 이동해온 알타이족이므로 일찍부터 '광명'에 대한 숭배관념이 강하였다. 그러므로 우리나라 산 이름에 백白자가 많이 들어갔는데, 이는 우리 민족이 밝은 정신과 평화를 사랑하는 민족성을 가졌다고 말할 수 있는 것이다. 또한 여기 제석帝釋이라고 한 환인을 등장시킨 것은 비록 무속이지만 우리 민족의 신앙에 '하느님(하늘님)' 신앙이 있었다는 것을 말하여 준다. 제석은 '인드라'(Indra)

의 번역어인데, 원래 인도에서 베다시대 힌두교의 최고신이다. 이는 일연선사가 기록하면서 불교적 영향이 들어간 것이다. 이것을 볼 때 우리 민족은 옛날부터 종교적 영성靈性이 깊었다고 말할 수 있다.

그러나 단군신화는 일연선사가 이야기체로 엮은 후대의 기록이라는 세련된 과정을 거쳤지만, 그 속에는 여전히 샤머니즘이 주류를 이루고 있다. 그러므로 단군신화에 나타난 휴머니즘은 매우 소박하다고 할 수 있다.

3. 신라·고려 불교에서 보는 인문정신의 두 모습

삼국시대와 고려시대, 즉 중세에 있어서 정치제도와 교육제도는 중국과의 외교적 관계를 의식하여 유교식으로 하지 않을 수 없었지만, 종교생활은 불교에 의뢰하지 않을 수 없었다. 그러므로 중세에 있어서의 인문정신의 발로는 인간의 내면적인 영성을 고취하여 인간성을 계발하고, 또 그것을 통하여 인간평등을 강조한 불교의 역할에서 찾을 수 있다. 뿐만 아니라 불교가 신앙이라는 내면성의 고취에만 그치지 않고, 호국불교와 같이 이념에 의한 국민통합이라는 국가사회적 의미와 한국적 전개라고 하는 토착화의 주체성, 그리고 민중에의 종교적 확산이라는 대중성도 인문정신의 중요한 하나의 요소를 이룬다.

사회사, 사상사의 측면에서 주목되는 것은 신라의 불교다. 그것은 불교가 신라의 국력 발전과 밀접하게 관련되어 있기 때문이다. 삼국 중에서 신라는 가장 자각적으로 불교를 국가통일의 이데올로기로 동원하려 하였다. 진흥왕 5년(544) 국민이 출가하여 승려가 되는 것을 국법으로 허용하였다. 이것은 씨족사회의 전통에 대한 단절을 의미했다. 황룡사·기원사·실제사 등 국가적으로 힘을 기울인 대사원이 계속 건립되었고, 유학 갔던 승려들도 다수 귀국하여 불사리(부처님의 사리)와 경전을 풍부히 하였다. 뿐만 아니라 인도승도 들어왔다. 이 같은 과정 속에서 신라 왕실은 불교교단을 국가적으로 육성하고 통제하려고 하였다. 씨족의 족내 정신(혈연의식)을 국가적 통일 정신으로 고양시키고, 불교를 국민사상으로서 국가정책에 반영시켜 왕실에 협력하게 하기 위함이었다.

고구려에서 귀화한 혜량을 승통으로 임명하여 교단의 지도에 임하게 하고, 아울러 승통에 의해 국가적 불교의식, 즉 인왕백고좌회와 팔관회를 열었다. 인왕백고좌회는 《인왕호국반야바라밀다경》의 설에 따라 내란과 외환을 막고 국가의 평안과 태평을 기원하는 법회였다. 한편 팔관회는 속인이 8계를 닦는 법회이지만, 실은 사원에서 7일간 전몰장병을 위한 위령제로 치러졌다.

1) 화랑도와 불교

신라의 호국종교는 화랑도로서 더욱 분명한 면목을 볼 수 있다. 진흥왕대에 귀족의 자제 중에서 용모가 단정한 자를 뽑아 화랑이라 하여 이를 중심으로 수백 수천의 낭도를 모았다. 이 청소년 단체가 화랑단이었다. 그 목적은 집단훈련을 통해 이상국가를 실현하는 데 헌신할 인재를 기르는 데 있었다. 그 이상국가란 신라의 땅 위에 실현되어야 할 미륵정토였다.

진지왕 시대(576~579)가 되자 화랑은 더욱 미륵의 화신으로 널리 신앙되어 화랑은 서민을 교화하는 미륵의 화신이요, 그 낭도는 화랑에 의해 결집된 중생이라고 말해졌다. 화랑은 명산대천을 순회하며 가무를 즐기고, 정서와 도의를 연마하여 국가 유사시에 대비하였다. 이 종교·정치단체를 통하여 삼국통일 과정에 있어서 중대한 역할을 담당한 정치·군사상의 중요한 인물이 태어났다. 그러므로 신라는 화랑도와 더불어 융성했다가 화랑도와 더불어 쇠잔했다고 말하는 것이다. 신라에 있어 화랑도는 건전한 엘리트의 존재를 말하는 것이지만, 한편으로는 종교를 통하여 이상국가의 이념을 찾고 국민 통합을 이룬 점에서 우리는 신라 화랑도를 통하여 그 시대 인문정신의 한 단면을 보는 것이다.

신라의 구법승(당에 법을 구하러 간 승려)들은 중국불교의 새로운 조류를 전했을 뿐만 아니라 귀국하여 신라의 통일국가 형성을 위하여 왕실과 귀족을 교화하고 일반 민중을 정신적으로 동원하는 데 중요한 역할을 담당했다. 원광도 그 같은 유학승이었다. 그는 대승경전 불경의 주소를 찬술하여 대승불교를 일으키는 한편, 국민윤리의 확립에도 적극적으로 참여하였다. 그가 귀상과 추항 두 청년에게 베푼 '세속오계'는 실로 뜻깊은 것이었다. 그것은 ① 임금은 충성으로 섬긴다. ② 어버이는 효도로써 섬긴다. ③ 친구를 사김에 신의가 있다. ④ 전쟁에 나아가 후퇴하지 않는다. ⑤ 생물을 죽이는 데 가려서 한다. 라고 하는 다섯 항목의 윤리규범이다. 이 세속오계는 불교를 이 세상의 실제적인 윤리로까지 세속화시키려 한 노력의 결과였다.

원광은 또한 고구려의 침입을 막기 위해 수나라 황제에게 원병을 청하는 걸사표乞師表를 맡아 작성하기도 하였다. 그는 걸사표 작성의 명을 받았을 때 "자기가 살기 위해 남을 멸망시키려 함은 사문(승려)의 행할 바 아니나, 빈도(승려)가 대왕의 땅에 살며 대왕의 수초(물과 곡식)를 먹고 있는 이상 어찌 그 명에 따르지 않을 수 있겠는가"라고 하였다. 이와 같이 삼국 중 신라에서 가장 불교의 현실화가 이루어졌다. 신라의 이러한 불교 수용은 비록 호국불교라는 이데올로기적인 측면이 있지만, 그것이 당시 시대가 요구한 인문정신이 아니었을까? 그것은 분명 신라의 주체적인 인문정이라고 할 수 있다.

2) 통일신라의 민중불교

삼국 불교와 마찬가지로 신라 불교는 귀족 불교의 성격이 강했지만 민중불교의 흐름도 무시할 수 없다. 이미 진평왕대에서 선덕왕대에 이르도록 민중교화를 위해 활약한 혜숙과 혜공이 있다. 혜숙은 처음에 화랑도였지만 은거하여 20여 년을 보내었는데, 혜숙사라고 하는 조그만 초막에 살면서 민중교화에 힘썼다. 혜공은 원래 노비의 아들로 어릴 때부터 가끔 영험을 나타내는 일이 있어

출가하여 승려가 되었다. 작은 암자에 살면서 미치광이처럼 술에 취하여 삼태기를 지고 노래하고 춤을 추면서 다녔다. 만년에는 원효와도 교유했는데, 옷이 비에 젖지 않는 등 종교적 기적을 많이 연출하였다. 원효와 동시대에 활약한 기적을 행하는 승려로 대안이 또 있었다. 그는 특이한 옷차림을 하고 노래를 부르면서 시중에 돌아다녔다고 한다. 이들은 궁전 근처 큰 사찰에는 머물지 않고 마을이나 거리를 다니면서 민중교화에 노력했고 가끔 영험을 나타내었다. 마을을 다니면서 노래와 춤으로 교화한 원효도 민중불교를 담당한 포교자였다.

통일신라 초기의 불교계에서 화려한 활약을 한 승려로는 원효元曉와 의상을 들 수 있다. 그중에서도 원효는 한국불교사에 있어서 가장 독창적인 사상가이다. 원효는 의상과 함께 당나라로 유학의 길에 올랐지만 '일체 현상은 마음에서 일어난다'고 하는 불교의 진리를 깨닫고 도중에 뜻을 바꾸어 돌아왔다는 설화가 전해진다. 근본 진리를 깨달은 원효는 국내에서 모든 경전을 연구하여 드디어 중국 불교학자에게도 뒤지지 않는 독창적인 사상가가 되었다. '원효'란 이름은 '처음으로 불법의 해가 빛나다'란 뜻이다. 그는 불교 이론면에서 동아시아 불교사에 다대한 업적을 남겼다. 그의 저술은 도합 100여부 240여권에 이르는 방대한 저술인데, 현존한 것은 20부 22권에 불과하다. 원효 사상을 아는 데 필요한 중요한 저술은 《금강삼매경론》《기신론소》《열반경종요》인데 중국 불교학자들이 참고했을 정도였다. 그의 불교 사상의 종지는 '화쟁和諍'이라고 하는 불교의 통일적 이론이었다.

원효는 "여러 경전(불경)에 통하고 그것을 해석한 주석의 갈래를 요약하여 부처의 원뜻을 얻는다면 백가의 시끄러운 논쟁〔諍〕도 조화〔和〕를 얻으리라."라고 하였다.(《열반경종요》) 원효의 사상에는 중세 서양 사상에 나타난 보편(일반)과 특수(개별)의 관계와 닮은 면이 있다. 그는 특수를 포함한 보편은 실재하지 않으면서도 특수 이상의 실재성을 가지고 있다고 주장하였다. 이것은 보편국가로서의 통일국가가 수립되어 그 속에서 보편종교를 찾고 서로 다른 인간 사회 사이에 조화〔和〕를 실현하려고 한 신라의 평화이념을 반영한 것으로 보인다. 그 속에서 특수는 아무리 강조되어도 보편에 종속되어야 하는 것으로 중세적 질서를 나타내고 있는 사상이라고 하지 않을 수 없다. 이러한 원리는 고려왕조에도 그대로 계승되었음은 물론이다. 그러므로 대각국사 의천은 고려의 《속장경》을 간행하면서 원효의 저술을 계승함과 동시에 그의 위대함을 찬탄한 나머지 그를 해동교주海東敎主라 하고, 또 칙명으로 '화쟁국사'라는 최고의 시호를 추증하도록 했다.

원효는 이러한 불교 교리상의 위대한 업적 못지않게 민중교화에 끼친 공헌도 크다. 그는 파계하여 속인의 복장을 하고 자칭 '소성거사小性居士'라고 하면서 표주박을 두드리며 마을을 다니면서 노래와 춤으로 민중을 교화하였다. 그는 이 표주박을 《화엄경》의 "일체 무애의 사람, 단번에 생사를 넘어섰다."라는 글귀에서 따와 '무애의 표주박'이라 하였다. 그로 인해 글을 모르는 사람도 부처님의 이름을 알고 '나무아미타불'을 외우게 되었다. 앞의 세 사람과 마찬가지로 뛰어난 사상가 원효 역시 당시의 시대적 요청에 부응하여 불교를 대중화하려고 노력하였던 것이다. 여기에 신라시대 대중의 영성을 깨친다고 하는 휴머니즘 정신이 있었다.

3) 종교문학 향가

신라 불교와 관련하여 신라의 시가, 즉 향가를 말하지 않을 수 없다. 향가는 한자의 음이나 훈을 빌려 민족의 말을 표현하는 '이두吏讀'로 기록된 신라의 고유 노래이다. 진성왕(887~896) 대에 대구화상과 위홍이 역대의 향가를 《삼대목三代目》이라는 가집歌集에 집대성하였다고 하는데, 오늘날은 25수만 전한다. 그 대부분이 종교색이 짙은 가요이다. 승려나 화랑 등 향가의 작자들은 국가의 안녕과 죽은 자의 명복을 빌기 위해서, 또는 불법을 기리기 위해서 이 종교문학을 낳았다. 융천사의 〈혜성가〉, 득오의 〈모죽지랑가〉(죽지랑을 사모하는 노래), 월명사의 〈도솔가〉, 충담사의 〈찬기파랑가〉(기파랑을 찬양하는 노래)와 〈안민가〉(백성을 평안히 하는 노래)가 대표적인 것이다.

향가는 4구절, 또는 6구절의 리듬으로 엮어져 있는데, 나중에는 좀 길어져 10구절이 한 장을 이루는 형식으로 정착되었다. 향가는 '말이 맑고 아름다우며 그 뜻이 매우 높다'고 일컬어진다. 뿐만 아니라 향가의 내용은 평화적이며 신비스럽다. 이것은 후대 시가의 모범이 되었는데, 고려의 '가요'는 이 향가에서 불교의 종교성을 뺀 것이다. 향가에 비해 음악성을 중시하고 무대 위에서 불려진 고려가요는 주자학의 영향으로 향락적인 경향이 후퇴하고 윤리적인 교훈이 포함된 노래로 발전하였고, 이것이 나중에 조선조의 시조로 발전하였다. 향가는 비록 이두로 표현되었지만 민족적 정서를 민족의 언어로 표현한 점에서 당시 인문학의 수준을 읽을 수 있다. 이즈음 원효의 아들 설총이 유교경전을 우리말식으로 띄어 읽기 위해서 '이두'를 창안하여 활용한 점도 같은 맥락에서 볼 수 있다.

4) 불경(대장경) 판각과 선종의 유행

고려 전기 불교에서는 의천의 《속장경》 간행이 특기할 사항이다. 의천은 여러 불경전집(대장경)을 모아 대전집을 간행할 염원을 세웠다. 그리하여 거란·일본·송나라에서 불경의 주석서를 구해다가 4천 7백여 권을 간행하였다. 의천 이전에도 거란의 침략을 막기 위해 60여 년의 세월에 걸쳐 6천여 권의 대장경이 판각된 적이 있다. 이 판본은 대구 부인사에 보관되어 있었으나 몽고의 침략으로 잿더미로 화하고 말았다. 고려는 이것을 계기로 목판인쇄술을 발전시켰고, 마침내 세계 최초의 금속활자도 나오게 된 것이다. 의천의 《속장경》은 목각판이 8만장에 달한다고 하여 '8만대장경'이라고 부르고, 현재 경남 합천 해인사에 보관되어 있다. 이 고려의 대장경은 현존하는 불교 대장경 중 가장 완비된 것으로 문화사적인 가치가 크다고 할 수 있고, 또 신앙심 없이는 할 수 없다는 점에서 의의가 있다고 할 수 있다. 그러나 국가적 위기 앞에서 불교적 주술에 너무 치우친 감이 있고, 그런 점에서 당대의 인문정신을 잘 발휘했다고 볼 수는 없겠다.

고려 초기 선종인 조계종은 세력을 크게 떨치지 못했으나 무신의 집권 이후 교세를 되찾았다. 사상적으로 가장 뛰어난 선승은 보조국사 지눌이었다. 그는 신라 원효와 함께 한국 불교에서 가장 높은 봉우리가 되었다. 그가 주장한 '돈오점수頓悟漸修(깨닫는 것과 수행은 다 필요하다)', '정혜쌍수淨慧雙修(선 공부와 경전 공부는 같이 해야 한다)'는 교·선(교종과 선종)의 조화를 찾는 것인데, 조선조 선불교에도 이어졌다.

그는 원효의 화쟁논리에 비해 '반조返照의 논리'를 강조하였다. 지눌은 텅 비어 있는 우리 진실한 마음으로 보면 "중생인 내가 부처와 인간 본질에 있어서 다를 바 없다."는 것을 깨닫게 된다고 하였다. 이것은 하나의 옳은 마음(텅 빈 마음)이 진리의 빛을 돌리어 비추게 한다〔廻光返照〕는 것이다. 그의 선 이론은 이와 같이 자기가 부처라는 깨달음의 단계를 밟아 이루어지는 것이 아니므로 '갑자기 하는 깨달음〔頓悟〕'이라고 하고, 그 뒤에도 수행하여 옛 관습을 씻어야 한다는 뜻에서 '수행 계속〔漸修〕'이라고 하였던 것이다. 깨달은 후의 수행은 정定과 혜慧가 있는데, 정은 인연을 끊고 마음을 정하는 것이요, 혜는 세속적 분별지가 없는 지혜가 생기는 것이다. 그는 이러한 정혜쌍수의 수행이 이타행을 위한 것임을 강조하였다. 그는 "큰 서원誓願을 일으켜 널리 중생을 제도할 것이다. 자기 한

몸을 위하여 혼자만 해탈을 찾아서는 안 될 것이다."라고 하였다.

신라가 결집된 국력과 군사력 및 뛰어난 지도력으로 삼국통일을 이루었던 것과 반대로 고려는 국내 정치의 불안 속에서 거란과 몽고의 침략을 받아 쇠망의 비운을 맞이하였다. 군사적 방어는 하지 않은 채 강화도로 수도를 옮기고, 불교적 행사에 매달릴 뿐이었다. 당시 강대한 제국을 이루었던 몽고제국의 난폭한 침략을 막는다는 것은 어려운 일임에는 틀림없지만, 고려의 국가통치는 건전한 문화 이념을 보이지 못하였다. 따라서 불교 역시 신라의 경우처럼 국가 통치의 이데올로기나 국민정신을 통합하는 사상이 되지 못하였다. 지도력의 부재는 불교행사도 개인의 안녕과 행복을 비는 데 그쳤고, 선종 역시 개인의 정신적 수행에 치중되었다. 대장경 판각이나 선불교가 동아시아 불교사상사에서 일정한 문화적 의의가 있는 것은 사실이지만, 당시 고려가 당면한 시대적 요구에 부합하지는 못하였다. 이 점에서 불교는 이미 시대정신의 한계를 보였다고 할 수 있다.

이러한 사정을 잘 말해주는 것이 소위 도참圖讖사상의 유행이다. 불교의 종교적 기여의 한계는 인문정신의 부족을 초래했고, 그것은 도참사상의 유행을 만연시켰다. 도참사상은 신라 말 신라의 쇠망과 함께 시작된 것이지만, 고려 시대 전시기에 걸쳐 정신을 지배하였다. 뿐만 아니라 이는 조선을 거쳐 현재에도 풍수지리설로 잔존하여 사회의 나쁜 관행을 만들고 있다.

도참은 길흉을 예언하는 것으로 불교의 인과응보 사상, 도교의 음양오행설, 풍수지리설 등이 혼합된 것인데, 지세나 지형이 국가나 개인의 성쇠길흉과 밀접한 관계가 있다는 설이다. 조선조에는 조상숭배 사상과 섞여 묘지풍수설이 유행하여 오늘날까지도 매장제도의 문제점을 야기시키고 있는 뿌리 깊은 민족의 민간신앙이다. 고려 태조의 정치강령인 '훈요십조'에도 이 풍수지리설에 의거하여 불교 사찰을 건립하도록 하였는데, 고려는 이 점에서 신라불교를 답습함으로써 국가통치 이념에서 합리적인 인문정신의 부족을 초래했다고 할 수 있다.

4. 훈민정음 : 한국적 읽기와 쓰기의 시작

우리나라 전근대에 있어서 인문정신과 인문학의 발양을 말할 때 훈민정음訓民正音을 빼고는 말할 수 없을 것이다. 세계 여러 민족 중 자기나라의 말과 글을 가지고 있지 못한 민족이 대부분인 것을 보면 이는 증명이 되고도 남는다. 한글 창제는 민족고유의

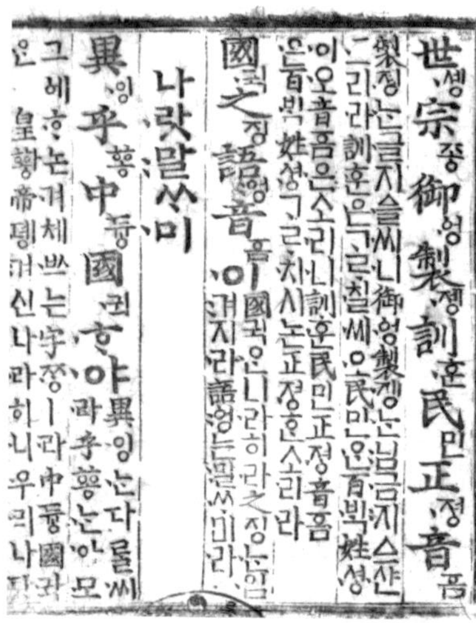

《훈민정음訓民正音》

사고와 표현을 가능하게 함으로써 주체적 문화를 창출할 수 있는 기반을 마련한 것이다. 한글 창제는 또한 이러한 문화의 주체성뿐만 아니라 대중에게 문화를 개방하는 대중성의 의의도 갖고 있다. 특히 한글은 '음소문자音素文字'(음표문자)이므로 음절문자에 비해 약간의 단점은 있으나 그 나름의 특성을 가지고 있고, 또 앞으로의 정보화 사회에도 잘 적응할 수 있는, 세계문자사상 우수한 문자라는 것이 과학적으로 입증되었으므로 민족적 긍지가 아닐 수 없다.

우리나라는 고대 신라 때부터 이미 한자의 음이나 훈을 이용하여 고유의 언어를 나타내려고 하던 '이두吏讀' 등이 있었다. 또 한문을 읽을 때는 그 이두로써 토를 달아서 읽었다. 그러나 이러한 소극적 방법으로는 고유문화를 형성해 갈 수 없었다. 또 한문과 우리나라 말의 체계가 달라 적절한 표현도구 없이는 사고와 표현에 틈이 생길 수밖에 없다.

이에 조선조 4대 왕 세종대왕은 1443년 12월에 28개의 문자를 제정하였다. 이 국문자는 1446년 9월 마침내 '훈민정음'으로 반포되었다. 대왕은 서문에서 "우리나라 말이 중국과 달라 그 문자와 통하지 못하므로 백성이 〈글로 쓰고〉 말하고자 하여도 나타내지 못하였는데, 이것을 유감으로 여겨 새로 28자의 글자를 만든다."고 하였다. 여기에 대왕의 애민정신이 잘 나타나 있다. 이러한 애민정신은 그 시대에 적절한 인문정신의 발로였다고 볼 수 있다.

우리나라는 한글 이후 비로소 민족적인 인문학을 형성할 수 있게 되었다. 대왕은 《삼강행실》(유교의 삼강 윤리 해설 교재), 《용비어 천가》(역대왕의 성덕을 기린 궁정악 가사)를 국문으로 간행하였고, 《석보상절》(부처님의 전기), 《월인천강지곡》(부처님의 공덕을 기린 찬양집)과 같은 불교 서적도 국역하였다.(먼저 한문으로 썼으므로) 이러한 정음의 활용 노력은 세조 때에도 계속되었다. 그러나 불행히도 한글의 활용은 지지부진하였다. 지식인들이 한문을 숭상하고 정음을 '언문諺文'(시골 글자)이라 하여 멸시했기 때문이다.

이 뛰어난 음표문자를 가지고 우리나라 사람은 자연의 어떠한 소리도, 다채로운 발음도 거의 완벽하게 자유자재로 표현할 수 있게 되었고, 우리식으로 말하고 쓰는 주체적 인문학의 무한한 가능성이 열렸다. 이는 사상의 해방이요, 더 나아가 인간성의 해방으로서 자랑할 만한 휴머니즘 정신인 것이다. 그럼에도 불구하고 조선조 역사에서 정음의 운명은 순탄하지 못했고, 오늘날도 한글이 지닌 참된 인문정신을 망각하고 있는 지식인의 분열상을 볼 수 있다. 참으로 국력의 낭비요 민족의 자기비하라고 하지 않을 수 없다. 정보화 사회에서 '한글전용 표기'는 이미 대세이다.

다만 한자어에서 유래한 우리말 어원에 대한 설명을 일정 수준 이상의 지성에게 어떻게 가르치느냐 하는 문제만 남아 있을 뿐이다. 이를 위해서는 교과서에서 중요한 용어는 괄호 속 한자 병기를 통하여 교육적 효과를 도모해야 하고, 한국의 교육한자의 표준 뜻(음은 다 알고 있으므로)을 정하여 이를 활용하여 어원을 필요에 따라 설명하는 방식이 교육되어야 한다. 이것은 '교육의 차원에서' 하면 족하다. 이것은 결코 한자쓰기 교육이 아니고, 표준 한자를 활용한 '한글을 잘하기 위한 한글 어원 공부'라고 할 수 있다. 이것도 물론 과도기다. 이렇게 하면서 한글식 표현에 힘을 기울여야 하며, 고전의 현대역이 이루어지도록 노력해야 한다. 대중 영어가 얼마나 쉽게 영어다운 표현을 하고 있는가를 보면 이러한 한자 교육의 방향을 잘 알 수 있다. 한자·한문을 우리 고전이나 현대 중국어와 비교하여 가르치는 것도 효과적이다.

정음이 창제된 이후로 이를 이용한 노래 가사, 국문소설 등이 나타나 우리나라 문학 내용을 풍부하게 하기 시작하였다. 이보다 앞서서도 신라의 향가나 고려시대의 고려가요(고려가사)처럼 우리말로 노래 부른 것이 없지 않았다. 고려가요는 민중의 다채로운 정서가 시상詩想도 풍부하게 격조 높게 불렀다. 그 당시에는 아직 민족의 문자가 없었기 때문에 고려가요는 한문으로 번역되기도 하고, 한시에 이두를 붙여 표현하기도 하고, 혹은 입으로 전하기도 하다가 조선왕조에 이르러 처음으로 한글로 적혔다.

고려 후기부터 일어난 단가(짧은 노래)는 조선왕조에 들어와 시조로서 널리 읊어졌다. 시조는 곡이 따른 시이다. 시조라는 말은 음악도 가리키고 시도 가리킨다. 시라는 것을 강조할 때는 시조시라고 하기도 했다. 시조는 내용이 서정적抒情的이거나 서경적敍景的인 것이 많다. 한편 장가(긴 노래)인 '가사'도 발달했는데, 형식과 내용이 다채로웠다. 그것은 운문이면서 수필적인 내용을 담았다.

이러한 시조와 가사는 임진왜란 전 약 1세기에 걸쳐 전성기를 이루었다. 박인로, 신흠, 윤선도 등은 뛰어난 시조작가였으며, 정철에 이르러 절정에 달했다. 박인로는 또한 가사문학에 있어서도 대가여서 시조에서 정철과 쌍봉을 이루었다. 이 가사에서 민중의 노래인 잡가도 발달하게 되었는데, 이로써 보면 정음의 출현은 서민의 표현 욕구를 어느 정도 충족시켰다고 할 수 있다.

임진·병자 전란 이후 국문소설이 쏟아져 나왔다. 이 두 침략은 유교사회의 기강을 흔들어 놓았고, 전통적인 한문학만 허락하고 있던 사회에 소설과 같은 오락적 기예가 생겨났다. 소설은 서민적이고 리얼한 것이므로 용어도 한글을 선택하지 않을 수 없었다. 그 내용은 시대의 상황을 잘 반영하였는데, 사회비판, 애국심 고양, 카타르시스 추구를 위하여 다채로운 소재를 다루었다. 이러한 시조, 가사, 소설 등의 국문학 출현은 분명 정음 창제 이후 우리의 생각과 말의 해방이며, 동시에 우리의 주체적인 읽기와 쓰기의 시작으로서 한국 인문학의 특기할 만한 사건이라고 하지 않을 수 없다.

언어의 구조와 그 나라 사고의 논리는 밀접한 관련이 있다. 서양 논리가 서양 언어의 특성과 밀접한 관련이 있다면 한글은 어떤 논리를 구사할 수 있는가를 서양 논리와 비교하여 살펴보자.

첫째로 한글의 논리는 인도·유럽 언어처럼 주어 - 술어의 이분법적 논리, 실체의 논리가 아니라 술어 중심의 현상의 논리다. 그러므로 우리나라 사람은 그 사고방식에 있어서 현상학적이다. 둘째로 한글의 논리는 너와 나, 그리고 상황의 삼각관계에서 이루어지는 상관논리로서 인도·유럽 말의 주체적인 서술논리와는 다르다. 말하는 사람과 듣는 사람, 그리고 그 상황이 함께 상승되어서 논리를 성립시킨다. 그러므로 우리나라 사람은 상대방에 대해서 관심이 많다. 셋째로 한글의 논리는 접미사가 묘한 역할을 하기 때문에 직선적인 추리의 논리가 아니고 우회적인 추리의 논리다. 빙빙 둘러서 추리해 가다가 자기의 판단을 잊어버리는 경우가 많다. 넷째로 한글의 논리는 그 시제에서 잘 드러나는 바와 같이 인도·유럽 언어처럼 추상적인 이론의 논리가 아니고 구체적인 삶의 논리다. 우리나라 사람들은 그 사고방식에 있어서 아주 현실적이다.

이와 같은 것은 한문식 표현(중국어가 아닌) 논리와 닮은 데가 많다. 일본어도 유사할 것이다. 그러므로 결론적으로 말하면 언어논리는 동아시아 범위이지만, 음소문자로서의 기능적 특성은 인도·유럽 언어(음절문자)에 가까이 간 점에서 동아시아 삼국 중 단연 뛰어난 탈동아시아적이다. 앞으로 한글문화를 창조함에 있어 이러한 우리나라 말의 기능과 논리를 잘 발휘해야 할 것이다.

5. 조선조 주자학의 도덕주의 : 한국 인문학의 특성

1) 조선조 이전의 유교와 인문학

조선조 유교가 500여 년을 우리 전근대의 문화를 지배하여 그 영향력이 지금도 잔존하고 있으므로 한국의 인문학을 말하면서 조선조 유교를 말하지 않을 수 없다. 그러나 조선조 유교를 말하기 전에 유교의 본질이라든가 그 이전 시대 유교의 흐름을 약간 일별할 필요가 있다.

원래 유교는 공자에 의해 은나라의 종교문화를 청산하고 인간의 도덕적 각성과 이성적 노력에 의해 이상적 도덕공동체를 건설한다고 하는 인문주의 방향을 취함으로써 동아시아 보편종교인 동시에 문화 이념으로 자리잡게 되었다. 또 유교는 출발점인 공자 시대부터 문화주의, 교양주의, 엘리트주의를 표방하였으므로 동양의 인문정신, 인문학의 대명사라 해도 과언이 아니다. 유교의 종교성은 산 자에 대한 효도, 죽은 자에 대한 장례와 제사에 의해 유지되어 왔다. 그 종교 교리는 조상숭배와 장자계승에 의해서 현존재 개체의 영속성을 확보하는 방식으로 현존재의 소멸(죽음)을 극복하는 것이었다. 그 종교적 의례는 유교의 예법, 즉 예교성禮敎性으로 남게 되었다.

종교성이 송대 성리학에 와서 과거의 '하늘의 명령(천명)'이라는 유일신 숭배와 유사한 유신론적 관념을 버리고, 도교와 불교의 영향으로 자연(우주)의 섭리를 이성적으로 파악하는 방식, 즉 우주형 이상학을 수립하여 그것으로 종교성을 대신해버림으로써 소위 서구적 의미의 종교성은 세월이 흐를수록 희박해지고 종교적 의례만 남게 되었던 것이다. 그러므로 이러한 송대 성리학을 받아들인 조선에서의 인문정신은 이성의 활약면에서 뛰어난 바가 있고, 학문 역시 고도의 관념성을 띤 인문학으로서 상당한 수준에 도달하였던 것이다. 그러나 서구 근대의 도구적 이성에 의한 과학정신과 비교해볼 때 지나치게 '도덕성', 즉 예교성에 치우쳐 이성의 과학적(합리적) 발휘를 막았던 것이다.

고대 고조선 땅에 한나라가 직할군현(한사군)을 설치할 때부터 한자와 유교는 들어오기 시작하였는데, 이후 삼국과 고려를 거치면서 정치제도와 교육제도를 중국식으로 모방함으로써 자연히 유교의 인문학은 엘리트층을 중심으로 수용되었다. 이러한 유교의 인문학 중에서도 특기할 만한 것은 역사의식의 발전을 들 수 있다. 삼국시대를 보더라도 고구려에서는 《유기留記》 100권, 백제에서는 《서기書記》, 《백제기百濟記》, 《백제본기百濟本紀》, 《백제신찬百濟新撰》 등이 편찬되었고, 신라에서는 《신라사新羅史》가 편찬되었다.(이것이 남아 있지 않은 것이 유감이다) 이러한 사서의 편찬은 유교적 정치 이념 없이는 불가능하다고 볼 때 이 사서의 편찬에서 유교의 인문학적 모습을 말할 수 있다. 마찬가지로 고려시대에 와서도 《삼국사기》와 《삼국유사》가 편찬되어 민족적 자각을 나타내었다. 《삼국사기》는 삼국을 '우리〔吾〕'라고 적어 동족의식을 나타내었고, 고려의 민족적 정통성을 표현하였다. 또 삼국 왕실의 역사를 〈본기本記〉라고 함으로써 중국에 대해 대등한 입장을 보였다. 이것은 고려가 건국 초부터 북방민족의 침략에 시달려 민족적 자각이 높아진 것을 반영하고 있다.

《삼국사기》가 쓰여지고 1세기가 지난 후 일연 선사에 의해 《삼국유사》가 쓰여졌다. 이 책은 《삼국사기》에 포함되지 않은 삼국의 국민생활의 실체를 전하려 한 것이다. 삼국시대의 풍부한 민속과 설화, 단군신화, 신라의 향가 등 매우 귀중한 자료를 담고 있다. 이 책은 몽고의 침략을 겪고 난 후에 쓰여졌으므로 그 밑바닥에 민족적 자각이 흐르고 있는 것을 부정할 수 없다. 그것은 불교적 세계관 위에 서 있는데, 그 불교는 퇴폐한 세상을 반영하듯 샤머니즘적인 것이었다. 그러므로 《삼국유사》에는 《삼국사기》에서와 같은 유교적 합리주의는 없다. 그러나 양자는 서로 보완적이라고 할 수 있다. 그리하여 두 책은 고려시대의 유교적 역사관과 불교적 역사관, 지식인의 사고방식과 민중의 의식이라는 이원적 대조를 보이고 있다.

2) 조선조 주자학의 도덕주의

이황李滉

주자학은 송대의 새로운 유교(서양에서는 신유교라고 부른다)인 성리학을 집대성자 주자(주희)의 이름을 따서 붙인 것으로 성리학이라는 말과 거의 같이 쓰인다. 유교에서 진리의 전통을 따져 자기 학문의 정통성을 확립하려는 차원에서 주자를 신봉한 나머지 그 개인의 이론을 더욱 존중하게 된 것이 조선조에서 주자학이 주류를 이룬 이유이다. 주자학을 받아들이고 주자를 존숭하였으며, 이를 제자들에게 전하여 하나의 학단을 이룬 선구자가 퇴계退溪 이황李滉

이다.

퇴계는 영남지방에서 태어나 그곳에서 제자들을 가르쳤으므로 영남학파를 형성하였다. 그는 40세 이전까지는 자연을 사랑하고 중국 도연명의 시를 애독한 전원시인이었다. 중년 이후에 주자학을 접하고 그 철학적 체계에 매료되어 여생을 이 학문을 배우고 가르치는 데 바치려고 작정하였다. 그의 천품은 대기만성형으로 매우 신중하고 자상하였다. 그러므로 그는 날카로운 분석의 철학자라기보다 인자하고 모범적인 스승의 상을 보여주었다.

주자의 우주형이상학은 리기론理氣論이라고 하여 리와 기라는 두 개념으로 우주 삼라만상의 모습과 인간의 도덕을 설명하려 하였다. 퇴계는 리라는 개념을 매우 중시하였다. 주자의 리는 사물의 이치(존재의 원리)와 인간 도덕규범을 같이 지칭하였고, 다시 사물의 이치도 개개 사물의 이치와 우주의 궁극자(서양 기독교의 신을 상정해도 좋다)를 구분 없이 다 리라고 표현하였다. 이는 성리학이 기독교와 같은 유신론이 아니기 때문임은 물론이다. 퇴계는 주자의 이러한 범리론汎理論(모든 것이 리 때문이다)이나 리신론理神論(리가 유신론의 신과 유사하다)적 설명에 치중하여 리를 보려고 하였다. 유교가 도덕론이므로 퇴계가 주자의 이러한 리의 성격에 치중해서 보려 하는 것도 무리가 아니다.

다시 말하면 퇴계는 주자학의 우주존재-인간존재 통합적 이론에서 인간중심적인 유교의 원래 취지를 살리려 하여 도덕론을 중시하였다. 따라서 그의 주자학이나 유교 이해는 리 개념을 매개로

하여 오늘날로 말하면 종교성이 풍부한 도덕론으로 나아갔다. 물론 그렇다고 리와 상대되는 개념인 기의 세계, 기에 의한 우주 설명을 도외시했다는 것은 아니고 상대적으로 그 경향성과 시각이 그렇다는 것이다. 퇴계의 이러한 주자학 이해는 조선조 주자학사에서 도덕론 우위라는 전통을 확립하였다. 조선조 인문정신의 최초의 형상화라고 할 수 있고, 이것을 제외하고 조선조 유교라는 인문학의 특성을 말하기 어렵다. 이 전통은 유교적 가족주의와 더불어 오늘날까지 한국인의 무의식의 심층을 지배하는 도덕감정으로 남아 있다.

이이李珥

한편 이와는 대조적으로 퇴계보다 한 세대 늦게 탄생한 율곡栗谷 이이李珥는 퇴계의 시각과 달리 주자학을 볼 때 우주존재-인간존재 구분 없이 통합적으로 보려 하였다. 다시 말하면 도덕론 우위라고 하는 인간중심주의적으로 사물을 보려 하지 않았다. 따라서 율곡은 자연히 주자의 리, 기 두 개념 중 기에 의한 사물의 생성과 변화를 말하기 좋아했다. 그러므로 율곡은 도덕을 말하더라도 퇴계처럼 순수한 감정의 발로보다도 인간의 조건인 육체적 기질을 인정하고, 그것을 개선하여 그 순수한 인간 본질(본성)을 드러내는 방법을 강조했다. 양자가 도달하는 도덕적 경지는 별반 차이가 없지만 존재와 인간을 바라보는 관점은 이렇게 달랐다. 율곡의 이러한 도덕론은 그의 제자들에게 계승되어 기호학파를 형성하였는데, 그의 제자들은 율곡의 이러한 자연-인간 통합적 시각을 고수하고 학파를 발전시켜 나갔다. 그리하여 나중에는 조선 후기 최고의 장기 집권 파벌(당파)인 노론의 당론으로까지 채택되어 이어져갔다.

그러나 율곡의 재전 제자인 우암 송시열 대에 와서 우암과 그 제자 사이에 분열이 일어남으로써 소론이 탄생하고, 이 계열에서는 율곡설에 대해 비판적 입장을 유지하였다. 이는 당파성의 결과라기보다 그간의 주자학 해석에서 조선조 학자들의 깊은 사색과 학술적 토론의 결과 얻어진 사상적 발전이었다. 이것은 크게 보면 주자학이라는 중세 사상이 가지고 있는 인간-자연 통합적 시각에서 수립된 도덕 형이상학, 즉 절대론적 윤리설이 직면한 이론적 모순의 드러남이라고 할 수 있다.

여하튼 율곡설에 대한 비판적 입장을 견지한 소위 절충파의 뛰어난 철학자들의 시각은 퇴계적인 유교, 즉 도덕론이 우위라고 하는 퇴계 도덕론의 장점을 살리는 작업이었다. 반드시 퇴계설이 옳고 퇴계설로 돌아가야 한다는 것이라기보다 유교는 역시 도덕론이 중요하고, 따라서 도덕적 입론이 매우 중요하다는 재인식이었다. 그리하여 절충론자들은 우주론에서는 율곡의 설을 기본으로 계승하지만, 도덕론에 있어서는 퇴계처럼 순수 도덕적 감정을 존중할 필요가 있다는 절충적이고 비교적 객관적 시각을 갖게 된 것이다. 이는 율곡류의 자연-인간 통합적 시각에서 빠지기 쉬운 인간 도덕의 망각을 경계하고자 한 것이었다.

이상 두 학파의 주장과 절충파의 탁월한 사색이 말하여 주는 메시지는, 조선조 유교의 전통은 중국보다 매우 철저하며 특히 그 색채는 매우 도덕론적이라는 점이다. 이는 오늘날에도 우리의 문화로 잔존하고 있다. 우리가 일본 문화에 대해 선정성과 폭력성을 싫어하고, 아직 유교적 남녀유별 의식이나 체면, 부끄러움 의식이 잔존하고 있는 것도 다 그런 이유이다. 이것이 한국 인문정신과 인문학의 특성이다. 이것이 21세기 동서 문화교류에 어떤 의미가 있는지는 문명사적 논의를 거쳐야 하므로 단순하게 말하기 어렵다.

6. 실학과 인문정신 : 한국 실학의 특성과 한계

우리나라 인문학의 특성을 말할 때 조선 후기 실학의 학문정신을 말하지 않을 수 없다. 실학이 반드시 인문학만을 말하지 않으므로 그 학문정신이 인문학에만 한정되는 것은 아니다. 그러나 마찬가지로 실학이 단순히 정치·경제·사회에 대한 정책론과 과학만을 말하는 것이 아니라 오히려 철학 있는 정책론이나 과학(실학)

을 말하므로 실학을 통해서 인문학의 특성(또는 인문정신)을 말할 수 있다.

다시 말하면 조선조 실학은 철학 있는 실학이므로 앞으로 바람직한 인문학의 방향성도 제시해줄 수 있을 것이다. 즉 인문학이 반드시 실학과 관련을 끊는다든가, 아니면 인문학이 실학을 지도해야 한다든가 하는 우위론을 고집할 것이 아니라 윤리성을 제시해준다든가 하는 건전한 협력관계를 가지는 것이 바람직한 방향이다.

뿐만 아니라 근대과학과 산업화가 환경문제를 일으킨다고 하여 인문정신을 강조하고 새로운 가치관의 전환을 강조하지만, 이미 그것만으로는 당면한 환경재해를 막을 수 없다는 사실을 직시하지 않으면 안 된다. 다시 말하면 우선은 환경재해도 근대과학 정신에 바탕을 둔 환경기술에 의뢰하지 않고는 한 발자국도 나갈 수 없다는 사실에 대한 직시이다. 그러므로 앞으로의 인문학과 과학(기술)의 문제라는 단순하지 않은 문제에 대해 이 실학에 대한 검토를 통하여 알아보고자 한다.

조선조 실학을 말할 때 우리는 앞에서 말한 철학 있는 실학, 곧 '근세실학'과 오늘날 개별과학에 의해서 성취된 과학기술과 산업문명으로서의 실업實業으로서의 실학, 곧 '근대실학'과 구별을 먼저 해야 된다. 왜냐하면 많은 실학 연구자들이 서구 근대성에 바탕을 둔 근대 실학의 모델을 가지고 전근대 조선조 실학의 근대성을 보려고 했기 때문이다. 다시 말하면 서세동점 이후 국제화(전 세계의 자본주의화) 시대에 있어서 전근대의 조선 실학에서 자생적 근대성을 찾고 싶었기 때문이다. 이것은 동아시아 삼국에서 우리나라에서 유독 실학이 강조되고, 그 연구가 앞서 있으며, 또 실학 개념도 중국·일본과 다른 데서 증명이 된다.

그러나 이제는 세계화(경제·문화의 다양·공존) 시대에 있어서 그럴 필요가 없어졌다. 오히려 인류 문명의 위기(환경재해)가 전 지구적인 문제로 되어 그 시발인 서구 근대 문명이 더 이상 절대적 우위를 차지하고 있지 않기 때문이다. 그러므로 오늘날 과학과 인문학의 동떨어짐이 심화되고 있는 이때에 철학과 실학이 밀접한 관련을 가지고 있었던 조선 실학의 장점이 일단 새롭게 조명되어야 할 것이다.

물론 철학 있는 실학이라고 할 때의 '철학'은 구체적으로 말하면 학문의 과학성(실증성), 학제적 개방성, 학문의 윤리성, 실천성, 그리고 민중성 등을 말한다. 오늘날 개별과학들이 대부분 이러한 방향으로 가고 있지만, 아직 만족할 만한 수준은 아니다. 그것은 한 예로 환경문제를 다루는 개별과학의 태도를 보면 역시 윤리성과 민중성에 문제가 있음을 알 수 있다.

조선조 실학자 몇 사람을 예로 들어보자. 담헌 홍대용은 20대 후반부터 중국을 통해 들어온 서양 학문에 관심을 갖기 시작하여, 특히 천문학과 수학에 열중하였으며, 북경에 사절의 일행으로 가서 서양 선교사 겸 천문대장을 만나보기도 하였다. 그리하여 그는 지구구체설, 지구자전설(아직 지구공전설은 몰랐다), 은하설 등을 알고 있었다. 이 바탕 위에서 지구중심주의, 중국중심주의(중화사상)가 타파되고, 나아가 인간중심주의도 타파되었다.

인간중심주의 타파는 전래의 송대 성리학자 장횡거의 '기의 철학'이라는 '자연철학'에 의해 가능하였다. 그는 장횡거의 사상을 바탕으로 "사람을 중심으로 보면 사람이 귀하고 사물이 천하며, 사물을 중심으로 보면 사물이 귀하고 사람이 천하다."라고 하여 이전의 성리학자들이 생각지 못한 세계관을 갖게 되었다.

또 그는 이것을 바탕으로 전통 화이론華夷論을 부정하였다. 즉 세계는 결코 중화와 그 변방으로 이분되는 것이 아니고, 중국인이라도 호로胡虜(청의 오랑캐)보다 못한 사람이 얼마든지 있으므로 사물을 구체적으로 관찰하지 않고 윤리적인 도리의 입장에서 우열을 보편적으로 규정하는 것은 부당하다고 확신하였다. 그의 이러한 주장은 실학이 가진 민족 주체성의 일단을 말해준다.

당시 청조(청나라) 문물을 직접 견문하고 온 북학파들은 또 민중의 이용후생을 위해서 청조 문물을 배울 것을 강조하였다. 그 구체적인 내용은 자연과학을 비롯하여 생산력을 증대시키기 위한 생산도구나 생산기술 및 생산물의 유통 문제에 전적으로 집중되었다. 그들은 한결같이 중국의 경치나 여행담을 말하는 것이 아니라 이용후생에 필요한 농어업과 잠업 기술, 벽돌 건축, 거름 사용, 방적기 등 기계 사용, 도로, 수레와 배 등에 관한 구체적인 관찰 사항을 나열하였다. 연암 박지원은 《과농소초課農小抄》라는 농업기술서를 직접 짓기도 했다. 이러한 것은 민중 편에서 그들의 고통을 해결하고 복리를 증진시키려는 실학의 민중정신을 잘 나타내고 있다.

한편 성호 이익은 우리나라가 고조선이나 삼국시대에는 중국의 문물제도를 잘 받아들인 나머지 중국문명과 다름없었는데, 조선조에 와서 오랑캐로 떨어지고 말았다 하고, 그 이유를 중국과 자유로운 교류가 없는 점, 사대외교에 의지하여 병력을 키우지 않은 점, 재능 있는 인재를 양성하지 않은 점, 운송기술이 발달하지 않은 점, 토지 소유의 세습으로 놀고먹는 자가 많아진 점, 사대부의 사치풍조 등을 들고 있다. 그리하여 성호는 조선이 부강하기 위해서는 대내적으로는 제도개혁이 필요하며, 대외적으로는 중국과의 교류를 활발히 하여야 한다고 하였다.

성호는 조선조가 가난하게 된 이유를 다음과 같은 인과 관계로 표시하였다. 토지과점 → 사대부 사치 → 물자 부족 → 백성 학대 → 민력 감퇴 → 생산 감퇴 → 빈곤. 그리하여 특히 토지개혁론으로서 균전법을 제안하였다. 성호의 이러한 중국과의 교류론은 북학파의 청조문물 수용론으로 발전하였고, 그의 토지개혁론은 반계 유형원을 이어 받아, 다산 정약용에게로 면면히 계승되어 실학파의 중요한 경세론이 되었다. 여기에서 실학의 개혁 정신을 볼 수 있다.

그리고 실학자들은 대부분 백과전서파라고 할 수 있을 정도로 전래의 경학(유교경전 연구)이나 성리학적 지식의 교양 위에서 폭넓게 천문(율력), 지리, 수학, 농업기술, 군사기술(병법) 등의 지식을 쌓아갔다. 뿐만 아니라 이러한 것을 이론으로서만 이해하는 것이 아니라 실천하려 하였다. 또한 이러한 지식은 개별과학이기 때문에 자연히 실증성이 바탕이 되지 않으면 안 되므로 학문 방법에 있어서도 종전의 성리학의 관념성을 비판하면서 체험을 중시하였다.

그러면서도 종전의 성리학과 궤를 같이 하는 것이 한 가지 있었는데, 그것은 학문의 윤리성과 학문하는 주체의 도덕성(인격성)의 강조였다. 이것을 그들은 '실심實心'이라고 하였다. 그들은 세속적인 이기심, 명예욕을 떠나 인격체로서의 성실한 마음을 실심이라고 규정하였다. 이는 유교 경전의 '성誠'과 같은 것으로 글자 그대로 '성실'인데, 좀 더 철학적으로 부연하면, 남이 보지 않아도 인간 양심을 지키는 것, 바다에 한 방울의 물방울이 흘러들어도 바다물이 더 늘어난다는 의식, 우주와 통하는 종교적 차원의 믿음과 같은 것이다. 실학은 이 바탕 위에서 실학을 한다고 한다. 이는 마치 갈릴레오가 지구 자전을 말하였던 근대 과학의 여명기에 자연의 법칙을 탐구하는 것은 자연 속의 신의 의사를 알아내는 것이라고 여긴 것과 같다. 이 점에서 실학과 성리학은 통한다.

이것이 근세실학의 특성인데, 오늘날 개별과학이 통합적인 의미를 부여할 자연철학과의 유리가 심하고, 더 나아가 과학의 윤리성을 점차 잃어가고 있는 것과 대조가 된다. 근세실학은 기철학이라고 하는 자연을 유기체로 보는 생명존중의 자연철학이 그 바탕에 있었지만, 근대철학은 오히려 신-인간, 인간-자연 이분법 아래 배태된 것이며, 더욱이 현대에 와서는 자본주의 발달로 과학과 산업의 연결은 엄청난 재해를 초래하고 있다. 오늘날의 환경재해의 극복에 있어서 가치관(자연관)의 변혁이 근본이지만, 그것만으로는 안 되고 자연오염을 제거하는 데 여전히 근대적인 과학기술을 이용할 수밖에 없는 위험한 지경에 이미 인류문명이 와 있다. 그러므로 아직 근대과학이 필요하다는 논의를 접어두고 현대 산업기술의 폐해를 논한다면 근세실학의 이러한 학문의 윤리성은 재조명할 필요가 있다.

이상에서 본 바와 같이 조선 후기의 실학은 동아시아 삼국에서도 중요한 의의를 가지고 있으며, 그 학문 정신에서 보더라도 과학성(실증성), 학제적 개방성, 학문의 윤리성, 실천성, 민중성, 그리고 민족 주체성 등에서 앞으로의 인문학 방향 설정에 많은 시사를 하고 있다.

7. 결 어

이상에서 살펴본 바와 같이 한국의 인문학 및 인문정신은 각 시대별로 그 시대의 조건에 따라 역할을 하였으므로 긍정적인 것과 부정적인 것을 동시에 갖고 있다. 더욱이 당시 대륙(중국)의 정치·문화적 변동과 맞물려 있었기 때문에 그럴 수밖에 없었던 측면이 있다. 그러나 오늘날 시점에서 비판해볼 때 단군신화 속의 홍익인간 이념은 휴머니스틱한 민족적 심성의 표현으로서 긍정적 전통이라 할 수 있고, 불교는 지나친 호국불교에 얽매이고, 또 불교 자체의 지나친 초월성, 난해성으로 인하여 사회적 기능이 부족하였다고 볼 수 있다. 오히려 삼국·고려의 인문학은 유교가 맡아 정치 및 교육제도 내지 엘리트 계층의 문화 형식으로 작용하였다. 그러나 이것 역시 왕조시대의 어용성과 비민중성이라는 한계를 가지고 있다. 그러므로 한국의 인문학 전통은 훈민정음의 창제, 조선조 성리학의 도덕론, 그리고 실학의 올바른 학문정신에서 찾을 수밖에 없다.

오늘날 현대 문명에 있어서 인문학의 보편적인 위기는 과학기술의 놀라운 발전과 대비되는 인문학의 뒤처짐에 있다. 더 정확히 말하면 고답적으로 인문학의 우위를 말하려 하는 식으로 인문학과 과학의 관계를 잘못 설정하였거나 또는 현대 과학기술의 진면목(과학과 산업의 결합)을 제대로 파악하지 못한 데서 인문학의 위기가 왔다고 할 수 있다. 산업과 결부된 현대 과학기술은 브레이크가 없다고 해도 과언이 아니다. 그러므로 그것을 적절히 규제하고 윤리성을 회복시키려면 단순히 인문학 우위론을 주장한다고 해결되지 않고, 오히려 환경재해와 같은 공동의 관심사를 가지고 적극적으로 교류하고 협력하는 긴장된 관계를 유지하는 것이 더 효과적일 것이다. 이를 위하여는 학문적으로는 인문학과 과학의 학제적 연구를 활성화시키며, 정치적으로는 핵무기의 파기, 핵의 평화적 이용 등 과학의 평화적 이용을 위해 전 지구적으로 연대하여 감시활동을 펴야 할 것이다.

한국의 현실에서 인문학의 위기는 이러한 보편적인 문제점을 가지면서 우리 나름의 특수한 여건을 참조해야 하리라 본다. 한국은 타의에 의한 근대화를 시작한 이래 근대화=서구화의 도식을 반성 없이 실천해왔다. 그러나 이마저도 올바르게 실천하고 있지 못하다. 다시 말하면 우리는 아직도 '근대성'의 좋은 장점들을 잘 살리지 못하고 있다. 그러면서 또 서구에서 시작된 탈근대의 사조를 외면할 수 없는 처지에 와 있다. 양자의 병행이 우리의 과제인데, 여기에 우리의 창조성이 요청된다.

여기서 한 가지 유의할 것은 인문학의 강조가 국가 경쟁력(특히 경제력)의 약화를 가져와서는 안 된다는 점이다. 왜냐하면 우리의 인문학 전통에서 보듯이 우리의 경우 인문학이 오히려 과학 내지 실학보다 지나치게 편중되었기 때문이다. 조선조 5백 년의 유교사회는 분명 문관 우위, 상공업 천시의 인문학 편중의 사회였다. 더욱이 오늘날 추진되고 있는 세계화가 강대국에 의한 자본 식민지화라고 하는 패권주의의 성격이 짙으므로 제3세계 중진국으로서의 한국의 입장에서는 생존의 논리를 무시하고 인문학을 논하기 어려울 것이다.

범위를 더욱 좁혀 대학의 인문학 문제를 살펴보자. 학문의 전당이라고 하는 소위 대학에서 문제가 되고 있는 인문학의 위기란 결코 대학이나 교육의 차원에서만 보아 해결될 수 있는 것이 아니다. 그 원인을 거슬러 올라가면 이 문제는 대학교육을 사학에 맡길 수밖에 없는 빈약한 교육재정, 학벌 위주의 사회구조, 권력지향의 전근대적 국민의식과 삶의 태도 등에서 연유한다. 하나 덧붙이면 정치인과 지식인의 부패(윤리의식 부재)를 들 수 있다. 이러한 사회적 조건 속에서 백화점과 같은 기업식 교육이 오늘날 대학에서의 인문학의 위기를 불러온 것이다. 그러므로 인문학의 위기를 극복하는 데는 대학이 앞장서야 하지만 사회 전체가 개혁에 동참하지 않으면 안 될 것이다.

결론적으로 당면한 인문학 위기의 극복을 위해서는 학문의 윤리성을 회복하고, 이를 위해서는 대학인의 인격성이 회복되어야 하며, 학제적 개방성이 촉진되어야 하며, 대학의 사회적 역할을 확대해야 하며, 한글에 의한 문화창조를 더욱 힘써야 한다. 또 인문학의 기반 조성을 위해서는 전공의 심화와 아울러서 기초 교양화를 적극 추진하는 것도 바람직할 것이다. 이러한 당면한 한국 대학의 인문학의 방향 설정에 있어서 전근대 시대의 인문학 및 인문정신 전통을 일별해 본다면 그곳에는 분명 반성해야 할 점도 있고 시사 받을 점도 있을 것이다.

제2장 여말 주자학의 도입과 조선 초기의 주자학

1. 서 언

고려는 말기에 오면서 불교의 사회적 폐단이 크게 일어나 사회 지도 이념으로서 그 기능을 잃고 있었다. 마침 원나라로부터 주자학[1)]이 고려에 들어오자 신진 사류들은 새로운 사조로서 주자학에 큰 매력을 느끼기 시작하였다. 고려가 망하고 조선 왕조가 성립되면서 이 주자학으로써 건국이념을 삼게 되었다. 중국도 원나라에서 명나라로 왕조 교체가 있었으므로 조선의 주자학 수용은 매우 자연스러운 것이었다. 여말선초의 사상적 상황은 이러한 왕조교체와 밀접한 관련 아래 이루어졌다.

여말의 주자학은 안향安珦에 의하여 도입되었다. 그 후 국가에서 성균관을 중수하고 과거시험의 기본 교재로 주자의 《사서집주四書集注》를 채택함으로써 시대사조가 일신하게 되었다. 성리학, 곧 주자학이 인간 도덕과 우주 존재 문제를 체계적으로 탐구하면서

1) 본고에서 '성리학'이라는 용어와 '주자학'이라는 용어는 오버랩되는 면이 다소 있어 명확히 구분되지 않고 통용되었다. 노·불 비판이나 기론氣論, 송대 학풍 등의 의미가 강할 때, 또는 넓은 범위로 말하고자 할 때는 성리학이라 하고, 그 외는 주자학이라 하였다.

초월적인 세계보다 일상 삶의 윤리라는 현실적인 세계를 중요시하는 사상이므로 자연 불교와 사회정책면이나 종교 교리면에서 갈등을 빚지 않을 수 없었다. 그러나 여말의 이색李穡 등 여러 기성세대 학자들은 불교에 이미 친숙하였던 관계로 불교와 주자학을 동시에 수용하려는 절충적 입장을 가지고 있었다. 그러나 젊은 신진사류들은 주자학으로써 세상을 구제하려는 생각으로 불교의 사회적 폐단을 격렬하게 비난하였으며, 교리면에서도 성리학으로써 불교를 대체하려 하였다.

안향安珦

조선의 건국과 더불어 불교에 대한 비판은 매우 체계적으로 이루어졌다. 정도전의 불교 비판이 대표적인데, 송대 성리학자들의 여러 불교 비판 논설을 참조하였다. 불교의 교리에 대한 비판 이외에 여말부터 심각하게 논의되었던 불교의 사회적 폐단 문제는 이미 조선 건국과 더불어 행해진 토지개혁에 의하여 사회구조 자체가 큰 변혁을 이루었으므로 자연 새로운 기풍으로 전환되어 갔다. 그러나 민간에서의 각종 불교적 습속은 쉽사리 없어지지 않아 조선 초기 상당 기간까지 불교적 습속이 행해지고 있었다. 그러므로 《주자가례朱子家禮》의 시행도 주자학의 도입과 함께 정몽주鄭夢周 등 일부 주자학 선각자에 의해 수용되고, 조선 초기 국가에서 사대부들에게 적극 권하기도 하였으나, 정착하기까지에는 상당한 시일을 요하였다.

조선조 건국에 있어서 정몽주 같은 여말 유신遺臣은 '불사이군不事二君'의 윤리에 충실하고자 했고, 정도전鄭道傳 같은 혁명파는 고려의 국운이 다했다고 보고 역성혁명으로 새로운 왕조를 세우려고 하였다. 유교의 역사의식에서 두 길은 각각 나름의 철학이 없는 것이 아니다.

혁명파는 《주역周易》의 변화의 도에 의거하여 상황윤리, 곧 '시중지도時中之道'(권도權道)를 강조하며, 역성혁명易姓革命을 하극상으로 보는 충신의 윤리는 《춘추春秋》의 의리에 의거하여 '강상綱常'이라는 불변의 인간적 도리, 영원한 진리를 붙잡으려 한다. 혁명과 강상의 분별 문제는 큰 변혁기에 처하여 올바른 상황윤리(시중지도)를 찾는 문제로 쉽게 말하기 어려운 문제이나, 유교가 도덕, 그것도 불변의 절대적 진리로서의 도덕을 강조하고, 공자의 춘추정신이 도덕적 평화세계의 건설에 있으므로 항상 사류의 현실 비판에 큰 이데올로기로 작용하지 않을 수 없었다.

주자학 역시 이러한 춘추의리 문제를 '리理'의 철학 위에서 강하게 주장하고 있으므로 여말선초의 이러한 의리강상과 역성혁명의 갈등 문제는 주자학 수용의 한 단면을 여실히 보여주는 것이다. 이후 조선 초 세조정난이나 각종 외침에 대한 대외인식에 있어서도 이러한 주자학적 의리가 줄곧 나타난 것도 그 때문이다. 그리하여 정몽주의 경우 '동방리학東方理學의 조祖'로서 추앙을 받게 되었으며, 그의 문인 길재吉再의 경우 의리강상을 위해서 현실과 타협하지 않고 그 자신이 홀로 도를 지킴으로써〔獨行其道〕 후일 주자학으로 무장한 신진사류를 배출하였던 것이다.

조선 초기 성리학은 명초의 주자학과 대비될 정도로 상호영향 아래 형성되었다. 명초의 주자학은 비판적 사색이나 이론적 천착보다는 주자학을 깊이 신뢰하고 따르는 소위 '심성존양心性存養'의 실천주의 경향이 강하였다. 이러한 경향은 조선 초기 《소학小學》 위주의 실천 학풍, 즉 주자학을 심성수양론心性修養論에 치중하여 수용하려는 경향으로 나타났다. 이러한 영향 이전에 권근權近의 《입학도설入學圖說》 등 주자학의 계몽 단계에서도 특히 심성론에 치중하였으며 그 입론이 이분법적으로 도식화되어 나타났다. 또 한편으로 김시습金時習의 경우 문학가이자 생육신으로 잘 알려진 기인이지만, 그가 논하고 있는 성리학에 대한 여러 언설은 분명 그 시기 성리학 수용의 한 모습을 보여주고 있다. 그는 성리학의 이론에 대해 체계적 이해가 부족하여 아직 정곡을 찌르고 있지 못하였지만, 성리학이 노老·불佛을 비판한 뜻에는 깊이 찬동하고 있었다.

조선 초기 성리학의 시기 구분은 조광조趙光祖의 생존시기까지로 잡는다. 그 이후 서경덕徐敬德, 이언적李彦迪부터는 성리학(주자학)의 개화시기로 일반적으로 보기 때문이다. 조광조의 경우 비록

‘지치주의至治主義’의 실천이라고 하는 정치적 실천에 골몰하여 특별한 성리학적 논설을 남기지는 못하였지만, 주자학의 정치적 이념이 요순의 정치를 실현하는 것이라 주장하였고, 또 그가 그러한 정치적 주장을 하면서 주자학이 가지고 있는 도덕적 결백성, 도덕적 높은 이상, 그리고 ‘벽이단闢異端’의 유교주의 정치 이념(반노·불 정책)을 천명한 것을 볼 때 주자학 정착의 한 단계를 잘 보여주었다고 할 수 있다. 이것은 주자학 내지 성리학 이념의 정치적 실천이라고 할 수 있는 것이며, 또한 조선 초기 신진사류의 주자학 실천의 한 모습인 ‘심학풍心學風’의 정치적 표현이라고도 할 수 있는 것이다.

2. 여말 주자학의 도입과 전파

고려 후기의 무신집권기 이후부터는 유학이 침체되었는데, 고종 때부터는 몽고와의 항전으로 경제도 침체되어 문교文敎와 문화 전반은 상황이 더욱 어려워졌다. 불교도 고려 말로 갈수록 부패와 타락의 모습을 보였고, 그로 인한 국가 재정의 어려움은 갈수록 더 심해졌다. 거기다 밀교密敎·풍수도참風水圖讖 등이 성행하여 풍속이 퇴폐해져 갔다. 충렬왕 때 와서 문교 정책이 새로 정리되고 안향安珦(호 회헌晦軒, 1243~1306)의 건의로 섬학전贍學錢을 설치하여 국학생의 학비를 보조하였다. 공민왕 때 와서야 학교를 개수하고 당시 전래된 주자학을 강론하기 시작하였다.

주자학이 들어오기 전에 고려 지식인들은 대개 불교는 개인의 안심입명安心立命에 유효하고 정치와 교육은 유교를 가지고 해야 한다고 생각하였다. 그러나 성균관을 중심으로 주자학을 새로 강론하게 되자 주자학의 입장에서 불교와 승려의 타락을 노골적으로 공격하거나 더 나아가 불교 자체를 이단으로 배척하려는 기운이 점점 거세어졌다.

고려 말의 주자학은 충렬왕 때 원나라로부터 안향이 주자의 서적을 가져와 전래된 것이다. 원래 주자학은 노장이나 불교의 초세간적인 사상을 비판하고 사회참여의 정신을 고취하였고, 더 나아가 이민족에게 침략 당한 당시 남송南宋의 시대 상황을 반영하여 내셔널리즘적인 경향을 강하게 갖고 있었다. 주자학의 이러한 민족주의적 성향과 이단 배척의 경향은 원나라로부터의 독립과 사회 기풍의 쇄신을 필요로 한 당시의 고려로서는 환영하지 않을 수 없었다. 뿐만 아니라 당시로서는 주자학이 노장 사상이나 불교에 비해 윤리적이고 합리적인 사상이었다. 그 점에서 국가 통치 이념이나 학술 문화의 지표로서 주자학은 자연스럽게 수용될 수 있었다.

안향은 고려 충렬왕 15년(1289) 원나라에 가서 《주자전서朱子全書》를 베끼고 공자·주자의 상을 그려 가지고 왔다.[2] 뿐만 아니라 그는 당시 교육 제도를 쇄신하기 위하여 육영재단인 섬학전을 만들었다. 그가 당시 학교의 쇠퇴와 유교의 부진을 탄식하여 읊은

2) 《회헌실기晦軒實記》 권3, 〈연보〉.

'향등처처香燈處處'의 시[3]는 당시 상황의 일단을 잘 말해주고 있다. 그는 충선왕을 따라 원나라에 다녀온 일이 있었는데, 당시 원나라에서는 중국 고제古制에 따라 국자감國子監과 공자묘를 세우고 사전祀典의 예禮와 과거를 시행하여 문교가 크게 일어난 것을 목도하였다. 안향이 고려에서 유학을 진흥한 것도 이러한 견문에 힘입은 바가 컸다. 그는 국학國學의 생도에게

> 성인聖人의 도는 현실 생활 속에서 실천하는 것 이외의 다른 것이 아니다. 자식 된 이는 효도하고 신하 된 이는 충성하며, 예로써 집안을 다스리고 신의로써 벗을 사귀며, 경敬으로써 자기 자신을 수양하고, 일을 함에 있어 정성을 다할 뿐이다. 그런데 불교는 어떠한가? 부모를 버리고 출가하여 인륜을 파괴하니 이는 오랑캐(이적夷狄)의 무리인 것이다. 근래 전쟁에 시달린 나머지 학교가 퇴폐하고 선비는 학문을 몰라 배운다는 것이 고작 불서佛書나 즐겨 읽고, 그 허무공적虛無空寂한 뜻을 믿으니 가슴 아파하는 바이다. 내 일찍이 중국에서 주회암朱晦庵의 저술을 얻어 보니, 성인지도聖人之道를 밝히고 선불지학禪佛之學을 배척한 공이 공자에 짝할 만하였다. 그러므로 공자의 도를 배우고자 하면 회암을 배우는 것보다 우선할 것이 없으니, 제생들은 《주자신서朱子新書》를 읽는 데 힘쓰고 조금도 게으름이 없어야 할 것이다.[4]

---

3) 동상. 香燈處處皆祈佛, 簫鼓家家亦賽神. 惟有數間夫子廟, 滿庭秋草寂無人.
4) 《회헌집晦軒集》, 〈유국자제생문諭國子諸生文〉.

라고 하여 노·불의 허무공적의 경지를 버리고 일상적인 윤리로 돌아와 비근한 데에서부터 진리를 구하며, 공부는 주자서를 읽는 데서부터 시작해야 한다는 뜻을 훈시하였다. 이를 통하여 안향에 의한 초기 주자학 도입의 상황을 엿볼 수 있다.

뿐만 아니라 안향은 박사 김문정金文鼎을 중국 강남江南에 보내어 공자와 칠십제자의 화상畵像을 모사하고, 아울러 제기·악기 및 육경과 제자서諸子書를 구입하여 오도록 하였다.[5)]

이로부터 주자학은 차차 백이정白頤正(호 이재彝齋, 1260~1340), 우탁禹倬(호 역동易東, 1263~1342), 정몽주(호 포은圃隱, 1337~1392) 등에 의해 계승 전개되고, 다시 정도전(호 삼봉三峯, 1337?~1398), 권근(양촌陽村, 1352~1409), 길재吉再(호 야은冶隱, 1353~1419)로 연결되어 이론적으로 깊이 있게 이해되기 시작하였다. 안향의 문인으로서 수학한 사람 중에는 당대의 큰 학자가 많았으나 백이정, 우탁, 권보權溥(호 국재菊齋, 1262~1346) 등이 저명하였다.

백이정은 성균관 대사성을 지낸 백문절白文節의 아들이다. 이제현李齊賢(호 익재益齋; 실재實齋; 역옹櫟翁, 1287~1367)의 《역옹패설櫟翁稗說》에 의하면 충선왕을 따라 원나라에 들어가 10년간 유학하고, 정주程朱의 성리서性理書를 많이 갖고 왔다고 한다.[6)] 안향이 주자학의 소개자요 숭배자라면, 백이정은 주자학을 배워 가지고 온 최초의 주자학자라고 할 수 있다. 그의 문인에는 이제현과 박충좌朴

---

5) 《고려사》, 〈열전〉, 안향전.

6) 《역옹패설櫟翁稗說》, 전집前集(二).

忠佐(호 치암恥庵, 1287~1349)가 있다.

우탁은 성균관 좨주를 지냈고, 이천역伊川易(송宋 정이천程伊川의 《역전易傳》)을 연구하였다. 뒤에 퇴계는 우탁을 기리기 위해 안동에 역동서원易東書院의 창건을 주창하였다. 권보는 첨의정승僉議政丞을 지냈는데, 주자의 사서집주四書集注를 판각하여 보급하였다. 충혜왕 5년(1344) 과거법을 개정하여 초장初場에서 육경의六經義와 사서의四書疑를 시험하도록 하였다.

이제현은 권보의 사위이며, 백이정의 문인이다. 경학과 문장으로 일세의 거벽이었다. 오경 중심의 경학과 성리학의 병진을 바람직하게 생각하여 유학의 본령인 수기치인修己治人에 충실하고자 개인의 수양과 경세적 실용을 동시에 중시하였다. 즉 도덕적인 실천학과 경세치용의 실용학의 병진이었다. 이는 당시 원나라에서 성행하던 실천적인 주자학풍의 영향이라고 할 수 있다. 그러나 정치개혁은 개량적 입장이었으며, 불교비판도 역시 소극적이었다. 그의 이러한 학술과 정치사상은 문인인 이색(호 목은牧隱, 1328~1396)에게 계승되었다.

3. 불교와 유교의 갈등과 교섭

주자학이 전래되어 강론되자 당시 유학자들 사이에서는 유교의 입장에서 불교를 비판하는 소리가 점점 커졌고, 이러한 갈등과 반목이 커짐에 따라 적극적으로 벽불론闢佛論이 주창되었다. 당시 벽불론은 두 파로 구분할 수 있는데, 한 파는 당시 불교 교단의 폐해와 승려의 타락을 공격하기는 하나 불교 자체는 긍정적으로 이해하려는 경향이었고, 다른 한 파는 불교 교리 자체를 부정하여 불교 교리는 윤리를 해치고 사회 국가의 기강을 무너뜨린다고 본 경향이었다. 전자는 대개 최해崔瀣(호 졸옹拙翁, 1287~1340), 이제현, 이곡李穀(호 가정稼亭, 1298~1351), 이색 등이었고, 후자는 이인복李仁復(1308~1374; 백이정의 제자), 백문보白文寶(?~1374), 정몽주, 정도전 등이었다. 특히 정도전에 와서는 독립된 저술로써 논리적으로 벽불 이론을 폈다.

앞에서 언급한 안향은 주자학의 입장에서 불교와 유교를 비교하였는데, 그는 윤리적 측면에서 불교의 폐해를 이렇게 지적하였다. 즉 앞에서 인용한 바와 같이 유교는 현실생활에서 윤리를 실천하나 불교는 부모를 버리고 집을 나가서 윤리를 파괴하니 오랑캐(이적夷狄)의 무리라고 하였다.[7]

최해는 "세상에서 불교를 너무 지나치게 받들어 가는 곳마다 탑과 절이 서로 바라다 보이고, 그 무리는 모두 권세에 의지하고 금력을 휘둘러 사대부를 노예와 같이 보며 민중에게 해독을 끼치니 우리 유교에서 취하지 않는다."[8]라고 하여 그 폐단을 지적하면서도 "대저 불교는 선을 좋아하고 불선을 미워하는 것으로 그 명심견성明心見性의 설에서 본다면 우리 유학과 비슷한 것이다."[9]

---

7) 동상.
8) 《고려사高麗史》, 〈열전列傳〉, 최해전崔瀣傳.

라고 하여 당시 지식인이 불교를 좋아하는 것에도 이유가 있다고 하였다.[10]

이제현은 당시 불교의 폐해에 대하여 "내가 보기에는 근세의 불교계는 반드시 권문호족에 의지하여 백성과 나라에 해를 끼친다."[11]라고 하면서도 불교 자체에 대하여는 "불씨(불교)의 도는 자비와 희사喜捨로 근본을 삼으니 자비는 인仁의 일이요, 희사는 의義의 일이다."[12]라고 하여 불교의 일면을 인정하였다. 그리고 이곡도 "성인의 호생지덕好生之德과 불교의 불살지계不殺之戒가 동일한 인애仁愛요 동일한 자비慈悲다."[13]라고 하였다.

이색은 수년간 원나라에 유학하였고, 당시 정계와 학계에서 정몽주와 더불어 추앙받던 인물이었다. 충목왕 4년 원나라에 가서 국자감 생원으로 성리학을 연구하였고, 중국의 학자와 교류도 하였으며, 원나라의 과거에 급제

이색李穡

9) 동상.
10) 동상.
11) 《익재집益齋集》 권6, 〈중수개국율사기重修開國律寺記〉.
12) 동서, 권5, 〈금서밀교대장서金書密敎大藏序〉.
13) 《가정집稼亭集》 권6, 〈금강산장안사중흥비金剛山長安寺重興碑〉.

하여 여러 벼슬을 지내기도 하였다. 공민왕 때 전제의 개혁, 왜구 방비대책, 유학의 장려와 교육의 진흥정책, 불교의 억제 및 정화 등 시정을 건의하기도 했다. 또 《주자가례》에 따라 3년상을 행하도록 건의하기도 하였다.

공민왕 16년(1367) 나라에서 성균관을 보수하고 그를 대사성으로 임명하자, 성균관의 학칙을 새로 제정하고 경술經術에 능한 김구용金九容(호 척약재惕若齋, 1334~1384), 박의중朴宜中(호 정재貞齋, 공민왕 때 급제), 박상충朴尙衷(자 성부誠夫, 1332~1375), 정몽주, 이숭인李崇仁(호 도은陶隱, 1349~1392) 등에게 교관을 겸하게 하여 성리학의 보급과 국학의 진흥에 공헌했다.

그의 저서를 살펴보면 그는 성리학에 대한 조예도 있었던 것을 알 수 있는데, 그는 성리학의 연원에 대해 "공맹의 학을 강명하여 이씨二氏(노자·석가)를 배척하고 만세를 가르쳐 인도한 것은 주周·정程(주렴계와 이정二程)의 공이다. 송나라 사직이 없어지고 그 설이 북방으로 흘러 들어가자 노재魯齋 허 선생(허형許衡)이 그 학문을 가지고 원 세조를 도와 중통中統·지원至元 시대의 정치가 모두 이에서 나왔으니, 아! 거룩하도다."[14]라고 하였다.

또 "증자曾子와 자사子思는 다행히 저술하여 오늘에 이르렀는데, 염락濂洛(주렴계와 이정二程)의 학설이 행해진 뒤에야 학자들이 그 글을 읽고 마치 중니仲尼(공자)의 천지에 노는 것과 같고, 중니의 일월을 보는 것과 같았다."[15]라고 하였다. 또 성리학의 강령인 '성

14) 《목은문고牧隱文藁》 권9, 〈선수집서選粹集序〉.

즉리性卽理'에 대해서는 “사람이 하늘로부터 얻어서 온갖 이치를 갖추고 만사에 응함은 본연의 선善이다. 그러나 기질氣質이 혹 이것을 구속하거나 물욕이 혹 이것을 가려 쉽게 잃게 된다. 이것을 얻음은 하늘에 있고 이것을 잃음은 자기에게 있다. 그러므로 본연의 체體는 없어진 적이 없다.”[16]라고 하였다.

그리고 성리학의 우주론으로서 성리학 이론상 가장 중요한 철학적 내용인 주렴계의 '무극태극無極太極'에 대해서는

> 무극無極의 진眞이란 이름지어 말하기 어렵다. 《시경》에 말하기를 '하늘의 일은 소리도 없고 냄새도 없다'고 하였으니, 이것이 그 무극이 있는 곳인가? 그러므로 주자周子(주렴계)가 〈태극도〉를 그리고, 또 '무극이태극無極而太極'이라 하였으니, 대개 이것은 태극이 하나의 무극임을 말한 것일 뿐이다. 하늘에 있어서는 혼연할 뿐으로 바람을 일으키고 우뢰를 움직이기 전이며, 사람에 있어서는 적연寂然할 뿐으로 일에 응하고 사물에 접하기 전이다. …… 이것을 거울에 비유하면 곱고 더러운 것은 물건에 있을 뿐이요, 거울에는 아무런 자취도 없는 것과 같다.[17]

라고 하여 우주를 논한 주렴계와는 조금 달리 인간의 본성 수양에 대한 이론으로 그것을 이해하고 있다. 그가 '리기理氣'에 대해 언급

15) 동서, 권3, 〈양촌기陽村記〉.
16) 동서, 권10, 〈한씨사자명자설韓氏四子名字說〉.
17) 동서, 권3, 〈양진재기養眞齋記〉.

한 몇 마디 말도 있지만, 대개 초보적인 언급일 뿐이다. 아직 성리학에 대한 전체적이고 체계적인 이해에는 미치지 못하고 있는 것 같다.

그는 불교의 폐해에 대해 "건국 초부터 사찰과 민가가 섞여 있었는데, 중세 이후로 불교가 더욱 번성하여 오교五教·양종兩宗(불교의 분파)이 사리사욕의 소굴이 된 후로는 도처에 사찰이 없는 데가 없다."[18]라고 하고,

> 다만 불교도만이 아니라 그 비루한 데 물든 백성 중에는 놀고먹는 자들이 많다. 부처는 대성인이므로 좋아하고 싫어함이 보통 사람과 같을 것이니 저승에 있는 영혼인들 어찌 그 무리들의 이러한 일을 수치로 여기지 않겠는가. 분명히 금법을 정하여 이미 중이 된 자에게는 도첩度牒을 주고, 도첩이 없는 자는 군대에 보내고, 새로 지은 사찰은 모두 철거해야 한다. 부처는 지극히 성스럽고 공정한 존재이므로 잘 봉양한다고 하여 기뻐하지 않으며 박하게 대접한다 하여 노하지도 않을 것이다.[19]

라고 하였다. 그러나 이색은 승려들의 비행과 그에 대한 국가 시책에 대해 논한 것이지 불교 자체를 논박하지는 않았다. 그가 "부처는 대성인이다."라고 한 것이라든가 "부처는 지극히 성스럽고, 지극히 공정하다.〔至聖至公〕"라고 한 말은 훗날 학자들의 비평 대상

---

18) 《고려사高麗史》, 〈열전列傳〉, 이색전李穡傳.
19) 동상.

이 되었다. 그는 〈천보산회암사수조기天寶山檜巖寺修造記〉에서 "나는 본래 불교를 즐기지 않는다."라고 하였으나, 그의 시문집을 보면 승려와 나눈 이야기라든지, 지공指空·나옹懶翁 등 여말 고승의 비명碑銘과 그 밖의 많은 사원기寺院記가 보인다. 그는 분명 불교신자였다. 그러므로 불교의 교리를 지키기 위하여 주육酒肉을 멀리하였으며, 우왕 7년(1381)에는 돌아간 아버지(이곡)의 뜻을 이어받아 조부와 부모의 명복을 빌기 위하여 대장경을 만들기도 하였다.

그럼에도 불구하고 그는 성리학에 대체적인 안목을 갖고 있었으며, 한편으로는 유교의 입장에서 불교를 이해하려 하기도 하였다. 즉 그는 유교의 경敬과 불교의 적寂을 결부시켜 말하기를 "태극은 적寂의 근본이다. 일동일정一動一靜하여 만물이 화육化育된다. ……《대학》의 강령은 정정靜定에 있는 것이니 적寂을 말한 것이 아니겠는가. 《중용》의 가장 중요한 점은 계구戒懼에 있으니 적을 말함이 아니겠는가? 계구는 경敬이요 정정도 역시 경이다. 경이란 주일무적主一無適일 뿐이다. …… 스님의 적이란 것도 역시 보리菩提·함식含識의 근원인가? 그 몸은 마른 나무 같이 하고 마음은 차가운 재 같이 되어서 적막에 고착되어 버리면 우리 유자들이 새·짐승과 더불어 무리가 되는 것과 무엇이 다른가? 그런 적이란 우리 유자들이 끊어야 할 것이요, 석가의 죄인인 것이다."[20] 라고 하였다. 성리학의 정곡을 찌른 것은 아니나 당시 불교를 빌려 대략 견줌으로써 성리학을 친밀하게 느끼도록 만들고 있다.

---

20) 동상.

이밖에 그는 유·불의 근원은 다르지 않으며, 불가의 견성見性과 유가의 양성養性이 서로 같은 것이라고 하며 유·불 절충적인 입장을 취하였다. 그는 내면적으로는 불교에 호감을 가지고 있었으므로 이렇게 말하였다.

> 석씨(불교)의 가르침은 중국 바깥〔域外〕의 교敎이다. 그러나 중국〔域中〕의 교를 누르고 독존한 것은 무엇 때문인가? 그것은 중국 사람이 그렇게 만든 것이다. 그 화복인과禍福因果의 설이 이미 사람의 마음을 감동하게 하는 것이 있는데, 석씨를 따르는 자는 다 평상적인 것을 미워하고 속된 것을 싫어하며 명교名敎(유교)의 구속에 따르기를 즐기지 않는 호걸의 인재이다. 석씨가 호걸의 인재를 얻음이 이와 같으니, 그 도가 세상에서 존경을 받는 것은 괴이한 일이 아니다. 이런 까닭에 나는 불교를 거부하지 않는다. 혹 그것을 좋아하기도 하는데, 거기에서 취할 바가 있기 때문이다.[21]

그의 이러한 태도는 역시 고려와 조선의 교체기라는 과도기에서 비롯된 것이라고 할 수 있다.

그는 유·불에 대한 타협적인 태도와 같이 당시 전제 개혁 등 정치적 혁신에 있어서도 중소지주계층과 보조를 같이 하여 그들의 이해를 대변하는 개혁파에 속하였으나, 급진적인 개혁을 주장하기보다는 온건한 개량을 주장하였다.

---

21) 동서, 권1, 〈인각사무무당기麟角寺無無堂記〉.

그의 문인은 매우 많았는데, 그중에서도 박상충·정도전·권근·하륜(호 호정浩亭, 1347~1416)·이숭인(1347~1392)·길재(정도전과 권근의 문인이기도 함) 등은 여말선초의 큰 학자로서 활약하였다.

정몽주는 고려 말 학계나 정계에 있어서 매우 중요한 지위에 있었지만, 특히 조선조 유학의 전통에 있어서도 의미 있는 위치를 차지하고 있다. 그는 우리나라에서 성리학에 정통했던 최초의 학자로서 학문이 깊었을 뿐만 아니라 대정치가로서의 자질도 갖춘 인물이었다. 중국과 일본에 여러 번 사신으로 다녀와 견문도 넓었다.

정몽주鄭夢周

그는 당시 성균관 교수 중에서도 제일의 주자학자로 이름이 나 있었다. 그의 전기에는 다음과 같은 기록이 보인다.

> 정몽주가 성균관 박사가 되었을 때, 동방에 전래한 경서는 주자집주朱子集註뿐이었다. 정몽주의 강설이 분명하고 다른 사람의 의견보다 매우 뛰어나 듣는 사람들이 모두 의심하였는데, 나중에 호병문胡炳文의 《사서통四書通》이 들어오자 그것과 부합되지

> 않는 바가 없어 선비들이 더욱 탄복하였다.[22]

이 기록은 당시 주자의 사서집주四書集註를 강론할 때 정몽주가 주자학에 대해 가장 이해가 깊었음을 말하고 있다. 이색은 "정몽주의 이론은 무엇을 논하건 이치에 맞지 않는 것이 없어 동방리학東方理學의 조祖로 높인다."[23]라고 극찬하였다.

정몽주가 일찍부터 사서를 읽은 것을 알 수 있는 자료가 있다. 정도전의 〈포은주사고서圃隱奏使稿序〉에 "하루는 여강驪江 민자복閔子復을 만났더니, 그가 나에게 말하기를 '내 정선생(정몽주 - 필자주)을 뵈었더니 선생은 사장詞章은 말예末藝이고 이른바 신심身心의 학문이 있으니 그 학설이 《대학大學》·《중용中庸》 두 책에 있다 하여 지금 나는 이순경李順卿과 함께 두 책을 가지고 삼각산三角山 승방僧房에 가서 공부하고 있다.'라고 하였다. 이에 나는 곧 두 책을 구하여 읽었는데, 얻은 것은 없었으나 매우 기뻤다. ……"[24]라고 하였다. 이를 보면 정몽주가 일찍부터 사서에 관심을 가진 것을 알 수 있다. 이어서 정도전은 또 말하기를

> 목은 선생이 성균관을 이끌면서 성리학을 주창하고, 경박한 습속을 내침에 선생을 발탁하여 학관學官(교수)을 삼아 경학을 강론케 하니, 선생은 《대학》의 요점과 《중용》의 속뜻에 있어서

22) 《고려사》, 〈열전〉, 정몽주전鄭夢周傳.
23) 동상.
24) 《포은집圃隱集》 권3, 〈포은주사고서圃隱奏使稿序〉.

> 명도明道(程顥)가 전한 도의 의미를 얻었고, 《논어》, 《맹자》의 핵심인 마음을 수양하는 법과 실천을 확충하는 법을 얻었으며, 《역易》에 있어서 선천先天, 후천後天이 서로 체용體用이 됨을 알고, 《서書》에 있어서 정일집중精一執中이 제왕의 전수심법임을 알았으며, 《시詩》는 민이물칙民彝物則을, 《춘추春秋》는 도의道義와 공리功利를 분변하는 것임을 알았다.[25]

라고 하여 정몽주가 사서뿐만 아니라 여러 경전에도 조예가 깊었음을 말해주고 있다.

또 그의 문집에는 《역》을 읽은 감회의 시詩가 몇 편 실려 있는데, 특히 그는 《역》에 조예가 깊었음을 알 수 있다.[26] 그의 시 중에 '간괘艮卦의 육효六爻를 자세히 궁구하면 《화엄경華嚴經》을 읽는 것보다 낫다는 것을 알 것이네'[27]라고 읊은 구절은 그가 은연중 유교와 불교를 비교하고 있었음을 알 수 있다. 또 '원조권자圓照圈子'라는 시에서는 "'하늘이 둥글고 광대무변하며 거울이 비치는 것같이 미묘함을 통달하였다.'라는 구절은 불교의 도와 마음을 말한 것인데, 우리 유가에서도 이치에 가까운 것으로 인정한다. 그러나

---

25) 동상.

26) 이색이 정몽주를 추억한 시에 의하면, '늘그막에 역易을 배워 이천伊川을 사모하네.'라고 하였다. 또 《사서통四書通》을 쓴 호병문도 《주역본의통석周易本義通釋》(12권)을 지었는데, 정몽주도 그 영향을 받았는지도 알 수 없다.

27) 동서, 권2, 〈독역기자안대임양선생유감세도고운기일, 기이讀易寄子安大臨兩先生有感世道故云其一, 其二〉.

그 둥긂〔圓〕이 만사에 응할 수 있으며, 그 비춤이 지극히 정밀하다고 할 수 있는가? 내가 영산靈山에서 황면노자黃面老子(석가)를 만날 기회가 없음을 한탄하노라."[28]라고 하기도 하였다. 여기서 석가를 '황면노자'라고 한 것은 불교를 낮추어 말한 것이므로 그는 유·불을 비교하기는 하되 역시 유가의 입장에서 불교를 보고 있음을 알 수 있다.

그는 주자학 내지 성리학의 입장에서 유·불의 다른 점을 밝히고 불교를 이단으로 배척하였다. 그는 대사성으로 있으면서 경연에서 다음과 같이 진언하였다.

> 유학자〔儒者〕의 도는 모두 평범한 일상에서 벗어나지 않습니다. 예를 들어 음식과 남녀 애정 같은 것은 모든 사람들에게 같은 것이며, 거기에 지극한 이치가 있습니다. 요·순임금의 도도 또한 이를 벗어나는 것이 아니니, 동정어묵動靜語默(일상생활)에 그 바른 것을 얻는 것이 곧 요순의 도요, 처음부터 고원하여 행하기 어려운 것이 아닙니다. 저 불교는 그렇지 않으니, 친척을 버리고 남녀 관계를 끊어버리며, 홀로 바위굴에서 거친 옷과 음식으로 공空을 탐구하며 세상이 적멸寂滅하다는 것만 믿음으로 삼으니, 어찌 일상평범의 도라고 하겠습니까?[29]

그는 더 나아가 불교 배척〔斥佛〕이 유학자의 책임이라고 선언하

---

28) 동서, 권3, 〈원조권자圓照圈子〉.
29) 동서, 속록續錄 권1, 〈경연계사經筵啓辭〉.

기에 이르렀다. 그는 "신臣 등이 알기로는 불씨를 배척하는 것은 유학자의 일상의 일입니다."[30]라고 하고, 또 "삼강오륜에 위배 되는 불교를 반대하는 유자(유학자)를 왕이 만일 죄를 주신다면 그것은 왕 자신이 자신을 훼멸하는 것입니다."[31]라고 극언하였다. 이 말은 공양왕 3년(1391) 성균관 박사博士 김초金貂와 학생 박초朴礎 등이 과격한 척불상소斥佛上疏를 올리므로 왕이 그들을 죄 주려 하자 정몽주가 사면을 요청한 상소에서 한 말이다.

그는 불교의 폐단을 몸소 경험했으므로 불교의 개혁을 절감, 성리학 이론에 입각하여 불교를 이단으로 규정, 배척하는 데 앞장섰다. 그러므로 정도전은 정몽주가 불교책을 읽는 것은 불교를 이단으로 배척하기 위해서였다고 하였다. 정도전은 "요즈음 오가는 말을 들으니 '달가達可(정몽주 - 필자)가 《능엄경》을 읽어 부처에게 아첨하는 것 같다.'고 합니다. 그래서 나는 '달가가 《능엄경》을 보지 않으면 어찌 불교 학설의 그릇됨을 알 것인가? 달가가 《능엄경》을 보는 것은 그 속의 병통을 알아 약으로 쓰려는 것이지 그 도를 좋아하여 정진하려는 것이 아니다.'라고 했습니다."[32]라고 하였다.

이로부터 벽불(척불)은 공공연히 행해졌고, 주자학이 불교를 대신하여 모든 면에서 혁신을 주도하게 되었다. 정몽주의 이러한 공로는 유교의 입장에서는 획기적인 것이었다. 정몽주의 벽불은 이

---

30) 《고려사》, 〈세가世家〉, 공양왕恭讓王 3년조, 정몽주鄭夢周의 〈청사금초훼불죄소請赦金貂毁佛罪疏〉의 일단一段.

31) 동상.

32) 《삼봉집三峯集》 권3, 〈상정달가서上鄭達可書〉.

제현·이색보다 한 걸음 더 나아가 이들과 정도전의 중간 위치에 있었다고 할 수 있다.

당시 사대부의 장례는 공식적으로 유교의 오복제五服制에 의거하도록 되어 있었으나, 실상은 백일탈상을 행하였다. 정몽주는 양친의 상을 당하여 3년상을 다 지내었다. 또 공양왕 2년(1390)에는 왕에게 선비와 일반백성庶人으로 하여금 모두 《주자가례朱子家禮》에 의하여 가묘家廟를 세우고 조상의 제사를 지내게 하도록 청하였다. 정몽주는 불교에 대한 비판을 통하여 성리학의 근본이념이 학계나 정계로부터 민간의 풍속이나 신앙·복제에 이르기까지 영향을 미치도록 하였다. 이는 그의 정치적 역량이나 당시의 지위가 아니면 해낼 수 없는 일이었다.

이숭인李崇仁(호 도은道隱)은 이색의 문인으로 '삼은三隱'의 한 사람이다. 그는 이제현－이색으로 이어지는 문학유文學儒라 할 수 있다. 그는 시문에 뛰어나 이색 이후로 제일의 문장가로 꼽혔다. 권근은 그의 문장과 학문에 대해 "성산星山의 도은 이선생은 고려 말엽에 태어났는데, 타고난 자질이 영특하고 학문이 정밀박대하였다. 염락濂洛(염계와 이정二程 형제)의 성리설을 바탕으로 하여 경사자집經史子集과 제자백가의 글을 꿰뚫지 않은 것이 없어서, 나아간 바가 이미 깊고 식견이 더욱 높아 뚜렷이 정대正大한 경지에 서게 되었으며, 불교와 노장의 학설까지도 그 시비를 연구하지 않은 것이 없었다."33)라고 하였다. 그러나 그는 불승들과 교유가 많았고,

33) 권근權近, 〈도은선생시집서陶隱先生詩集序〉.

불교비판에 대해서도 비교적 온건한 입장을 취하였다.

그의 성리학에 대한 식견을 몇 가지 들어보면 다음과 같다. 그는 소학小學 과정 공부를 중시하였다. 즉 "옛날에는 소학 과정과 대학 과정이 있었다. 8세부터 15세까지 쇄소응대灑掃應對하는 소학 공부를 하게 한 다음 격치성정格致誠正, 수제치평修齊治平의 대학 공부로 나아가게 한 까닭에 단계가 분명하였다."[34] 하여 주자의 소학·대학의 구분론을 원용하고 있다. 또 맹자의 호연지기浩然之氣를 설명하며 "무릇 대화大化(우주 변화)가 유행함에 음양·오행의 정精(에센스)이 응결하여 사람이 생겨난다. 생기게 하는 것은 곧 천지의 기氣이다. …… 그 기의 체는 호연할 뿐이다. 다만 잘 기르는 데 있을 뿐이다. 기르는 것이 그 도를 얻게 되면 나의 기는 곧 천지의 기일 뿐이다."[35]라고 하여 성리학에 대한 초보적인 이해를 보이고 있다.

그도 역시 다른 여말의 성리학자들처럼 《역》에 대해 관심이 많았다. 그는 '복괘復卦'를 주목하여 천지자연과 성인과 보통 사람의 세 가지의 '복復(되돌아옴)'이 있다고 하여 '천인합일天人合一'로 설명하였다. 즉 자연에서는 만물이 싹터 나옴이 복이요, 성인은 사물에 접촉하지 않을 때의 마음으로 돌아가는 것이 복이요, 보통 사람은 물욕을 털어내고 본성을 회복하는 것이 복이라고 하였다.[36]

그 역시 이미 알고 있는 불교적인 식견과 승려들과의 교유를 유

---

34) 《도은집陶隱集》 권4, 〈증박생시서贈朴生詩序〉.
35) 동상.
36) 동서, 〈복재기復齋記〉.

지하는 상황에서 새로운 학설인 성리학을 초보적인 수준에서 수용하고 있었다.

4. 조선 초기 정도전의 벽불론

조선조가 건국되면서 치국이념을 유교, 곧 주자학으로 하자 불교에 대한 배척은 사상적으로뿐만 아니라 정치적으로도 강하게 나타났다. 송대 성리학자의 벽불론을 참고하여 이론을 세워 불교를 강하게 비판한 것은 정도전이 처음이었다.

정도전은 조선 초기 문화 전반에 걸쳐 기초를 세운 인물로서 조선 개국 이후에 심혈을 기울여 지은 벽불闢佛(척불斥佛)의 저술은 유교입국의 이념에서 나온 것임은 주지의 사실이다.

그의 벽불의 저술은 〈심기리편心氣理編〉 및 〈심문心問〉, 〈천답天答〉 2편과 그리고 〈불씨잡변佛氏雜辨〉이 있다. 〈심기리편〉은 〈심난기心難氣〉, 〈기난심氣難心〉, 〈리유심기理諭心氣〉 3편으로 되어 있다. 심心은 불교, 기氣는 도교, 리理는 유교를 상징하는데, 〈심난기〉편은 주로 불교 수심修心의 입장에서 도교의 양기養氣(기 수련)를 비난한 것이고, 〈기난심〉편은 이와 반대로 도교의 양기의 법으로 불교를 비난한 것이다. 마지막 〈리유심기〉편은 유교의 의리義理(윤리)로써 도·불 두 교리를 '깨우친'(유교의 입장에서) 것이다. 요지는 불교는 오직 마음만 닦고 도교는 오직 기만 기르는 데 주력할 뿐, 유교처럼 인간의 도리, 즉 윤리도덕을 모른다고 비난한 것이다.

〈심문〉, 〈천답〉 2편은 전자는 하늘의 불공평을 질의한 것이고, 후자는 이에 대하여 천지의 재앙과 상서祥瑞는 모두 인간사의 득실에서 일어난 것이라고 답한 것, 즉 하늘과 사람 사이의 선악보응善惡報應의 지속遲速에 관하여 설명한 것이다.

〈불씨잡변〉은 만년의 대작으로 송나라 성리학자가 불교를 배척한 글〔排佛文字〕을 많이 참고하여 이를 체계적으로 정리한 것인데, 고려 말 벽불론의 집대성이라고 할 만한 것이다. 〈불씨윤회지변佛氏輪廻之辨〉 등 총 19편의 논변으로 되어 있는데, 모두 유교, 즉 성리학의 여러 이론으로써 비판하였다. 〈불씨윤회지변〉과 〈불씨인과지변佛氏因果之辨〉은 성리학의 기의 우주론에서 불교의 윤회·인과설이 혹세무민하는 설이라고 비판한 것이다. 즉 요지는 우주의 삼라만상이나 인간계의 지우智愚·현불초賢不肖·선악善惡·화복禍福 등의 차이가 있는 것은 오로지 음양오행의 기에 청탁후박淸濁厚薄의 차이가 있기 때문이지 불교의 보응報應과 같은 것이 따로 있어서 그런 것이 아니라는 것이다. 즉

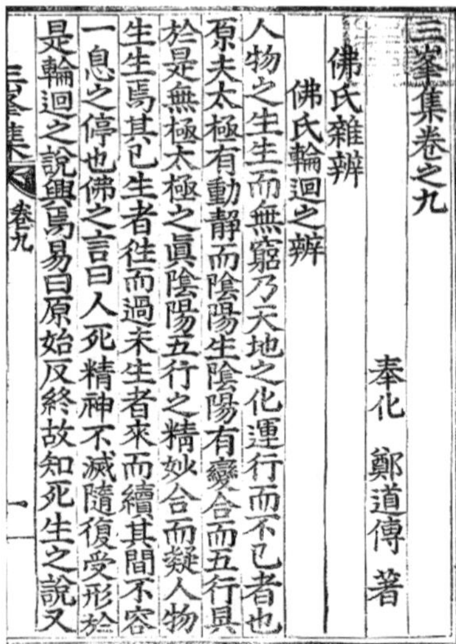
三峯集卷之九
奉化 鄭道傳 著
佛氏雜辨
佛氏輪迴之辨
人物之生生而無窮乃天地之化運行而不已者也
原夫太極有動靜而陰陽生陰陽有變合而五行具
於是無極太極之眞陰陽五行之精妙合而凝人物
生生焉其已生者往而過未生者來而續其間不容
一息之停也佛之言曰人死精神不滅隨復受形於
是輪迴之說興焉易曰原始反終故知死生之說又
三峯集 卷九 一

《삼봉집三峯集》 중 〈불씨잡변佛氏雜辨〉

그는 말하기를

> 부처의 말에 '사람은 죽어도 정신은 없어지지 않으므로 다시 태어남에 따라 형체를 받는다.'라고 하였다. 여기서 불씨의 윤회설이 일어났다. …… 이제 불씨의 윤회설을 살펴보자. '혈기가 있는 모든 것은 스스로 일정한 수량이 있어서 오고 가도 증감이 없다.'고 하는데, 그렇다면 천지가 만물을 창조하는 것이 농부의 일만도 못하다. 혈기의 등속이 인간으로 태어나지 않으면 짐승으로 태어날 것이니, 그 수에 일정함이 있어 이것이 늘어나면 저것은 반드시 줄어드는 식이 될 것이다.[37]

라고 하여 불교에서 말한 대로 정신이 불멸하여 현세와 내세에서 윤회환생한다고 하면 세상에 존재하는 사물의 수가 일정해야 하므로 이는 불합리하다는 것이다. 성리학의 이론에 의하면 인간의 정신도 기로써 이루어져 있으므로 사람이 죽으면 함께 죽고, 새로운 사물이 생겨나는 것은 새로운 기에 의하여 이루어진다는 것이다. 말하자면 기의 끊임없는 변화에 의해서 만물의 '생생불식生生不息'이 가능하다는 것이다.

〈불씨심성지변佛氏心性之辨〉과 〈유석동이지변儒釋同異之辨〉은 유·불의 심성에 대한 견해의 차이를 변론한 것인데, 그 요지는 이런 것이다. 즉 유교의 진심지성盡心知性(마음을 다하여 성을 안다)은 심心에 의거하여 성性(리理)을 궁구한다는 것이므로 당연한 말이나, 불

37) 동서, 권5, 〈불씨윤회지변〉.

교의 소위 관심견성觀心見性은 심이 곧 성이라는 전제 위에서 하나의 심을 가지고 다른 하나의 심을 보는 것이 되므로 모순이 아닐 수 없다는 것이다. 즉 정도전은 말하기를

> 우리 유가의 설에 말하기를 '진심지성'이라 하였는데, 이것은 마음을 근본으로 하여 이치를 궁구하는 것이다. 그런데 불가의 설에서는 '관심견성하니 마음이 곧 성이다.'라고 하였다. 이것은 따로 한 마음을 가지고 다른 한 마음을 보는 것이니 어찌 두 마음이 있다는 말인가.[38]

라고 하였다. 이는 불교에서 심을, 인연에 따라 변하지 않는 것, 즉 형기形氣를 초월한 것으로 여겨, 심을 수양하면 외부 사물(제상諸相)에서 벗어나 본심이 바로 성이라는 경지에 이를 수 있다고 한 데 대하여 비판한 것이다. 이는 성리학의 이론인 심을 기로, 성을 리로 규정하고 있는 학설을 가지고 비판한 것이다.

〈불씨작용시성지변佛氏作用是性之辨〉에서는 성性과 작용(마음의 움직임 등)과의 관계를 문제 삼았다. 불교에서는 행위의 현실에 본성의 진실이 있다고 설파하고 있지만, 이는 유교의 입장에서 본다면, 성을 떠난 심의 묘용이 없다는 것이다. 정도전은 주자의 이른바 '만약 작용을 성이라고 한다면 사람이 칼을 잡고 함부로 휘둘러 사람을 죽이는 것도 성이라고 할 수 있느냐'라는 말을 인용하면서

38) 동서, 〈불씨심성지변〉.

> 리는 형이상이요, 기는 형이하인데, 불가에서는 스스로 매우 묘하다고 하면서 도리어 형이하의 것을 가지고 말하니 가소로울 뿐이다.[39)]

라고 하였다. 성리학에서 성은 리이고 작용은 기이다. 작용은 리에 근거하며 작용 자체가 리는 아니다. 성의 본질을 작용과 동일시하는 것은 윤리적 비약이 아니면 형이상과 형이하를 혼동한 것이다. 그러므로 본체와 현상, 행위(작용)와 준칙(리理=성性)을 엄격히 구분하는 유가의 입장에서는 받아들일 수 없다는 것이다.

또 유교의 '마음이 모든 이치를 갖추고 있다〔心具衆理〕'와 불교의 '마음이 만법을 낳는다〔心生萬法〕', 그리고 유교의 '온갖 변화에 대응한다〔酬酌萬變〕'와 불교의 '일체에 따른다〔隨順一切〕' 등은 용어는 비슷하지만 그 내용은 전혀 다르다고 하였다. 그리고 〈불씨매어도기지변佛氏昧於道器之辨〉과 〈불씨진가지변佛氏眞假之辨〉도 역시 유·불 양교의 본체관과 우주관의 차이점을 성리학의 입장에서 논변한 것이다.

이러한 정도전의 정치권력까지 수반된 불교 공격에 대해 나중에 석기화釋己和(1376~1433)가 《현정론顯正論》을 지어 유·불의 조화라는 기조 아래 불교의 교리에 대하여 변명하였을 뿐 당시 불교인은 침묵만 지켰다.

정도전의 불교에 대한 비판은 성리학자들의 벽불론에 근거한

---

39) 동서, 〈불씨작용시성지변〉.

것이고, 그들의 벽불론은 또 어디까지나 성리학 내지 유교의 입장에서 이루어진 것이므로 오늘날 물론 재고의 여지가 많지만, 선초 유교입국儒敎立國의 이념을 세우기 위한 정도전의 벽불론이 조선조 유학사에서 획기적인 위치를 점하고 있는 것만은 틀림없다.

5. 역성혁명易姓革命과 의리강상義理綱常

여말 유학자들이 주자학을 수용하고 그것을 배경으로 불교를 배척하고 주자학으로써 새로운 시대 이념으로 삼으려 한 점은 모두 같지만, 시대를 파악하고 역사적 결단을 내리는 점에 있어서는 서로 다른 입장을 취하였다. 여말선초의 큰 시대 변혁에 있어 그들이 취한 역사의식은 대립적이었다. 즉 당시 고려 사회는 더 이상 유지가 불가능하다고 생각했던 신세력과 고려 왕조를 부정하지 않고 계승하면서 중흥하려는 보수파로 대립되었다.

이는 달리 말하면 보수와 혁신이라는 역사관의 차이인데, 유교 역사의식의 전통에 이 두 요소가 다 있기 때문에 우리는 여기에 대해 일고할 필요가 있다. 더욱이 조선조 유학의 전통이 정몽주의 충절을 높이 평가하고 정도전의 개국 참여를 변절로 보는 의리강상론義理綱常論이 주류로 내려왔기 때문에, 한국 유학 내지 주자학의 성격 이해를 위해서도 고찰할 필요가 있다.

유교의 가르침을 보편적으로 말하면 윤리라고 하지만, 불변적 진리라는 의미로, 또 생사를 초월하는 진리로 말할 때는 '의리강상

義理綱常'이라고 말하고, 그것을 역사적 결단으로 말할 때는 '춘추대의春秋大義'라고 말한다. 유교가 종교는 아니지만 인간세상을 도덕적으로 승화시킨다는 목적을 갖고 있으므로 위와 같은 의리정신과 역사적 사명감을 갖지 않을 수 없는 것이다. 정몽주가 고려조를 위하여 충절을 지킨 것은 바로 이러한 정신의 실현이라고 할 수 있다. 여기에서 우리는 소위 조선조 선비 정신의 모태를 볼 수 있다. 김안국金安國(호 모재慕齋, 1478~1543)은 "우리나라 도학의 연원이다.〔吾東道學此淵源〕"[40]라고 했고, 이퇴계李退溪는 "학문과 절의의 으뜸이다.〔淵源節義兩堪宗〕"[41]라고 했는데, 물론 칭찬의 말이긴 하지만, 정몽주의 의리강상을 위한 죽음을 기린 것이라고 할 수 있다. 이 때문에 정몽주는 조선조 유학 사상사의 정맥이 된 것이다.

그의 사상을 계승하고 고려조에 충성을 다하며 조선조 개국 후 산림에 묻혀 지조를 지켜 온 이로 길재吉再가 있다. 그의 문하에서 김숙자金叔滋(호 강호江湖, 1389~1456)·김종직金宗直(호 점필재佔畢齋, 1431~1492) 부자가 나왔고, 다시 김종직 문하에서 김굉필金宏弼(호 한훤당寒暄堂, 1454~1504)이, 다시 그의 문하에서 조광조趙光祖가 나왔다. 이와 같이 정몽주는 조선 초 사림파士林派의 연원이 되고, 의리강상의 선비 정신은 조선조 선비의 정신적 맥이 되었다.

한편 정도전은 개혁과 혁명의 중심인물로서 시대 변혁에 앞장

---

40) 《포은집》 권3, 〈찬술讚述〉.
41) 동상.

섰다. 그는 박학다식하고 경국제세經國濟世의 재능을 겸비하였는데, 고려를 배반한 변절자라는 후세의 냉대 때문에 역사적으로 제대로 된 평가를 받지 못하였다. 그러나 그의 학문과 경륜은 그의 문하 권근에게 전승되고 조선 초기 훈구파 정치인에게 많은 영향을 주었다. 권근은 정도전에 대해 "성리학을 밝히고, 경세經世를 충실히 했다. 이단을 내침으로써 유교의 정도를 밝히고, 대의를 세우고, 건국의 대업을 도왔다. 문장은 영원히 빛날 것이며, 교화는 무궁토록 영향력을 잃지 않을 것이다. 참으로 나라의 중신이요 후학의 스승이로다."[42]라고 찬술하였다. 정도전의 경우는 여말의 현실적 상황을 고려하여 '혁명'하는 것이 옳다고 보았기 때문에 조선조 개국에 적극 참여한 것이다.

유교 사상에서 정몽주와 같이 의리강상을 주장하는 입장에서는 불변적 도덕의식과 춘추의리를 강조하고, 또 역사적 인물로는 백이伯夷·숙제叔齊를 높이며, 정도전과 같이 혁명을 주장하는 입장에서는 변화하는 상황과 현실을 강조하여 《역》의 변화론을 중시하고 또 역사적 인물로는 무왕武王을 높이 평가한다. 어느 쪽을 선택할 것이냐 하는 것은 '시중時中의 도'로 매우 어려운 문제이나, 주자학의 이념 속에서는 역시 윤리적 역사관에 따라 의리강상의 문제가 우위를 점하고 있는 것만은 틀림없다. 그러므로 정몽주의 의리사상이 조선조 주자학 사회에서 높이 칭송되는 것도 무리가 아니며, 이것을 단순히 조선조 정치권에서 충절을 장려하여 왕조에

42) 《양촌집陽村集》 권23, 〈삼봉선생진찬三峰先生眞贊〉.

대한 반감이 일어나지 않게 하기 위하여 정치적으로 장려했다고만 볼 수는 없을 것이다.

6. 조선 초기 성리학의 여러 모습

1) 권근과 유숭조의 심성론

일반적으로 조선조 성리학의 특징은 사단칠정리기론四端七情理氣論(사칠론四七論이라 약칭한다)을 주제로 삼은 데 있다고 한다. 그것은 다시 말하면 인간학 내지 윤리적인 문제에 관심을 많이 두었다는 말이다.

그런데 이미 중국에서는 명초에 그러한 경향이 나타났다. 송대 주자학에서 명대 중기 양명학으로 도덕주체 확립과 도덕적 실천이 심화·발전해가는 가운데 사상의 한 흐름으로 명초에 이러한 '주자학 실천주의'가 나타났던 것이다.[43] 송대의 리기론·우주론이 불교와의 대항에서 나타났던 것이고, 명대에는 이미 그런 시대적 요청이 소멸되었으며, 더욱이 주자학에의 충실한 실천은 주자학이 도덕실천·자기응시로 철저화되지 않을 수 없었던 것이다.

거기에 조선과 명明나라의 동시대성을 고려할 때 명대의 이러한 주자학의 도덕적 실천주의로의 전개는 당연히 조선조 주자학에도 영향을 미쳐 그러한 경향으로 가지 않을 수 없게 만들었고, 그것

43) 이동희, 〈명초明初 주자학朱子學과 조선 전기의 주자학〉, 《동서문화》 제20집, 계명대 동서문화연구소, 1988 참조.

이 사칠론과 같은 도덕론으로 표출된 것이 아닌가 한다. 그러므로 조선조 성리학에서 초기의 토착화 단계, 계몽의 단계에서부터 이 사칠론의 심성心性(마음) 문제를 다루었다는 데 일단 유의해야 한다. 이것을 선하로 하여 그 다음 시대인 조선 중기 퇴계 시대에 와서는 '사칠논쟁'이 벌어지게 된 것으로 우리는 그 연계성을 생각해볼 수 있기 때문이다.

조선 초의 주자학은 절의節義를 숭상하는 반왕조적인 사림파와 현실적인 왕조 권력과 결합된 관학파(훈구파)의 분화에서 출발, 관학파의 경세적인 주자학과 사림파의 도덕수양적 도학道學의 대립 양상으로 전개되었다.

세종조 성균관과 집현전을 통하여 재야의 어진 선비들이 대거 등용됨으로써 조선 초 주자학의 대립상은 일단 해소되었다. 그것은 《성리대전性理大全》의 전래와 간행[44]으로 주자학의 이론적 심화와 체계화가 진행되었기 때문이다. 이때 주자학 이념이 국가 이데올로기로 정착되었다.

그러나 세조정난과 연산조 이후의 사화로 주자학적 대립상은 다시 원상태로 돌아갔다. 그리하여 왕조의 정통론을 존중하고 절의를 숭상하는 주자학의 전통은 더욱 존중되어 사림파와 훈신파의 대립적 기풍은 더욱 조장되었다.

---

44) 명조에서의 간행이 1415년, 무역으로 조선에 들어온 것이 1416년, 국내간행이 1427년이다. 윤남한, 《조선시대의 양명학연구》, 집문당, 1982, p. 11 참조.

성종조 유교적 문치주의나 제도 정비기에 김종직 일파를 등용하여 재화합의 노력을 기울였음에도 불구하고 연산조의 무오, 갑자사화에 김종직 등 영남사림들이 희생되어 노력의 결실을 맺지 못하였다. 또한 조광조가 소위 '지치주의至治主義'를 새로이 추진하였으나, 그 과격성과 조급성으로 다시 기묘사화를 낳아 좌절되고 말았다.

그 후 이어진 기사·정묘 사화로 인하여 기묘사화 후 소생되어 가던 선비들의 사기나 도학의 기풍이 다시 위축되어갔다. 이로 인하여 주자학의 '사물의 이치 탐구(궁리窮理)' 방향은 퇴화되고 대신에 '도덕수양(존양存養)'의 실천적 방향이 더욱 강조되었다. 다시 말하면 '리학적理學的' 주자학은 중종·명종대의 역사적 과정을 거치면서 점차 '도덕실천'을 강조하는 경향으로 바뀌어갔다. 그 주역이 조광조를 정점으로 하는 기묘명현己卯名賢과 그 후속 사림들이었다.

그들이 의거하던 텍스트에 있어서도 중점이 달라졌다. 《소학小學》은 기묘사화 전부터 사림파 사이에서 존중되었고, 기묘사화를 겪으면서 《심경부주心經附註》가 아울러 존중되었다. 조선조 전기의 주자학의 실천주의화는 명대 초기·중기의 주자학의 실천주의화 방향과도 상응되는 것이었다. 명에 있어서 영락제의 정난靖難과 《성리대전》의 편찬, 영락제의 주자학적 사상 통제 이후에 출현한 하동학파河東學派와 숭인학파崇仁學派의 존양수양과 도덕실천을 강조하던 기풍, 그리고 백사학파白沙學派나 요강학파姚江學派의 심학心學 고취는 조선조 선비들에게 무관할 수 없었을 것이다.[45] 이러한 때 정민정程敏政의 《심경부주》가 출현하였고(1492년 간행, 백사학白沙學과 시대가 병행), 이것이 전래되어 김안국에게 존신되고, 이어 퇴계에게는 '심학'의 안내 역할을 하게 된 것으로 보인다.

조선 왕조에 있어서도 세조정난世祖靖難이 있었고, 사화는 일종의 사상적 통제 기능을 한 것이다. 그 결과 사림의 분열이 이루어지고, 그러한 분위기에서 사림의 기풍은 존양 위주의 실천주의를 강조하지 않을 수 없었던 것이다. 김굉필의 《소학》 존신, 퇴계의 《심경부주》 존신과 명초의 학자 설선薛瑄을 명대 제일의 도학자로 보고 칭송하는 것[46] 등은 모두 약간의 시차는 있지만 조선과 명나라 사이의 사상과 문화의 상관성과 동질성을 잘 말해주고 있다고 할 수 있다.[47]

조선조 주자학의 실천주의 중심인물은 사림파인 김굉필과 그의 제자 조광조 및 기묘명현, 그리고 그에 후속하는 김안국 형제들이며, 나아가 그것이 더욱 철저화되어 명종 연간의 퇴계에 와서는 주자학적 '거경심학居敬心學'이 형성되었다고 볼 수 있다. 그러므로 퇴계의 이러한 주자학적 '거경심학'은 주자학과 양명학의 연계성에서 볼 때 마치 명대 초기의 주자학 실천주의 선도를 거쳐 나타난 명대 중기의 왕양명王陽明의 '심학心學'과 같은 사상사적 위치에

45) 하동학파는 설선薛瑄을 대표로 하는 학파, 숭인학파는 오여필吳與弼을 대표로 하는 학파, 백사학파는 진헌장陳獻章을 대표로 하는 학파, 요강학파는 왕양명을 대표로 하는 학파를 말한다.

46) 《퇴계전서退溪全書》, 〈언행록言行錄〉의 이단조異端條.

47) 윤남한, 전게서, pp. 18-23.

있었다고 할 수 있다.[48)]

그러나 이러한 것의 싹은 권근의 《입학도설入學圖說》과 유숭조柳崇祖(호 진일재眞一齋·석헌石軒, 1452~1512)의 저술 속에서 사칠리기론의 심성론으로 이미 나타났다.

권근은 일찍이 관직에 나아가 34세 때 벌써 고려 왕조에서 성균관 대사성을 지냈고 조선 왕조 이후에는 태조 2년(1385)에 다시 대사성에 임명되었다. 그는 문장과 학문에서 한 시대를 대표할 만큼 비중이 컸으며, 특히 조선조 도학의 체계에 중대한 업적을 남겼다. 그의 대표적 저술인 《입학도설》과 《오경천견록五經淺見錄》은 조선왕조 건립 직전에 익주(전북 익산)에서 유배생활을 하던 시기와 유배에서 풀려나 충주 양촌陽村에 돌아와 지내던 시기에 이루어졌다.

《입학도설》은 그가 학생들에게 성리학(도학)의 체계를 간결하게 설명하기 위해 편찬한 입문서로서 40편의 도설圖說로 구성되어 있다. 그중 〈천인심성합일지도天人心性合一之圖〉와 〈천인심성분석도天人心性分釋圖〉가 그의 성리설을 가장 잘 나타낸 대표작이다. 이것은 도설의 비조로서 그 후에 준 영향이 심대하였다.[49)]

이 도설은 송 주돈이(호 염계)의 《태극도설》과 주자의 《중용장

---

48) 주자학의 내면주의內面主義·내성주의內省主義를 철저화하면 양명陽明의 심학心學으로 발전될 수밖에 없다.

49) 조선과 일본에서 5~6차 간행되었고, 권채權採(1399~1438)의 《작성도作聖圖》, 정지운鄭之雲(호 추만秋巒, 1509~1561)의 《천명도설天命圖說》 작성에도 영향을 미쳤다.

구》의 설을 인간 심성면에서 리기와 선악으로 분석한 것인데, 주자학의 본령을 잘 나타내었다. 유교 및 성리학의 천인합일의 기본 관념에 기초하여 천天·인人·심心·성性 4자로써 도설을 만들었다.

심성을 논하면서 '리지원理之源(성性)', '기지원氣之源(심心)'으로 분립하고, 전자에서 '사단지정四端之情(순선무악純善無惡)', 후자에서 '가선가악지칠정可善可惡之七情'을 연역해 내었다. 또 수양법으로 경敬으로써 존양성찰하는 방법을 제시하였다. 이 도설은 후에 정지운鄭之雲의 《천명도설天命圖說》 및 퇴계와 기대승奇大升(호 고봉高峰, 1527~1572)의 사칠논쟁의 원인이 되었다. 이 도설의 핵심은 이 〈천인심성합일지도〉이며, 여기에서 논리적으로 천인합일의 기본 관념을 바탕으로 하였지만, 결국 핵심은 경의 수양법이었다. 뿐만 아니라 사단과 칠정을 리기로 대립시켜 설명한 것은 실제 수양이라는 실천에 있어서의 주자의 '인욕人欲－천리天理'의 논법과 같은 것임을 쉽게 알 수 있다.

유숭조는 연산군에게 간쟁하기도 했으며, 갑자사화 때는 원주로 귀양 가기도 했다가 중종반정 후 경연참찬관 등을 지내면서 중종의 신임을 받았다. 그는 성리학은 물론《역》,《예기》, 천문 등에도 통달하여 혼천의를 만들기도 했으며, 우리나라에서 처음으로 《칠서언해七書諺解》를 지어 경서를 풀이하였다.

그는 《성리연원찰요性理淵源撮要》에서 정향程逈(본문本文에는 정복심程復心이라 했는데 틀린 것 같다)의 리기설을 기재하였는데, 그중에 '리발理發은 사단四端이고 기발氣發은 칠정七情이다.〔理發爲四端, 氣發爲

七情〕'라는 구절이 있다. 또 '감통感通의 정情에 있어서 사단이라는 것은 리의 발發이고 칠정이라는 것은 기의 발이다.〔感通之爲情 則四端者理之發 七情者氣之發〕'라는 구절이 있다. 정지운과 퇴계 이전의 '사칠리기분대四七理氣分對'의 견해로서 주목되는 구절이다.

또 유승조는 《대학잠大學箴》의 명명덕잠明明德箴 중에서 "정情이 성性에서 움직이면 순수하게 선하고 잡되지 않다. 의意가 심心에서 발현하면 선과 악, 두 갈래 길이다. 리가 움직여 기가 거기에 끼이면 이는 사단의 정이고, 기가 움직여 리가 거기에 따르면 이는 칠정의 싹이다.〔情動於性 純善無雜 意發於心 幾善與惡 理動氣挾 四端之情 氣動理隨 七情之萌〕"라고 하였다. 이것은 권근의 《입학도설》 속의 〈천인심성합일지도〉의 내용과 같은데, 역시 '사칠리기분대'의 설(사-칠을 각각 리-기로 나눔)이다.

이와 같은 설은 모두 그가 인용한 중국 학자의 말이지만, 그가 성리학의 요점으로서 사칠리기분대설을 든 것은 주목해 둘 필요가 있다. 그러나 권근이나 유승조의 경우 아직까지 존양 위주의 뚜렷한 학풍의 특색이나 개인적인 취향을 나타낸 것은 아니었다. 모두 성리학의 계몽서로서 저술된 것이기 때문에 존재론으로서의 리기설이나 태극설과 심성론 및 수양론은 균형을 유지하고 있었다. 그러나 김종직 일파의 사림파, 특히 김굉필, 조광조 및 기묘명현에 오면 상황은 변하여 도덕적 실천주의 학풍을 비로소 나타내게 된다.

선초 사림파의 도덕적 실천주의 주자학 이외에 세조정난 전후의 학자로서 소위 생육신이라 불리는 김시습金時習(호 매월당梅月堂; 동봉東峯, 1435~1493)을 살펴볼 필요가 있다. 그는 생육신으로서 세속정치에 환멸을 느끼고 은둔하기도 했지만, 그의 사상은 어디까지나 유학이고 성리학이었다.

2) 김시습의 성리학 이해와 노·불 비판

김시습은 당대 경학의 대가였던 김반金泮과 윤상尹祥에게 배웠다. 그는 21세 때 삼각산 중흥사重興寺에서 공부하다가 수양대군이 왕위를 찬탈했다는 소식을 듣고는 통분한 나머지 불교에 의탁하여 승명을 설잠雪岑이라 하였다. 이로부터 그는 현실을 부정하는

김시습金時習

자유주의자로서 모든 속박에서 벗어나 방랑의 길에 올랐는데, 48세 때에는 환속하여 결혼하기도 하였다. 그 후 아내가 죽자 다시 중이 되어 일생을 마쳤다. 그는 불문佛門에 들어간 뒤에도 자유분방하여 세상에서는 그를 광인이라 부르기도 했다. 그러나 이는 세상을 도피하기 위한 거짓이며, 그의 작품은 유가적 사고와 절의의식

이 밑바탕에 깔려 있다. 또한 그는 성리학을 수용하여 그 입장에서 노·불의 이론을 비판하였다.

그는 기본적으로 불교를 이단이라 규정하는 비판적 입장에 서 있었다. 그는 〈이단변異端辨〉에서 "불교는 이적의 이론일 뿐인데, 부처가 죽은 지 2천여 년이 지났는데도 어리석은 백성을 꾀어서 미혹하게 한다."라고 하였고,[50] 또 〈성리性理〉에서는 성리학의 성즉리性卽理, 존심양성存心養性, 인심도심人心道心 등의 논리를 구사하여 불교의 관심견성설觀心見性說을 비판하였다. 또한 당시의 선불교에 대해서도 신랄한 비판을 서슴지 않았다. 그는 성리학의 입장을 견지하면서 부분적으로는 불교의 교리가 성리학과 어긋나지 않은 점은 수용하였다. 그러나 이것은 유·불의 일치 내지는 조화를 겨냥한 것은 아니었다.

그는 도가사상 및 도교에 대해서는 불교보다 오히려 더 비판적으로 보았다. 그가 남효온南孝溫, 홍유손洪裕孫, 안응세安應世, 이정은李貞恩 등 이른바 청담파淸談派 학자들과 교유가 깊었던 사실이나 도연명陶淵明의 시를 좋아한 점[51], 또는 도인道人이나 도관道觀에 대한 여러 편의 시 작품을 남긴 점[52] 등으로 볼 때 노장의 고답적인 은일사상에 대해 몰입한 흔적이 있지만, 이는 김시습 사상의 일부분에 불과한 것이다. 그는 노장의 도에 대해 '자기 한 몸의 보

---

50) 《매월당집梅月堂集》 권20, 〈이단변異端辨〉.
51) 동서, 권8, 〈화도和陶〉 참조(총 63수).
52) 동서, 권3, 〈선도仙道〉, 〈석노釋老〉 등 시詩 참조.

전만 알고 세상일에는 무관심하므로 무익한 것이다.'라고 단정하였다.[53] 또 불로장생의 신선을 꿈꾸고 일신의 보전만 꾀하는 신선술에 대해서도 부정하는 입장을 취했고,[54] 미신성이 혼입된 후세의 도교에 대해서도 철저히 배격하는 입장을 취했다.[55]

그는 주렴계 등 북송 오자五子(다섯 도학자)의 전기를 지어 성리학의 선구자들을 칭송하였고, 또 논설을 통하여 성리학 사상을 나타내기도 하였다. 화담, 회재, 퇴계, 율곡에 앞서 불교를 비판하고 성리학을 내세운 것은 성리학의 계몽과 정착에 선구적 역할을 했다고 할 수 있다. 그러나 그의 성리학에 대한 이론은 아직 깊이 있게 전개되지 못하고 초보적인 수용에 그쳐 있는 느낌이다. 그러므로 그를 주기론자니 유기론자唯氣論者니 기일원론자니 하는 지칭은 아직 적절하지 않다. 그의 성리설 내용을 몇 가지를 들어보면 다음과 같다.

성리학에서 태극太極은 매우 중요한 우주론, 존재론적인 개념이다. 그런데 그는 태극을 말하면서

> 태극이라 하면서 따로 극極이 있다고 한다면 극이 아니다. 극이란 '지극하다'는 뜻이니, 리理가 지극해서 더 보탤 수 없다는 것이요, '태'란 '포용한다'는 뜻이니, 도가 지극히 커서 이와 짝할 수 없다는 것이다.[56]

53) 동서, 권17, 〈수진修眞〉.
54) 동서, 권17, 〈수진修眞〉, 〈복기服氣〉, 〈용호龍虎〉.
55) 동서, 권17, 〈귀신鬼神〉, 〈미재弭災〉, 〈상장喪葬〉.

라고 하였다. 태극을 '지극'이라 풀이한 것은 타당하나 '포용'이라 한 것은 설명이 미숙하다고 할 수 있다. 태극은 '우주의 궁극적 원인'이라는 뜻이 있기 때문이다. 또 다음과 같은 설명도 아직 성리설의 논리적 이해가 미숙하다고 할 수 있다. 즉 그는 말하기를

> 음양 밖에 따로 태극이 있다면 음이나 양이 되게 할 수 없으며, 태극 안에 음양이 있다면 태극이라 말할 수 없다. 음이 되었다가 양이 되고 양이 되었다가 음이 되며, 동動했다가 정靜하고 정했다가 동하는 그 리의 무극無極한 것이 태극이다.57)

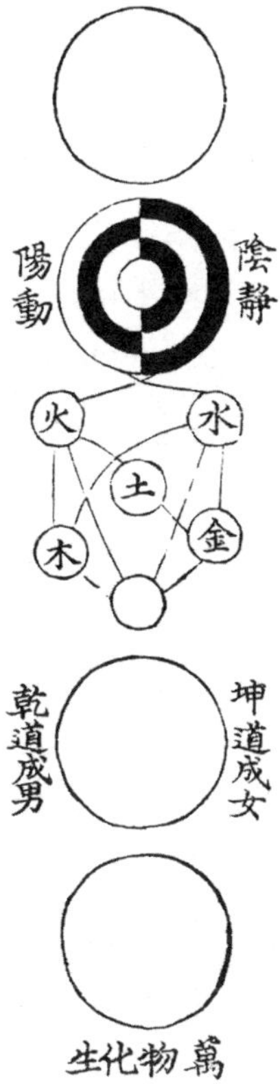

태극도太極圖

라고 하였다. '태극 안에 음양이 있다면……'이라고 한 구절은 태

56) 동서, 권20, 〈태극설太極說〉.
57) 동상.

극과 음양의 '떨어지지 않는〔不離〕' 관계를 말하려 한 것이지만, 원래부터 성리학에서 이러한 가정은 성립하지 않으므로 설명이 미숙하다고 할 수밖에 없다. 또 마지막의 '그 리의 무극한 것이 태극이다'라고 한 구절도 설명이 어색하다. '무극'이란 리라는 태극의 '원리성'(형이상학적 초월성; 형상성形相性)을 기리는 질료성에 대해서 하는 말이므로 '리의 무극'이란 표현은 잘못된 것이다. 그의 성리학에 대한 이해는 대개 이와 같은 방식이다. 다른 예를 또 하나 들면, 그는 "천지 사이에 있어서 생생불궁生生不窮하는 것은 도道요, 취산聚散·왕래往來하는 것은 리理의 기氣이다."라고 하였는데,[58] 여기서 '리의 기'라는 표현도 어색한 것이다.

또 그는 말하기를

> 천지 사이에는 오직 일기一氣의 풀무일 뿐이요, 그 리에는 굴신屈伸도 있으며 영허盈虛도 있다. …… 그 '참다운 리'는 하나이지만 나뉨은 다르다. 그 순환왕복하고 번창하고 쇠락하는 조화의 자취가 다 두 기의 소장消長하는 기능 아님이 없다.[59]

라고 하였다. 그러나 '굴신·영허'는 기의 작용이지 리의 작용이 아니다. 리(실리實理)의 '리일분수理一分殊'와 리기의 소장을 말하였는데, 리와 기의 두 차원을 구분하지 못하고 섞어 말함으로써 성리학의 리·기 두 차원의 성격과 그 관계가 정확하게 표현되지 못하

58) 동서, 권20, 〈생사설生死說〉.
59) 동서, 권20, 〈신귀설神鬼說〉.

였다. 그러므로 그는 또 "기가 흩어진 것은 죽어서 귀鬼가 되는데, '귀'라는 것은 리가 복귀하여 소멸하는 것이다."라고 하였다.[60] 여기서도 기의 굴신(즉 귀신)을 리라고 표현, 리·기의 성격과 그 관계를 명확히 이해하지 못하고 있다. 성리학에서는 기의 굴신으로 귀신을 설명, 종전의 영혼불멸설 같은 미신적인, 혹은 종교적인 영혼과 귀신에 대한 설명을 기의 움직임(굴신)으로 설명, 종래와는 다른 합리적(과학적)인 설명이라 자부하였던 것이다.

장재張載

김시습의 성리학에 대한 설명을 보면, 기의 운동으로 우주자연을 설명하는 경우가 많은 것을 볼 수 있는데, 이러한 기론적 설명은 북송의 성리학자 장재張載(호 횡거橫渠)의 설명방식이다. 그러나 그는 장재의 일기취산설一氣聚散說을 취하면서도 장재의 태허설太虛說은 취하지 않았다. 장재의 태허설은 기가 흩어지면 기의 원래의 본체인 담일청허澹一淸虛의 기, 즉 '태허'로 돌아간다고 하였다. 김시습이 이 설을 취하지 않은 것은 그러한 일기불멸설一氣不滅說은 잘못하면 불교와 같은 종교에서 말

60) 동서, 권20, 〈생사설生死說〉.

하는 영혼불멸설에 빠지기 쉽다고 생각했기 때문이다. 그리하여 그는 장재의 설을 수정한 주자의 설을 받아들여 기의 운동은 순환반복하는 것이 아니라 생생불궁할 뿐이고, 그것은 '참다운 리'에 근거한다고 보았다. 따라서 그는 영혼불멸설을 부정하였다.

그의 성론性論은 〈성리性理〉라는 두 편의 논설에 요약되어 있는데, 유가와 성리학의 성론을 그대로 받아들여 그 입장에서 노·불을 비판하였다. 그는 성선, 성즉리의 입장에서 고자告子, 순자, 양웅, 한유 및 불교 등 종래의 여러 성론性論을 모두 '성을 기로 본 것이다'라고 극력 배척하였다.[61] 그리고 맹자의 '존심양성'에 입각하여 불교의 이른바 '관심견성'에 대하여 비판하였는데, '견성'에 대해서는 "성을 보기만 하고 따르지 않는다면 어찌 나에게 있는 성이라고 하겠는가."라고 하여, 진심盡心·솔성率性·양성養性의 견지에서 비판하였다.[62] '관심'에 대해서는 "내 마음으로써 내 마음을 볼 수 있다면 응당 두 마음이 있어야 된다."라고 비판하였다.[63]

뿐만 아니라 그는 성리학의 '천인합일'적인 이론을 가지고 성과 도, 성과 덕을 이해하고, 도가의 도와 덕을 비판하기를 "저 노씨老氏는 도를 체득한다고 하나 천성天性을 따르는 도가 아니고, 덕을 논하나 천명을 밝히는 덕이 아니다. 어찌하여 그것이 세상을 윤택하게 하고 후세에 드리워질 수 있겠는가."라고 하였던 것이다.[64]

---

61) 동서, 권17, 〈성리性理〉.
62) 동상.
63) 동상.
64) 동상.

김시습은 이와 같이 성리학을 수용함으로써 온갖 미신과 신비주의적인 성격의 종교적 의례 등을 반대하였다.

그의 처세관은 《주역》의 논리를 강하게 내비치고 있는데, 이는 그가 당대 《주역》에 통달했던 윤상에게 수학한 결과일 것이다. 그는 역의 '변역變易'의 논리를 인용하여 말하기를

> 역易이란 변역變易이다. 그 변하는 것을 보아 '그 적절한 때〔時宜〕'를 살피는 것이니, 시時라는 한 글자는 역의 핵심이요, 의宜라는 한 글자는 역의 총설이다. 시에 따라 적의하게 한다면 의에 통하지 않음이 없고, 의를 찾아 때에 맞게 대처하면 시에 합당하지 않음이 없다. 그러므로 역이란 군자가 처세하는 데 있어서 원칙이요, 입신하는 데 있어서 요령이다.[65)]

라고 피력하였다. 이러한 역의 변혁의 논리에 따라 그의 출처관出處觀이 정해졌다. 그러므로 그는 "세상에서 물러났다고 해서 꼭 현명한 것이 아니고, 벼슬했다고 해서 아첨이 되는 것이 아니며, 또 은거했다고 해서 고상하고 벼슬했다고 해서 구차한 것이 아니다."라고 하였던 것이다.[66)]

율곡은 김시습을 평하여 '심유적불心儒跡佛'이라 하면서 "유가의 종지를 잃지 않았고, 선불교·도교에 대해서도 그 병통을 깊이 알고 있었다."라고 하였다. '심유적불'이라는 말과 같이 김시습의 기

---

65) 동서, 권20, 〈역설易說〉.
66) 동서, 권4, 〈고금군자은현론古今君子隱顯論〉.

본 사상은 유교와 성리학에 있었다. 다만 성리학의 이론을 수용함에 있어 아직 조선 초기라는 개척기여서 그런지 정밀하지 못하였다.

3) 김굉필의 《소학》풍의 실천주의

주자학적 실천주의는 김굉필의 《소학》 존신에서도 볼 수 있다. 김굉필은 김종직의 문인으로 무오사화 때 문인이라는 이유로 희천熙川에 유배되었고, 다시 전남 순천으로 유배된 뒤 갑자사화 때 유배지에서 참형을 받았다. 그의 사후 후인들이 그의 행적을 편찬하여 《경현록景賢錄》을 간행하였다.

그는 스스로 '소학동자小學童子'로 자처하였다. 스승인 김종직으로부터 《소학》의 중요성을 교시받은 후 그 책을 손에서 놓지 않았으며, 사람들이 국사를 물으면 "소학동자가 대의를 어떻게 알겠는가."[67]라고 하였다. 또 "글공부를 하고서도 아직 진리를 알지 못하다가 《소학》 안에서 어제의 잘못을 깨달았네."[68]라고 하기도 하였다. 이 시에 대해 김종직은 "이 말이 성인이 되는 바탕이니 허노재許魯齋(허형許衡, 원대인元代人) 이후에 그 사람이 없으랴!"라고 격려하였다고 한다.[69] 또 《경현록》에 의하면 김굉필은 고려 말 학자 안향의 '향등처처香燈處處'의 시를 외우면서 탄식했다고 한다.[70]

---

67) 《경현록景賢錄》, 〈사실기事實記〉 및 〈행장行狀〉.

68) 동상.

69) 현상윤玄相允, 《조선유학사朝鮮儒學史》, 현음사玄音社, 1986(재판), p. 35에서 재인용.

그가 반우형潘佑亨(호 옥계玉溪, 성종 때의 문신文臣, 1474년 문과 급제)에게 써준 〈한빙계寒氷戒〉의 주요 내용도 수신정심修身正心에 대한 것이었다. 거기에서 그가 강조한 것은 '통절구습痛絶舊習', '징분질욕懲忿窒慾', '안빈수분安貧守分', '거사종검去奢從儉', '지경존성持敬存誠'의 내용이었다. 그는 말하기를 "오늘 당연지리當然之理를 행하고 내일 또 당연지리를 행하고, 그리하여 날마다 행하는 것이 당연지리 아닌 것이 없다면 날이 가고 달이 가고 또 해가 가서 인仁이 쌓이고 의義가 모이게 되는데, 마지막에 가서는 강물을 터놓으면 막지 못하는 것과 같이 된다."71)라고 했다. 여기서 당연지리를 행한다는 것이 바로 주자학적 실천임은 물론이다.

기대승奇大升은 그의 행장에서 이렇게 말하였다.

> 선생은 날마다 《소학》과 《대학》을 외워 그것으로 학문 체계를 삼았다. 육경을 탐구하고 성경誠敬을 유지하도록 노력하였다. 존양성찰存養省察로 체體를 삼았고, 수제치평修齊治平으로 용用을 삼아 성인의 경지에 이르는 것을 목표로 하였다. 닭이 울면 새벽에 일어나 반드시 세수하고 머리 빗고는 의관을 정제하고 석고상처럼 단정히 앉았다. 학자들의 강론을 인용할 때 마음 수양의 요체를 게을리하지 않았다. 이렇게 30여 년을 하였다. 이러한 진정한 노력이 오래되어 그 학문은 박학하나 잡되지 않았으며, 두루 통했으나 번잡하지는 않아 확고하고 독실하였다. 그래

70) 안향安珦의 시詩는 142쪽 주 3) 참조.
71) 《경현록》, 부록附錄, 〈한빙계寒氷戒〉.

도 오히려 부족한 듯이 하였다.[72)]

여기에서 《소학》·《대학》을 중요시하여 그것으로 학문의 체계를 세웠다는 것이나, 마음 수양의 요체를 주의 깊게 인용하였다는 것은 그의 주자학적 실천 학문의 면모를 보여준다. 조식曹植(호 남명南冥, 1501~1572)도 《사우록師友錄》에서

> 선생은 도학을 창도하는 것을 자기 임무로 여겼다. 선생은 근세의 대표적 유학자이다. 《소학》으로써 근본을 배양하고 《대학》으로써 체계를 세웠다. 힘써 성경誠敬을 유지하고 육경의 뜻을 발휘하여 성현의 경지에 이르는 것을 기약하였다. 이것이 선생 학문의 대략이다.[73)]

라고 하였는데, 앞의 글과 내용이 부합된다. 다만 여기서는 주자학적 실천 학문을 '도학道學'이라고 지칭하였다.

7. 조광조의 '지치주의至治主義'

중종은 즉위 후 연산군 시대의 폐정을 혁신하려고 노력하였다. 그리하여 문치文治를 다시 일으킴으로써 선비들의 사기가 소생하고 진정한 '수기치인'의 학문을 하려는 사람들이 나타나기 시작했다. 유숭조가 그 최초의 사람이요, 조광조와 그 동지들이 그 뒤를

---

72) 현상윤玄相允, 전게서, p. 36에서 재인용.
73) 동상.

이었다.

조광조는 타고난 자질이 우수하였고, 젊은 시절부터 정의감이 강하였다. 소시에 김굉필에게 배웠는데, 김굉필은 소위 사림파의 정맥이었다. 중종 5년(1510) 생원시에 합격하여 태학太學에 들어갔는데, 이때는 유숭조가 대사성의 자리에 있으면서 '도학'을 강구하던 때이므로 조광조 역시 그의 영향을 받았다. 그는 태학에 적을 두고 있으면서 입산하여 공부하였는데 중종 10년(1515) 정승 안당安塘의 천거로 특별히 6품직의 벼슬을 받자, 그는 "내가 작록을 구하지 않았는데 이와 같이 관직을 받았으니 그럴 바엔 차라리 과거에 응하겠다." 하고 그해 가을 별시에 응하여 합격, 옥당玉堂에 들어갔다. 그의 성격의 일단을 잘 말해주는 처신의 일례다. 그리하여 중종 13년(1518) 대사헌에 나아간 뒤부터는 더욱 임금의 신임을 받아 그와 그 동지들은 평소에 마음속에 가지고 있던 유교의 이상정치, 즉 '지치至治'를 실현하고자 했다.

지치는 '도학의 정치'로서 도학의 이념이며 도학자의 경세의 목표라고 할 수 있다.[74] 도학은 공·맹의 이념을 실현하고자 하는 성리학의 다른 이름으로서 도, 즉 유교의 참다운 정신을 실현하려는 일종의 이념이다. 그것은 내성외왕內聖外王의 도며 수기치인의 도로서 비단 정치에만 국한된 것이 아니다.[75]

---

74) '지치至治'는 '지극至極한 정치政治'란 뜻이다.

75) 원대元代에 《송사宋史》를 편찬할 때 〈유림전儒林傳〉 외에 별도로 〈도학전道學傳〉을 따로 두어 성리학자性理學者들을 주로 열거하였다. '도학道學'이라는 말은 유교의 참다운 전통(진리)을 계승한다는 의미가 내포되어 있다.

조광조의 지치주의의 표방인 도학을 높이고〔崇道學〕·사람 마음을 바르게 하고〔正人心〕·성현을 본받고〔法聖賢〕·지치를 일으키고〔興至治〕 등은 군자·소인을 구분하던 주자학적 명분론이 전제된 것이며, 그러므로 그 학의 지향처는 제왕학이었고, 제왕의 심법心法을 강조한 것이었다. 그러므로 이것 역시 위기지학爲己之學으로서 도덕적 실천을 강조하는 학문이었다. 다시 말하면 지치를 위한 '임금 마음을 바로잡음'은 정치적 행위지만, 그것을 주창하는 선비로서는 자기 자신에 대한 도덕적 수양을 반대급부로 강하게 요구하지 않을 수 없다. 수기치인에서 수기의 면은 주자학적 수양 내지 거경居敬의 학풍이라고 할 수 있다. 그러므로 지치는 이러한 주자학풍의 정치적 실천이라고 볼 수 있다.

그는 지치의 실현 방법으로 군주의 마음을 밝히는 것을 역설하였다.

> 일심一心이 광명光明한 후에야 군자와 소인을 분별할 수 있으니 임금의 격치성정格致誠正의 공功이 이르지 못하면 혹 군자를 소인이라 하고 소인을 군자라 하기도 합니다. 소인이 군자를 공격할 때 언행言行이 우리와 다르다든가 아니면 저들이 명예를 얻으려 그렇게 한다고 비난합니다. 군자와 소인은 빙탄氷炭과 같이 서로 용납하지 못합니다.[76]

군자와 소인의 구분은 '천리를 보존하고 인욕을 버리는' 주자학

76) 《정암집靜庵集》 권3, 〈참찬관시계參贊官時啓〉14.

적 도덕 수양론의 외적 표현이다. 그것의 방법으로써 임금의 수양을 논하였는데, 그것은 《대학》에서 인용한 것으로 상투적인 것이긴 하지만, 그 의미는 제왕의 심법과 연결되어 있다. 제왕의 심법은 조광조 자신에게로 돌리면 그의 주체의 심법과 다름없다.[77] 그것은 조광조의 위와 같은 지치주의 이념을 가지고 실제로 행한 정치적 실천을 보면 잘 알 수 있다. 즉 그 정치적 실천에는 정치적 '비타협성'이라는 지나친 이상주의가 나타나 있는데, 그것은 개인의 수양으로 말하면 지나친 도덕적 엄숙주의, 즉 일종의 과격성, 결백성, 비타협성의 경향[78]과 표리관계를 이루는 것이다.

그가 행한 정치적 개혁은 소격서昭格署 혁파, 현량과賢良科 설치, 교육사업, 유학자의 표창, 위훈(잘못된 공훈)의 삭제 등이었다.[79] 이 사실은 역사적으로 잘 알려져 있으므로 자세한 것은 생략하더라도 그 개혁의 취지와 조광조의 태도는 일별할 필요가 있다. 소격서는 도교의 제사를 지내는 곳으로 그 혁파는 유교와 도교의 이념 투쟁의 결과이다. 그것도 처음에는 왕이 허락하지 않았으나 동료 관료와 같이 여러 번 건의하여 성취시켰다.

현량과 설치는 종전의 과거가 문학 위주였으므로 그러한 과거

77) 주자학朱子學은 원래 리理의 보편성에 근거한 범인류적凡人類的 도덕주의를 본질로 하고 있다. 그러므로 황제의 심법心法 강조와 사대부의 도덕적 각성은 동일한 연장선상에 있는 것이다. 도가와 요시오(戶川芳郎) 외, 《유교사儒敎史》, 동경 : 산천山川출판사, 1987, pp. 300-301 참조.

78) 동상, pp. 273-275.

79) 이병도, 《한국유학사》, 아시아문화사, pp. 168-171에서 제목을 참조하였음.

출신자들이 올바른 이상적 정치를 할 수 없다는 생각에서 건의한 것이다. 즉 인재 등용의 개혁이었다. 교육 사업은 조광조 일파인 김안국과 김정국(호 사재思齋, 1485~1541)의 치적인데, 김안국은 경상도 관찰사로 있으면서 《소학》과 《이륜행실二倫行實》 등을 간행하였고 각 지방 향교생에게 학문을 권장하였으며, 김정국은 황해도 관찰사로 있으면서 〈경민警民〉 21조, 〈학령學令〉 24조를 지어 학자들을 권면하였다. 또 중종 14년(1519)에는 조광조, 김정金淨 등이 《여씨향약呂氏鄕約》을 건의하여 시행을 보았는데, 우리나라 향약 실시의 효시가 된다.

그 외에도 '기묘명현'들은 각종 교화사업에 진력하였다. 이때 교화 사업의 주요 치적 중의 하나는 《소학》을 학교 교화는 물론 사회 교화 전반에 걸쳐 필수 교재로 삼았다는 사실이다. 이 책은 물론 그것이 초보 학문의 단계이므로 향교나 사회 교화에 유용하여 중시된 것이기도 하지만, 원대元代 실천유학 이래의 주자학적

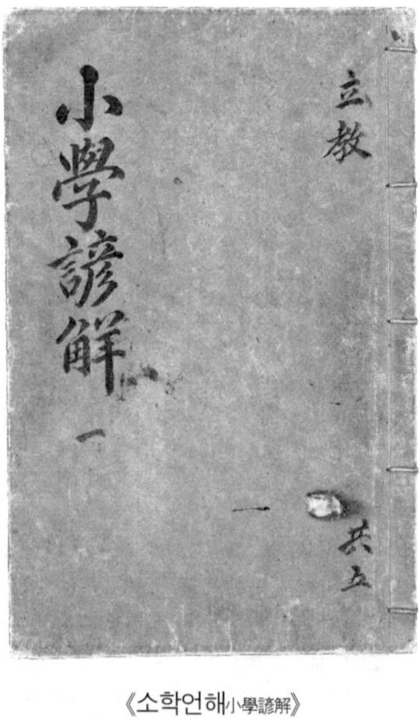

《소학언해小學諺解》

실천이라는 전통과도 결코 무관하지 않다. 뿐만 아니라 소위 도학 실천의 이념 아래 중시되었다는 데 의미가 있는데, 그것은 원래 그 책의 편집 취지가 주자학적 이념이기 때문이다.

선유의 표창과 위훈의 삭제에서는 조광조 등 기묘명현의 도학적인 과격성과 비타협성 및 도통道統의식이 잘 나타나 있다. 중종 13년(1518) 조광조는 김굉필, 정여창鄭汝昌(호 일두一蠹, 1450~1504)의 포상을 청하여 두 사람에게 우의정을 추증하고 그 자손들을 기용하게 하였다. 그 해에 또 성균관 유생들이 조광조의 부탁으로 정몽주·김굉필의 문묘종사文廟從祀를 상소하자 여러 대신들이 어렵다고 왕께 아뢰었는데, 조광조 등은 두 사람 외에 또 정여창을 아울러 문묘에 종사해야 한다고 주장하였다.

문묘文廟

그러나 왕은 대신들의 의논에 따라 정몽주만을 종사하게 하였다. 조광조의 이러한 주장은 그가 김굉필에게 사사하였고, 김굉필과 정여창은 모두 김종직 문하에서 배웠으며, 김종직의 학學은 그 부친 김숙자에게서 받았고, 김숙자의 학은 길재에게서 나왔고, 길재는 정몽주의 문인이었기 때문이다. 이것은 정몽주를 동방 리학의 조祖로 보아 자기까지의 도의 계승 전통을 세우려는 소위 '도통의식'의 발로이다.

위훈의 삭제는 중종반정 공신 중 공을 지나치게 인정받은 76인 공훈(정국공신靖國功臣)의 소급삭제를 말한다. 사실 중종 반정시 공 없이 공신 칭호를 받은 사람이 많았고, 그중에는 또 연산군의 총신도 많았다. 이에 조광조는 대간을 이끌고 궁문 밖에 엎드려 주청하였다. 그러나 왕은 현실적으로 어렵다고 여겨 허락하지 않았는데, 요청이 강경하였기 때문에 결국 그 의견에 따르고 말았다. 이 일을 계기로 왕은 조광조를 싫어하게 되었고, 또 훈신파와 사림파의 반목이 격화되었다. 그것이 나중에 기묘사화를 일으켜 조광조 등 소위 기묘명현이 귀양 가거나 사사되어 결국 지치주의를 실패로 끌고 간 단초적 원인이 되었다.

조광조의 지치주의의 실패는 역사에서는 그들이 젊은 패기의 사람들이라 조예가 깊지 못하고, 이상은 풍부하였으나 현실에는 어두워 일만 크게 벌이려는 급진성과 과격성이 그 원인이라고 하였다. 그러나 이것은 성리학의 관점에서 보면 도학의 과격성과 비타협성과 결벽성에서 유래되는 것이라고 할 수 있다.[80] 이것은 말하자면 주자학의 수용이 깊이 진척되면서 '도덕적 실천주의' 방향으로 전개된 것을 말한다.

그러므로 당시 성균관사로 있던 훈신파의 대표 남곤南袞(1471~1527)은 조광조 일파를 비난하면서 중종의 하문에 답하기를

> 신이 학문을 한 이후 심학을 하는 자가 없었는데, 다만 김굉필, 정여창이 김종직에게 배워 마음 수양의 학문이 결국 학문의 실천이 된다고 생각했습니다.81)

라고 하여 김종직의 심학과 조광조의 심학을 구별하고, 이어서

> 그러나 신은 다만 그 심학의 말은 들었으되 그 일은 보지 못했습니다. 연산조 이후 심학을 하지 않았는데, 근래 혹 하는 자가 있습니다. 그러나 심학을 말하기만 하는 것은 쉽지만 마음 수양하기는 어렵습니다. 그러므로 심학을 하는 자는 많지만 성현의 지름길로 바로 들어갈 줄은 모릅니다. 따라서 좋은 스승이 있어서 바로 잡아주면 좋겠습니다.82)

라고 하여 김종직, 김굉필의 심학에 대하여 조광조 등의 심학이

---

80) 도학道學은 단순한 윤리사상이나 의義와 리利를 상대적으로 분변하는 것만을 의미하지 않는다. 자기 본심의 순일純一하고 무잡無雜한 내면적 극처極處에서 성찰省察하고 존양存養하는 한결같은 상태에 있어야만 도학의 의미를 갖는다. 그러므로 도학은 윤리적 차원을 넘어서 신성한 종교적 차원에까지 연결된다.

81) 《중종실록中宗實錄》 권29, 12년 정축丁丑 8월 30일조.

82) 동상.

위학(거짓 학문)임을 말하였다. 여기서의 심학은 주자학적 도덕실천을 말하는 것은 물론이다. 또 육구연陸九淵(호 상산象山, 중국 송대 학자)의 학문을 언급하여

> 대저 성명지학性命之學은 미묘한 데 이르면 정도에 들어가기가 어렵습니다. 송나라 때는 문운이 융성할 때이므로 육구연의 학이 참된 유학이 될 수 없었던 것이 우연이 아닙니다. 참된 유학은 말로써 되는 것이 아닙니다. 지금의 선비 습속은 교만하고 불손하니, 모든 사람들로 하여금 말을 충성스럽게 하고 행실을 공경스럽게 하도록 하면 교화가 크게 펼쳐져 비로소 참된 선비를 바랄 수 있을 것입니다.[83)]

라고 하여 육상산의 학과 같이 조광조 도학을 심학풍이라 하여 위학으로 보았다.

이상의 인용은 훈신파이면서 문학파〔詞章派〕인 남곤이 당시 조광조의 도학파 일파를 어떻게 보았는가를 말해주는 자료이지만, 여기에서 당시 선비들이 도학은 심학心學이라고 보았던 사실을 잘 알 수 있다. 즉 조광조의 지치주의는 '도학의 외화外化', 즉 정치적 표출이며, 이는 당시의 주자학이 도덕적 실천주의화로 가고 있었음을 입증하는 것이다.

이상 살펴본 바와 같이 조선조 주자학자의 주된 관심은 사칠론과 같은 수양론에 있었음은 틀림없다. 물론 그것이 하나의 체계상

---

83) 동상.

주렴계의 〈태극도설〉 같은 우주론 내지 존재론과 병행하여 논의하고 있지만, 주된 관심은 거경함양居敬涵養의 수양론에 있다고 할 수 있다. 이것은 명종, 선조로 갈수록 사칠론이나 인심도심론과 같은 심성론 논쟁이 본격적으로 전개된 것만 보아도 알 수 있다. 사실 이러한 조선 전기 우리나라 주자학의 성격은 권근의 《입학도설》 가운데 '천인심성합일'의 사상에서 그 기본 방향이 정해진 것으로 보인다. 여기에서 말한 사칠리기 대립입론과 거경居敬의 수양론이 그 후 줄곧 조선조 주자학자의 관심거리로 남은 사실이 이를 잘 말해준다.

8. 결 어

본고는 여말선초 왕조 교체기에 있어서 주자학의 수용과 정착을 다루어본 것이다. 수용은 문화의 이입 차원에서 도입, 또는 들어온 것이고, 정착이란 어느 정도 이해하여 응용한 단계라고 하겠다. 주자학의 수용에서 정착까지의 역사적인 흐름과 중요 사상 경향, 수용 단계별 문제의식 등은 목차에 드러나게 하였으므로 재론하지 않는다. 마지막으로 여기에서 다룬 학자들의 사승관계를 다시 한 번 정리하면서 요약하고자 한다.

여말의 주자학은 안향에 의하여 도입되었다. 그가 장학사업에도 관심을 쏟은 점으로 볼 때 그의 적극적 관심이 큰 역할을 했다고 할 수 있다. 그의 제자에 백이정, 우탁, 권보가 있다. 백이정은 직접 원나라에 가서 주자학 이론을 배워 가지고 왔고, 우탁은 성리학 형성에 가장 큰 영향을 준《주역》에 일가견을 이루었다. 권보는 주자의《사서집주》보급에 힘썼다.

백이정의 제자에는 이제현, 박충좌가 있다. 이제현은 고려 문학유文學儒의 전통을 이은 학자이면서 중국의 여러 학자와 교유하여 주자학의 대강을 섭렵하였다. 그의 역사적 역할은 실은 정치적 역량에 있었고, 문학과 주자학은 그 보조적인 수단이었다고 할 수 있다.

이제현의 문인에 이곡과 그의 아들 이색이 있다. 이색은 당시 성행한 불교에 대해서도 해박하였을 뿐만 아니라 열렬한 불교신자였으며 승려와 친교도 많은 인물이었다. 그러므로 그가 성리학이나 주자학을 받아들인 경향은 유·불 절충적일 수밖에 없었다. 그가 사회개혁에는 동의하였지만 온건 개량적 입장을 취한 것도 그것과 맥락을 같이 하는 것이다. 그가 언급한 성리학에 대한 이론을 보면 '무극태극', '성즉리', 성리학 연원 등 비교적 해박한 편이었으나 아직 깊은 이해의 단계에 이르렀다고는 할 수 없다. 그러나 성리학과 불교의 비교는 매우 계몽적인 의의가 있다. 그는 유·불을 절충할 수 있는 당시 기성 원로로서 성균관 대사성이라는 직책을 맡아 후학을 양성함으로써 주자학의 정착에 가교적 역할을 했다고 할 수 있다.

이색의 문인에는 박상충, 정도전, 권근, 하륜, 이숭인, 길재 등이 있다. 길재는 정몽주, 권근의 문인이기도 한데, 그는 조선 초 은둔하여 제자 양성에 힘을 기울였다. 정도전은 조선 건국의 일등 공신으로서 조선의 모든 전장典章과 문물제도가 그의 손에 의하여 이루어졌다 할 정도로 큰 공을 세웠다. 또한 주자학 이념을 정치 이념으로 공고하게 하기 위하여 이론적인 저술을 통하여 불교를 배척하기도 하였다. 권근은 성리학에 관한 계몽서로서 《입학도설》을 저술하고, 또 유교경전을 불교의 이론(화엄학)과 비교 설명하는 등의 작업을 통하여(《주역천견록周易淺見錄》) 주자학과 성리학의 정착에 매우 중요한 기여를 하였다. 이숭인은 문학유로 시문에 밝았으나 성리설에도 관심이 많았다. 그는 불교측과 교류가 많아 불교비판에는 온건한 입장을 견지했다. '여말삼은麗末三隱'의 한 사람으로 일컬어진다. 하륜은 조선 초 훈구파의 연원이 된 사람이다.

정몽주는 일정한 사승 없이 독학으로 주자학을 배웠다. 그는 이미 성균관 교수 시절에 주자학에 정통한 인물로 당대 석학들로부터 인정을 받았다. 또 그는 유교의 입장에 서서 불교를 배척하였으며, 《역》에도 상당한 조예가 있었다. 특히 그는 고려에 충절을 지킨 충신이므로 조선조에서는 주자학의 이론과 실천을 겸비한 선비로 이상화되어 '동방리학의 조'로 추앙되었다.

여말선초 주자학의 도입과 정착은 우리 역사에 있어서 일대 큰 문화적 사건이라 할 수 있다. 주자학 이념이 조선조 5백 년을 지배하였고, 아직도 우리 의식 속에는 그 잔재가 남아 있다. 그러므로 여말선초 주자학의 도입과 정착은 학술적 탐구 이상의 문화적 의미가 있다고 할 수 있다. 조선조 왕조의 성격상 정몽주의 충절을 기리고, 또 조선 초 사화 이후 주자학으로 무장한 신진사류가 정계를 주도하게 된 이후 사림의 연원인 정몽주-길재 계통을 지나치게 높인 것이 사실인데, 이것 역시 조선조 주자학의 한 성격이므로, 객관적으로 이해해야 할 것이다. 나아가 이러한 조선조의 시각을 버리고 여말선초의 여러 학자들 각각의 학문적 업적과 개인적 장점을 편견 없이 이해하는 것도 필요하다.

제3장 유교의 입장에서 '통일' 문제를 보는 시각

1. 통일과 유교 윤리 문제

유학(유교)과 통일은 상호 어떤 관련이 있을까? 겉으로 보아서는 아무 관련이 없는 것 같다. 왜냐하면 유학은 과거의 인문학이고 통일은 오늘날의 정치적 문제이기 때문이다. 물론 유학 또한 '수기치인修己治人'이라 하여 '세상을 다스린다'는 정치 영역을 가지고 있다. 그러나 통일이라는 문제는 국내적인 문제에 그치지 않고 국제적인 시각에서 보아야 한다. 더욱이 유학이 '정치' 영역을 가지고 있다고 하지만, 옛날의 왕정시대에 응용된 이데올로기(정치이념)였기 때문에 오늘날, 즉 근대 이후 전혀 다른 시대 환경에 어떻게 얼마나 적용될지 의문이다.

그리고 소위 '유교인'은 누구인가 하는 문제를 먼저 생각해보아야 한다. 유학을 믿는 사람들, 또는 유학의 전통 사상을 갖고 유교적 행위(유교의 종교적 의례)를 행하는 사람들, 이들이 유교인인가? 아니면 양반 후예들(주로 도시의 교직자나 공무원이 많다), 또는 시골에서 농업에 종사하는 사람들을 가리키는가? 애매하지만 여러 가지 의문을 가질 수 있다.

그러나 가장 쉽게 규정해보자면 먼저 기독교를 믿지 않는 사람들, 그 다음은 불교를 믿지만 유교를 배척하지 않고 가정 의례를 그대로 반대하지 않고 관습적으로 행하는 사람들, 그리고 아무 종교도 갖고 있지 않다고 말하는 일반 시민 등을 광범위하게 '유교인' 또는 '잠재적 유교인', 또는 '준유교인'이라 볼 수 있을 것이다. 이렇게 규정하면 집에서 제사라는 종교적 의례를 행하지 않더라도 조상을 숭배하고, 성묘를 하고, 설 추석 명절에 친척들이 모이고 하는 일반 시민들 모두 넓은 범위의 '유교인'이라 할 수 있다.

그렇다면 유학의 시각에서 통일을 본다는 것은 결국 우리나라 일반 국민(특정한 종교적 경향을 띠지 않는 국민), 그중에서도 '합리적 이성'을 가지고 국가 장래를 생각하는 '엘리트'들이 가지는 통일관이라고 할 수 있다. 여기서 '합리적 이성'이라고 함은 종교적, 정치적 편향된 이념이나 믿음을 가지고 있지 않은 인류 보편의 과학적 지식을 존중하며 인간관계에서 현대 한국인의 정서를 어느 정도 가지고 있는 사람들의 사고방식이라 말할 수 있다.

유학은 도덕론이므로 항상 '치국평천하治國平天下'를 논하더라도 도덕론의 시각에서 보아 당대 사회 현실을 비판하고 대안을 제시한다. 개인의 도덕적 수양은 물론이다. 여기서 분단을 극복하고 통일을 이루기 위해서는 '사회윤리' 차원에서 도덕성을 회복하고 사회를 개혁하는 일을 강조하지 않을 수 없다. 또한 통일을 위해서는 통일 방식이 어떻든 남한이 '부국강병'을 이루어야 하는 것은 불문가지다. 부국강병과 사회 개혁, 이 두 가지는 상호보완적 관계에 있다. 과거 유학자 역시 정치 비판에 앞장섰고, 비록 이론적이지만 도덕과 치국 관계를 자주 이야기했다.

송시열宋時烈

여기서 남북분단과 유사한 사례를 과거 역사에서 한번 찾아보는 것도 의미가 있다. 남송南宋 시대 주자朱子(주희朱熹, 1130~1200)가 금金나라에게 빼앗긴 북송北宋의 땅을 찾기 위해 어떻게 노력했는가[84] 하는 것을 예로 들 수 있다. 또 우리나라에서 주자의 태도에 영향을 받아 명明·청淸 교체기에 우암尤庵 송시열宋時烈이 오랑캐 여진족의 청나라와 화의를 맺는 것을 결사반대하고 청나라를 치자는 북벌北伐을 주장하고, 명

84) 송나라는 중국역사상 당唐나라, 오대십국五代十國에 이어 일어난 왕조로 960년에 건국하여 1279년에 몽고에 의해 멸망하였다. 처음 개봉開封에 도읍하였으나 1126년 '정강靖康의 변變'으로 강남江南으로 옮겨 임안臨安(지금의 항주杭州)에 천도하였다. 주자는 남송시대 사람으로서 북쪽의 빼앗긴 실지(전체 송의 반)를 되찾고자 끊임없이 노력하였다. 그의 여러 상소문(봉사문封事文과 주차문奏箚文) 속에 일관되게 '주전론主戰論'과 '정치 개혁론'이 개진되어 있다. 주자의 이 강경한 배외排外 사상은 조선조에서는 우암 송시열에 의해 명·청 교체기 때 대외정책론으로, 한말 서구 및 일본의 식민지 침략시에는 '위정척사' 사상으로 응용되었다.

나라의 멸망 후에는 조선이 소중화小中華라고 주장했던 일도 비교해볼 수 있다. 여기에 그치지 않고 한말에는 주자학자이면서 우암을 존숭한 학자들이 강력하게 반외세, 즉 '위정척사' 이념을 고취한 데까지 면면히 계승되었다.

주자와 우암, 위정척사론자 모두 주전론主戰論의 강경한 입장을 취했지만, 오늘날 이러한 사상을 바로 남북 관계에 응용하기는 어렵다. 다만 주자를 비롯한 그들이 실지 회복, 북벌, 척양斥洋 등을 강조하면서 그 전제 조건으로 하나같이 인군人君의 수양, 올바른 정치를 매우 강조한 점은 주목된다. 그 정치 개혁 정신은 오늘날 분단극복을 위한 사회 개혁에 대해서도 참고가 된다.

2. 통일문제와 윤리의식

한반도 통일 문제는 정치 문제이고, 윤리의식과는 아무런 관련이 없는 것 같지만, 그렇지 않다. 한 시대의 국민의식은 당시 당면한 현실적 난제를 해결하는 과정에서 형성된다. 그러므로 여기서 한반도 통일과 윤리의식을 결부시키는 것은 '통일'이라는 문제의식을 가지고 민족적 내지 국가적 차원에서 이를 보아야 된다는 것을 말하는 것이다. 한반도 분단 문제는 내외적 요인이 결부된 것이므로 그 해결인 통일에 있어서도 내외 요인이 성숙해야 되는 것은 당연하다. 윤리 문제도 마찬가지로 한국사회의 당면한 윤리의식의 변화이지만, 그것은 세계화 시대의 생존이라는 대외적 시각,

또 다른 한편 세계화 시대에 있어서 문화의 주체성과 개방성 문제가 내재되어 있다.

한반도의 분단 문제는 세계화 시대에 있어서 생존 문제와 결부되어 있고, 윤리의식 개혁 문제도 역시 세계화 시대의 생존에 맞추어 논한다면 같은 시각에서 논의가 가능하다. 통일의 계기에 있어서 비록 내외적 요인이 있다 하더라도 국가의 경제적 부강이 토대가 되지 않을 수 없다. 이 경제적 부강은 자원이 빈약한 한국의 경우 결국 자본주의적 생산력 향상과 무역 확대의 길 밖에 없다고 할 수 있다. 이것을 한마디로 말하면 '경제적 효율성'이라고 할 수 있는데, 자본주의의 토대로서의 '근대성', 즉 '근대적 합리성'이 사회윤리의식으로, 생활지침으로 정착되지 않으면 이 효율성을 달성하기 어렵다. 물론 이를 위해서는 국민적 공감대와 저변 확대가 필수적이다.

윤리의식 개혁 문제는 '시민사회' 건설이 목표가 되어야 하는데, 이는 다른 말로 하면 '근대화'라고 할 수 있다. 한국의 경우 비극적인 근대사를 거치면서 주체적 근대화를 이루지 못했다. 일본의 경우 명치유신으로 근대화를 이루었고, 중국의 경우 식민화의 길을 걸었으나, 모택동에 의해 통일국가를 형성하는 한편 마르크시즘에 의해 전통과 서구화에 대한 주체적 반성을 철저히 하였다.

그러나 우리의 경우 그럴 사이도 없이 외세의 국토 유린(청과 일본의 파병), 이념 대립(자유민주주의와 공산주의), 내전(한국전쟁)과 분단, 주체적 결정권 없이 휴전 상태 지속(분단 고착?)으로 귀결되고 말았다. 그리하여 남북 어느 쪽이든 주체적 역량이 그만큼 줄어들었으며, 주체적 근대화 작업도 거의 불가능하였다. 거기다 북쪽은 중국 변방(울타리)의 운명 아래 부자세습의 기형적 공산주의를 만들었고, 남한은 자유민주주의 정치제도를 도입하였지만 형식적이고, 거기다 정쟁으로 인한 정치적 불안과 적화통일 노선의 침투로 삶의 태도에도 분열(남남갈등)이 일어나고 있다.

이런 결말은 거슬러 올라가면 조선 후기 봉건제의 모순의 누적과 외적의 침입, 지나친 명분주의 이념 등으로 인한 국력의 약화에 연결된다. 그러나 무엇보다 중요한 것은 봉건제의 모순에 의한 내쟁內爭(내적 분열과 싸움)에 있다. 그 사이에 개혁을 외친 자들이 많았지만, 한 가지도 올바르게 이루지 못했고, 조선 말기로 갈수록 자체의 힘으로는 해결이 거의 불가능한 지경에 이르고 말았다. 이러한 내분이 일제 침략 시기에는 잠복해 있다가 해방 후에 거의 이념 전쟁의 혼란 양상으로까지 갔고, 결국은 외세의 간섭이 끼어들어서는 내전(6·26 전쟁; 한국전쟁)으로까지 비화되었다. 5·16 정변政變도 정치적으로 단순한 권력의 이동에 그쳤을 뿐 진정으로 근대국가로 가는 근대화 체제 개혁은 효과적으로 이루지 못했다.

근대화 문제에서 보면 5, 6공화국도 정권 주체의 변동에 불과했다고 할 수 있다. 민주주의적 정치개혁의 후퇴는 경제 등 많은 영역에서의 퇴보도 야기하였다. 강권 통치가 할 수 있는 의식개혁이나 제도개혁도 민족의 숙원인 주체적 근대화에 크게 기여하지 못했다. 물론 '민주화'라는 정치적 장애물과 씨름하기 바빴고, 이 와

중에서 국민적 합의를 도출할 수 없었다. 또한 정치행위 행태도 그 집권방식에서부터 지극히 한국적이었다.(연고주의) 그러나 여하튼 근대화 문제에서는 별로 진전이 없었다고 해도 과언이 아니다. 강고한 보수주의자의 기득권 옹호와 국민의 전통적 생활관행은 강권 통치자에게도 현실 안주의 유혹을 떨쳐버리지 못하게 하였다. 결국 정권 주체만 바뀐 상태에서 구태의연한 정치행태는 계속되었다.

이어 문민정부, 국민의 정부, 참여 정부가 이어졌지만, 여전히 지도자, 일반 국민을 막론하고 근대화 문제에 대해 별로 자각하지 못하고, 통치권 행사에만 머물고 있는 것 같다. 또 민주화도 단시일에 급속히 이루어져 '압축된 경제개발'과 같이 '압축된 민주화'로 부작용을 낳고 있어 오히려 현재 근대화(사회 합리화)에 장애 요소가 되고 있다. 따라서 민주적 선거제도하에서 이러한 민족적 숙원인 주체적 근대화를 위한 사회개혁, 그 제도화, 생활의식과 실천의 혁신 등이 이루어질지 의문이기도 하다. 여기에서 우리의 시각을 통일이라는 차원, 즉 국가의 생존과 부강(경제적 선진국), 주체역량의 강화, 그리고 주체적 통일이라는 차원에서 윤리의식을 논해야 할 필요성이 있는 것이다.

윤리의식 개혁을 위해서는 약간의 방법론이 필요하다. 왜냐하면 현재 근대성의 실현과 함께 '탈근대성'도 운위되고 있기 때문이다. 그러나 산업화를 통해 근대 부강한 국가 건설을 위해서는 이 근대성 실현은 필수불가결하다고 하지 않을 수 없다.

현대 한국의 윤리의식을 말하기 위해서는 당면한 윤리적 상황을 먼저 거론하여 문제제기를 해야 할 것이다. 그리고 마지막에 현상 분석에 그치지 말고 그 대안을 제시해야 하는데, 그것은 다른 분야와 학제적으로 연구되어야 할 문제이어서 한 분야에서만 구체적으로 말하기는 매우 어렵다. 그러나 학제적 연구에서 대체로 공통 목표로 '시민윤리의 확립'을 대안으로 제시하고 있다. 여기서 말한 '의식의 근대화'나 '윤리의식 개혁' 역시 이와 궤를 같이 한다.

3. 한반도 통일을 위한 우리의 준비

한반도 통일에는 우리의 노력과 준비뿐만 아니라 통일의 상대인 북한의 변화를 기대해야 하고, 아울러 주변 4강四强(미, 러, 중, 일)의 적극적인 협조가 있어야 한다. 그러나 무엇보다 중요한 것은 통일에 대한 우리의 자세와 준비가 첫째라는 데에는 이의가 없을 것이다.

통일에 대한 준비는 먼저 그 의지가 확고해야 하고 목표가 분명해야 한다. 우리의 통일 목표는 평화통일이고, 이는 모든 국민이 공감하는 바다. 우리가 북한의 무력 남침이나 혹은 주변 4강의 이해 충돌 과정에서의 무력사용을 절대 반대해야 함은 물론이다.

이와 같은 평화통일을 위해서는 차근차근 단계를 밟아가야 한다. 첫째 남과 북이 통일의 당위성과 통일의 의지가 있어야 하고,

둘째 평화정착을 이루어야 하고, 셋째 신뢰를 회복해야 한다. 그리하여 마지막으로 이념과 체제 문제를 극복하고 민족적 통일을 이루는 것이다. 남북한은 오랫동안 이질적인 이념과 사회 속에서 살았으므로 평화정착을 통하여 인적·물적 교류를 적극적으로 하여 이질감을 해소하고 화해와 공존의 분위기를 조성해야 한다.(최소한 중국과 대만의 '양안兩岸 관계' 정도로 진전되어야 한다)

이를 위해서 쌍방이 이행해야 할 다음과 같은 선행조건이 필요하다.

첫째, 남한 정치체제의 개혁이 필요하다. 남한은 노태우 대통령이 6·29 선언을 함으로써 민주적 선거에 의해 대통령을 뽑는 민주주의 정치체제를 태동시킨 후 김영삼, 김대중, 노무현, 이명박, 박근혜 대통령 순으로 순조롭게 민주적 정권 이양이 되어 겉으로는 어느 정도 정치 안정을 이루었다. 또 지방자치도 실시하고 있어 정치적 민주화는 어느 정도 달성한 셈이다. 특히 지역균등 요청에 따라 전라도 출신의 대통령이 나왔으므로 어느 정도 지역감정을 해소할 전기도 마련되었다. 그러나 아직 민족적 자긍심이 솟아날 수 있도록 새로운 '민족적 가치'를 창출하는 대통령을 국민은 기다리고 있다.(중국과 대만의 손문, 중국의 모택동, 일본의 천왕의 경우 자국 내에서 국민통합의 구심점 역할을 하고 있다.)

둘째, 북한의 리더십은 어려운 경제적 난관을 극복하기 위한 정치 체제로 점차 나아가야 한다. 북한은 자급자족이 불가능하고, 그동안 의지하였던 공산국가가 해체된 마당에 국제적 협력 없이 경제를 살릴 수 없는 것은 자명하다. 이것이 더욱 폐쇄적 주민 통제의 빌미가 될지는 몰라도 거꾸로 주민의 생활 향상을 위해서 정치체제를 변화시키고, 사회통제를 완화하는 일이 필요하다. 우리가 북한의 정치체제를 좌우할 수는 없지만, 통일을 위해서는 남북한 정치체제 자체가 근접하지 않으면 안 된다고 볼 때 변화시킬 수 있는 환경을 남한에서 조성하는 수밖에 없다. 이를 위해서는 남한의 정치개혁과 발전이 먼저 이루어져야 한다는 당위성이 있다.

셋째, 남북한 지도자는 대내적 안정을 확립하여 남북 간의 다각적인 교류와 협력이 가능하도록 해야 한다. 이는 다시 말하면 정치체제야 어떻든 남북한 정부가 민족통일의 추진 주체로서 권위를 인정받음을 의미한다. 그래야만 교류와 협력이 내정교란이나 혁명수출의 공작수단이 아니라 상호신뢰를 조성하는 것이 된다. 그러기 위해서는 상대방을 한 국가로서 인정하고 민족 통일문제를 정치전략적으로 악용하지 않아야 한다. 남한의 경우 북한을 한 국가로 인정하면서 '무력침략'에 대비하는 '이중적 태도(정책)'를 당분간 유지해야 하는 것이 불가피하다. 문제는 북한인데, 유엔에 가입한 보통의 다른 나라 같이 국제 기준을 지키는 행동이 필요하다.(우리의 희망 사항)

넷째, 남북의 역사, 교육, 문화, 문예, 정보 각 분야의 전문가나 종사자들이 공동연구를 통해 남북 간의 문화적 이질성을 확인하고 이를 인정하는 과정이 있어야 한다. 남북 간의 여러 차이점을 비판할 것이 아니라 현실로서 인정하는 것이다. 이는 통일 방식과

도 관련되는데, 현실적으로 남북한은 비록 여건에 따라 '흡수통일'이 되더라도 우선은 같은 민족의 또 다른 하나의 나라로 인정하고 국가연합을 목표로 상호 교류와 지원을 통하여 경제적 수준을 비슷하게 해 나가는 것이 급선무일 것이다.[85]

이런 점에서 국민정부의 정경분리의 '햇볕정책'이 나왔는데, 북한이 핵개발을 멈추지 않고, 미사일을 개발하는 바람에 실패로 끝나고 말았다. 그 후 서해 북방한계선을 두고 우리 함정을 공격하여 해군 병사가 다수 사상하는 사태까지 있었다. 거기다 최근에는 천안함 침몰 사건, 연평도 포격 사건을 일으켜 평화적 교류가 중단되기도 하여 앞길이 험난하다.

많은 학자들이 북한도 개방할 것으로 예상하고, 남한에서도 민간 차원에서 많은 인도적 지원을 하고 있어 현재 새 지도자의 체제도 앞으로 긍정적 변화를 예상하지만, 이러한 변화에도 불구하고 북한은 여전히 경계의 대상임을 망각해서는 안 된다. 그러므로 우리의 대북정책은 이중적이 되지 않을 수 없다. 그러나 통일의 여건은 주어지는 것도 있지만, 우리가 만들어 가야 하는 것도 분명 있다. 이를 위하여 남한은 우선 경제적으로 선진국이 되어야 한다는 당위성이 있다.

---

85) 한반도 통일은 국제역학 관계나 또는 남북한의 급격한 어떤 변화에 의해서 통일이 될 것이지만, 그 기회를 맞이하기 위해서는 역시 남북한 모두 정치·경제적으로 더 발전하고 국민의식 역시 국제적 수준에 이르지 않으면 안 된다. 왜냐하면 한반도 통일에 4강四强의 역할을 전연 배제할 수 없기 때문이다. 우리나라는 아직 독일식 통일 모델을 적용하기에는 이르다고 보인다.

오늘날 경제위기에서 보듯이 경제 발전을 위해서는 그 운영 주체인 국민의 '의식구조'가 선진화되지 않으면 안 된다. 어느 나라든지 전통적 의식과 관행이 있는 법이지만, 선진국이 되기 위해서는 전통을 부단히 개혁하는 것이 필수조건이다. 유형문화재처럼 일부 보존되는 전통도 있겠지만, 자본주의와 민주주의라는 현대 산업사회의 모델을 버리거나 쇄국정책을 쓰지 않는 한 국가 전체의 방향과 국민의식은 여기에 맞추어 바꾸지 않을 수 없다.

선진국이 된다는 것은 경제에서 '국제 경쟁력'을 갖춘다는 의미이고, 이를 위해서는 과학기술의 발달을 이루어야 하는데, 여기에 과학적 사고방식과 합리적 삶의 태도가 절대적으로 요청된다. 이러한 과학성과 합리성 없이는 기초과학은 물론 정교한 산업기술의 개발이 불가능하고, 시스템적 거대 프로젝트의 수행도 불가능하다. 여기에 일반적인 의미에서 우리의 '윤리의식'[86)]을 반성해보지 않을 수 없는 것이다. 오늘날 경제위기에 대한 경제 전문가의 처방을 보더라도 결국은 국민의 의식개혁으로 귀결됨을 볼 수 있다.

예를 들면 오늘날의 경제위기 처방에 있어서 가장 핵심적인 것은 구조조정을 하여 외국 투자를 유치하는 것이다. 그런데 여기에서 복지정책 없는 상황에서 실업 문제를 해결해야 하는 난관에 봉착한다. 이 난관을 해결하려면 근본적으로는 국민이 장사를 하고

---

86) 여기서 말하는 윤리의식은 '국민 윤리의식'을 말하는 것이므로 삶의 태도와 행동양식을 결정짓는 '가치관'이라고 할 수 있다.

기업을 해서 먹고살아야 하는데, 그렇게 하기 위해서는 기업과 장사에 대한 전통적 인식에 일대 전환이 일어나야 한다.

더욱이 여기에는 기업과 장사를 가로막는 관료적 행태나 정치논리가 없어져 '시장경제질서'를 또 확립해야 한다. 결국 전통 유교적 사고방식인 상공업 천시의 의식을 바꾸지 않으면 우리는 살아남지 못한다. 이러한 경제 마인드(자본주의 정신)를 갖는 데도 '나라 전체를 살린다'는 의식, 즉 상당한 수준의 윤리의식(공공의식)이 절실히 요청되는 것이다.

4. 현대 한국의 윤리적 상황

현대 한국의 윤리적 상황의 토대는 경제개발이 시작된 60년대 생산력의 근대화와 정치의 '역근대화'에서 출발하였다. 경제발전을 위한 권위주의 정치체제가 용인된 것이 다름 아닌 정치의 역근대화인데, 이것의 뿌리는 역시 전통적 가치체계라고 보지 않을 수 없는 것이다. 이와 같이 경영과 행정에 도입된 근대성은 이 전통적 가치체계의 완강한 저항에 부딪치게 되었다. 말하자면 문화적 모순에 빠진 셈이다.[87)]

그 결과 눈부신 경제성장에도 불구하고 시민사회에서 요구되는 자아의식은 성숙되지 않았고, 쾌락에 젖은 이기심이 경제행위의

---

87) 차인석, 〈탈전통의 문화〉, 한국철학회 편, 《문화철학》(철학과 현실사, 1995), 14쪽. 오늘날 '규제 철폐', '관료마피아 청산' 등도 같은 맥락이다.

동기가 되어 버렸다. 이 현세적 쾌락추구의 자기중심주의는 전래의 무속적 기복신앙과 결합되어 국민의 윤리의식 저변을 강고하게 형성해 버리고 말았다.[88] 불교는 말할 것도 없고 기독교도 이 무속신앙의 기반 위에서 수용되었다. 성스러운 것은 없고, 이 세상이 내세고, 죽는 것이 사는 것이고 하는 식으로 범신론적인 신앙행태를 보이고 있다. 여기에 자본주의는 물신숭배를 낳지 않을 수 없다. 이는 지식의 유무, 빈부의 귀천, 전통적 의미의 양반 상놈을 가릴 것 없이 평등하게 집단 무의식을 이루고 있다고 하여도 과언이 아니다.

원시 무속신앙의 물신숭배는 현대 자본주의의 상업주의와 일치하는 것으로서 그동안 경제성장의 정신적 요인이 되어왔다. 소위 말하는 '유교자본주의'[89]의 한국의 현주소인 셈이다. 그러나 그 기능은 한계가 있다. 자본주의 시장경제의 지속은 개인의 창의력과 자발성을 필요로 하는데, 단순한 물욕이나 소유욕만으로는 고도의 생산성이 유지될 수 없다. 무속신앙의 정신적 기저가 궁극적으로 선진 경제구조가 요구하는 합리성의 원리에 배치되기 때문이다. 무속은 인간의 노동 없이도 재물의 획득이 가능하다고 여기며, 잡

---

88) 차인석, 동상.

89) 태평양 전쟁 후 일본의 경제발전을 두고 미국의 학자들이 동아시아 전통 종교(유교)도 경제발전의 추동력 역할을 할 수 있다고 보았다. 그 후 아시아의 네 마리 용이라 불리는 홍콩, 대만, 싱가포르, 한국의 경제적 성장이 이루어지자 일본은 이러한 현상을 '유교자본론'이라 불렀다. 막스 베버라는 독일 사회학자가 서구 자본주의 발달이 청교도(프로테스탄티즘) 교리와 밀접한 관련이 있다고 본 것에 힌트를 얻어 붙인 이름이다.

신의 은총으로 복이 찾아오고 재앙이 사라진다는 비합리적 사고는 고도의 생산성을 도모하기 위해 동원되는 지적, 물적 자원을 조직하는 합리성의 원리와는 상충된다.[90)]

한국적 자본주의는 이 합리성과 비합리성이 모순됨에도 불구하고 공존하고 있다. 하나의 예를 들어보자.[91)] 자동차 공장의 숙련공은 정밀한 청사진에 따라 차를 조립하고, 경리사원은 경영과 회계 원칙에 따라 계산업무를 본다. 그러나 그들의 사생활에서는 미신에 따라 인간관계를 맺거나 행동의 방향을 결정한다. 다시 말하면 그들은 비합리적인 무속의 틀로써 행동한다. 생산력의 형식적 합리성과 개인생활의 실천적 비합리성 사이에서 유유히 삶을 영위해 나간다. 각종 사회 부정과 부패 및 부조리 역시 이 예를 벗어나지 않는다. 이러한 모순은 선진 공업사회가 안고 있는 보편적인 갈등이지만, 우리 경우는 도가 너무 심하다는 데 문제가 있다.

외국에 나가서는 훌륭한 건축물을 세우면서 국내에서는 부실한 다리를 시공하는 일, 입시 시험문제를 유출하는 일, 백화점을 무단 개축하여 수많은 인명을 앗아가는 일, 분양 받은 아파트를 이웃 사람의 안전은 생각지도 않고 뜯어고치는 일, 안전 불감증과 비합리적 일 처리로 일어나는 각종 재해(최근에는 세월호 침몰사건), 온 국민이 각종 이권과 뇌물 없이는 생활비를 마련할 수 없는 사회구조적 뜯어먹기 경제학, 지도자는 하나같이 정치자금에 연루되어

90) 차인석, 전게서, 15쪽.
91) 차인석, 동서, 16쪽.

줄줄이 감옥행, 사회 지도층에 있으면서도 그 명예를 지킬 수 없도록 만드는 각종 무고와 여론재판,[92] 앉으면 각종 도박, 서면 부동산 투기, 엄청난 지하경제와 불로소득, 불합리한 조세제도, 기득권 옹호를 위한 입법 활동, 법보다는 권력이 앞서는 사회적 관행, 이를 위한 줄타기와 연고주의, 정치적 성격의 경조사, 일류대입시병, 고시열풍 등 일일이 열거하기조차 어렵다.[93]

이 모든 의식의 근저에는 언제나 비합리적인 전통적 의식과 관행이 깔려 있다. 근대화의 짧은 역사에서 나타난 이러한 병폐는 어느 국가든지 갖고 있지만, 우리 한국의 경우 병폐의 뿌리가 구조적으로 지나치게 강고하고, 이를 해결할 지도층이 없다는 데 비극이 있다. 그동안 국민들은 수많은 인명이 희생된 것에 대하여 경악을 금하지 못하였지만, 그 원인에 대해 근본적으로 개혁할 용기도 없었다.

일반적으로 한국인의 병폐, 즉 한국병으로 '이기주의', '연고주의', '편법주의'를 든다. 그러나 이기주의는 현대 자본주의 사회, 또 시민사회에서 부정적인 것만은 아니다.[94] 시민사회는 자율적 개

92) 한국인의 무고로 인한 민사사건은 선진국에 비해 매우 많은 편이다. 오늘날에는 법치 위에 '이념갈등'(소위 남남갈등)이 도사리고 있다.

93) 여기에 대해서는 김용운, 《무너지는 한국, 추락하는 한국인》(고려원, 1995), 허명환, 《관료가 바뀌어야 나라가 바로 선다》(한국세정신문사, 1999), 김동훈, 《대학이 망해야 나라가 산다》(바다출판사, 1999), 이께하라 마모루池原衛, 《맞아죽을 각오로 쓴 한국, 한국인 비판》(중앙 M&B, 1999), 찐원쉐金文學, 《한국인이여 상놈이 되라》(우석, 1999) 등을 참조.

94) 황경식, 《시민공동체를 향하여》(민음사, 1997), 13쪽.

인의 출현과 더불어 생겨난 인위적 이해집단이라 할 수 있으므로 여기서는 이기주의가 오히려 권리의 실질적 내용이 되고 시민적 덕성이 된다. 다만 이기주의가 법과 계약을 통해서 남과 페어플레이를 하도록 잘 길들여지지 않으면 안 될 뿐이다. 그러므로 이기주의가 꼭 나쁜 것은 아니며 '준법정신'의 확립이 더 근본적인 것이 된다.[95]

연고주의 역시 올바로 보아야 한다. 연고는 산업사회의 소외문제를 치유할 수도 있고, 또 사회안전망을 구축하는 등 긍적적 기능도 없잖아 있다. 법 체제가 합리적이지 못하고, 공권력의 집행이 공정하지 못할 때 사람은 연고를 찾게 된다. 그렇다고 제도개혁만을 주장해서는 안 된다. 우리가 법이 없어서 사회가 잘못된 것이 아니고, 법 운영을 잘못하여 법 따로 관행 따로 살아왔기 때문이다. 그러므로 연고의식을 버리는 작업이 병행되어야 한다. 젊은 대학생도 동창회를 지나치게 찾고 있고, 중요 일간지에도 1면에 동창회 광고를 싣고 있다. 그것이 인간적 소외 방지를 위한 인간적 교분이 목적이 아니라면 정치적인 연고주의로 흘러 사회 악폐의 온상을 만드는 것이 될 것이다.

관혼상제 허례허식의 대표격인 부조 관행도 마찬가지이다. 올바른 지성을 가진 사람, 특히 지도층이 솔선하여 악순환의 고리를 끊어야 할 것이다. 요즈음은 또 종교연(교회연)도 있다. 이는 기독교 정신과도 물론 어긋난다. 연고와 연고주의는 잘 구분하여 사회

95) 황경식, 동서, 13-14쪽.

합리화에 온 국민이 하나의 시민운동으로 나서지 않으면 안 될 시점에 이르렀다.

현재 한국의 심각한 윤리의식의 문제 가운데 하나는 법 따로 관행 따로의 이중인격 구조의 문제이다. 이는 법 지배를 확립하지 못한 결과임은 물론이다. 과거부터 민중들이 관의 착취와 학대에 시달려온 경험이 이러한 삶의 요령을 만들었는지도 모른다. 지식층은 지식층대로 높은 유교적 도덕에 따라 살도록 의식적으로 교육을 받아온 결과, 욕망 추구의 현대 자본주의 흐름 앞에서 결국 이중인격을 갖지 않을 수 없게 되었다. 이러한 것은 어느 정도 다른 사회에도 있지만, 우리 사회처럼 돈이 귀족을 만들고 바람직한 귀족 문화와 계층이 없는 사회는 건전한 선진 사회라고 보기 어렵다. 이러한 혼란한 평등사회[96]에서는 오히려 우수한 도덕적 자원이 낭비되고 만다. 그리하여 유교가 원래 가지고 있던 품격 있는 문화도 함께 소멸되고 말 것 같은 우려가 있다.

이를 해결하기 위해서는 법질서의 확립이 중요하고, 아울러 사회적 지도 계층(건전한 중산층이라 해도 좋다)이 자리를 잡을 수 있고, 또 그들의 도덕 문화가 보호되는 분위기를 만들어 가는 것이 중요하다. 왜냐하면 우리나라는 개인의 소중한 도덕적 자산이 사회 체제와 법질서의 미비로 묻혀버리기 때문이다. 여기에는 윤

---

96) 김용운은 한국인은 잘못된 평등의식을 가지고 있다고 말한다. 즉 자신에 대한 내성內省이 따르지 못하고 무턱대고 남과 같은 처지가 되려고 한다는 것이다. 전통의 한恨 의식에서 '당할 수만은 없다'는 피해의식이 굴절된 평등의식으로 발산한다는 것이다. 김용운, 전게서, 146-147쪽.

리의식의 하드웨어로서 경제정의 실현, 부의 공정한 분배 같은 삶의 조건들도 물론 함께 개혁되어야 한다. 아울러 이제 건전한 진보-보수 갈등 이외의 불필요한 이념적 갈등은 버려야 할 것이고, 국민들이 인생의 안락함과 편안함을 누릴 수 있는 정치사회적 분위기를 만들어야 할 것이다. 여기에는 가족을 중시하고 도덕을 중시하는 전통 유학이 도움을 줄 수 있을 것이다.

제4장 중국의 사회주의 건설과 유학의 장려

1. 서 언

1978년 등소평鄧少平(덩샤오핑, 1904~1997) 체제의 등장 이후 중국은 모택동의 공산주의 경제 체제를 버리고 시장경제(자본주의) 체제를 도입하기로 결정했다. 1991년 공산주의 경제 체제였던 소비에트 연방이 무너지면서 중국은 자기들의 결정에 더욱 확신을 갖게 되었다. 개방 선언 후 바로 홍콩 옆 심천을 경제특구로 지정하여 홍콩, 대만, 싱가포르, 말레이시아 등 소위 동남아시아 화교華僑의 자본을 유치하고, 동시에 서구 자본의 투자도 허용하여 연 10~12%의 경제성장을 이루었다. 지금은 세계경제의 위축으로 성장률이 조금 낮아졌지만 여전히 성장가도를 달리고 있다. 과거 한국의 6, 70년대 경제성장을 상기시킨다.

이러한 대외적인 문호 개방과 자본주의적 경제운용의 결과 필연적으로 중국민들의 정치적 자유에 대한 요구가 높아질 수밖에 없다. 1989년 '천안문天安門 사태'가 대표적 사건인데, 정치적 자유에 대한 요구이다. 개혁개방 후 11년 만에 찾아왔다.(당시 국민소득으로 보아 너무 일찍 온 느낌이 있다) 이 사건을 계기로 중국은 마르크시즘, 모택동 사상(마오이즘) 대신 중국의 정신문화를 이끌어갈 새로운 이념을 필요로 하였다. 즉 정치는 여전히 공산당 일당 체제로 하면서 시장경제(자본주의 경제)를 운영할 지도이념이 필요했다. 우리나라에서 과거 1970년대에 정치적으로 '한국적 민주주의'를 제창하고, 정신문화 창달을 위해 '민족문화 중흥'을 내세워 '고전국역사업'을 지원하고, 사회기강을 쇄신하는 차원에서 '가정의례준칙'을 만들고 농촌의 부강을 위해 '새마을 사업'을 추진하던 취지와 유사하다.

중국 개방보다 먼저 기독교 전통이 없는 동아시아에서 네 마리 용이 경제성장 하는 것을 보고 막스 베버식으로 그 배경에 문화(종교)적 요인으로 유교[97]가 있다고 하여 '유교자본주의론'을 일본 학자들이 주장한 바 있다.[98] 물론 유교자본주의론이 문화와 경제 관계를 적절히 분석한 것은 아니라 하더라도 거시적으로 보면 유교 문화권으로 묶을 수 있는 나라들의 경제 발전이므로 그렇게 부를 수 있다. 그러나 이 문제는 너무 거시적으로 보고 일반화한 주장이라 각 나라별로 경제성장의 요인에 대해 좀 더 세부적으로 따져보아야 한다. 중국 지도자들은 동아시아 각국의 성장을 보고 중

---

97) 이 글에서 소위 '유교'를 문맥에 따라 '유학', '유가사상'으로도 표시하였지만, 의미는 같다.

98) 일본의 모리시마 미치오森嶋通夫가 "영국의 자본주의를 신교자본주의라 할 수 있다면 일본의 자본주의는 유교자본주의라고 할 수 있다."라고 하였다. 모리시마 미치오, 〈명치유신을 생각한다〉, 《속 영국과 일본》, 이와나미 서점(岩波書店), 1978, pp. 186-187; 김홍경, 〈유교자본주의론의 형성과 전개〉, 《동아시아 문화와 사상》 제2호, p. 15에서 재인용.

국을 살리는 길은 경제 체제 개혁 밖에 없다고 생각한 것이다. 그리하여 1976년 모택동 사망과 더불어 '문화대혁명'이 끝나자마자 등소평이 개혁개방을 선언한 것이다.

중국의 경우는 5·4 운동(1919) 때부터 자국의 문화를 지키기 위하여 민족주의적 입장에서 전통문화에 대해 여러 가지 의견을 내놓았다. 중국은 청말 아편전쟁 패배 후부터 양무운동洋務運動, 변법운동變法運動, 공자교孔子教 운동 등을 거쳐 1919년 5·4 운동 시기부터는 대대적으로 중국문화를 지키기 위한 논의가 활발하게 일어났다. '철저재건론(全般西化論)'과 '유학부흥론(中體西用論)'으로 크게 대별되는데, 절충적인 입장에서 '비판계승론'이나 '서체중용론西體中用論'이 있다.

이 중에서 비판계승론이 가장 많은 사람들의 지지를 받았다. 중국 당국의 입장도 이 비판계승론이다. 그러면서 중국 당국은 철저재건론을 누르기 위하여 유학부흥론을 측면 지원한다. 또 이것은 소위 서양문화에 대해 중국문화를 지키면서 한편으로 중국문화를 세계에 선전하려는 '현대 신유가'의 입장과 같으므로 현대 신유가 학자들에게도 관심을 가졌다. 그리하여 그들을 지원하여 1980년 이후부터는 대륙으로 초빙하여 강연의 기회를 제공하기도 하였다. 이러한 유가사상에 대한 관심은 동아시아 화교권과의 유대강화, 대만(Taiwan)과의 통일을 염두에 둔 포석이기도 하다.

그러나 비판계승론이라고 하지만 유학의 부정적인 면이나 부적합한 면을 보지 못한다면 결국 일방적인 유학부흥론이 될 수밖에 없을 것이다. 중국은 공산혁명(1949)과 모택동毛澤東(마오쩌뚱, 1893~1976)의 '문화대혁명'(1966~1976)에 의해 유교의 전통은 거의 파괴된 바 있고, 그때 중국인의 뇌리 속에 과거 전통의 유교는 거의 남아 있지 않았다. 그러므로 한국처럼 단절되지 않고 유교적 사고방식이나 삶의 관습이 '역사적으로 남은' 경우와는 사정이 좀 다르다. 이런 점에서 중국식 사회주의 건설을 위해 도입한 유교가 어떤 부정적 영향을 끼칠 것인지 알 수 없고, 또 어떻게 극복할지 지켜볼 일이다.

또한 유교를 리바이벌하게 되면 그 속에 담긴 중화주의가 이웃나라에 끼칠 나쁜 영향도 유의해보아야 한다. 지금 해외 중국문화원을 '공자학원'이라 하고, 소학교부터 중국고전(주로 사서四書)을 읽는 지도를 한다고 한다. 우리나라에도 직간접으로 영향을 줄 것인데, 현대판 '모화慕華 사상가'가 나와서는 안 될 것이다. 중국에서도 냉정하게 유학부흥론, 유교자본론을 비판하는 지성이 많다는 것을 우리는 기억해 두어야 한다. 우리는 이미 한자를 쓰지 않고, 또 젊은 세대는 인터넷 영향으로 더욱 한자에서 멀어지고 있어 중화사상의 피해나 사대모화의 오염을 크게 걱정 안 해도 될 것 같지만, 그래도 우리의 주체적 문화 창조를 위해서는 항상 깨어있어야겠다.

2. 중국식 개혁개방과 시장경제

1978년 중국 공산당 11기 3중전회(중앙위원회 제3차 전체회의)에서 등소평이 '사상해방', '실사구시'로 표현되는 실용주의 국가 운영 지침을 천명하면서 본격적으로 시장경제를 도입하기 시작하였다. 그 슬로건은 '중국적 특색을 지니는 사회주의 건설'이었고, 그 프로그램이 소위 개혁과 개방이었다. 개혁은 모택동 시대의 정치 경제 정책을 바꾼다는 의미이고, 개방은 서구 자본주의의 전면적 수용은 아니지만 시장경제 체제로 경제를 운용하겠다는 의미이다. 물론 이에 수반되는 정치적 조치를 하겠다는 뜻도 담겨 있다. 그러나 국가 경영의 근본 뼈대인 공산당 일당 독제 체제를 어떻게 할 것인가에 대한 언급은 없다. 그러므로 개혁 개방은 '시장경제'를 구축하고 운영하여 생산력을 높이겠다는 뜻이라 할 수 있다.

그리하여 10년 정도 개혁 실험을 거친 후 1987년 10월 중국공산당 제13차 대표대회에서 현재 중국은 '사회주의 초급 단계'에 있고, 시급히 해야 할 일은 생산력을 높이는 것이며, 따라서 시장의 조절 기능이 충분히 발휘되어야 한다고 천명하였다.[99] 여기서 '사회주의 초급단계'에 있다는 것은 성숙한 사회주의 성숙단계가 되면 자본주의와는 다른 부강한 나라가 되어 세계에서 제일 강한 미국과 러시아에 대항하여 패권을 다투는 '진정한 사회주의 국가'가 된다는 뜻을 암시하고 있다.

그러나 개혁개방 이후 서구 자본의 유입과 자본주의적 운영 방

---

99) 최익만, 〈중국 특색의 사회주의 시장경제 연구〉, 《중국연구》 3권 1호, 대륙연구소, 1995, p. 200; 국민호, 〈사회주의 시장경제와 중국의 정치문화-유교의 역할〉, 《비교사회》 통권 1호, 한국비교사회학회, 1997, p. 95에서 재인용.

식, 시장경제에 수반되는 시민의 자유의식은 1989년 '천안문 사태'(천안문 광장에서 자유주의자들이 일으킨 데모)를 일으키고, 한때 세계의 이목을 집중시켰으나, 등소평은 아직 사회주의 초급단계에 있는 중국이 급진적으로 '자유경제와 사상'으로 너무 빨리 나가는 것은 위험하다고 판단, 무력으로 진압하였다. 이때 서구적 자유주의를 추종한 사람들은 해외로 망명하였다. 1992년 등소평이 심천, 주해 등 경제특구와 상해를 순방하면서 행한 소위 '남순강화南巡講話'를 계기로 개혁개방은 가속도가 붙기 시작했다.

그해 10월 강택민 총서기의 발표에 '사회주의 시장경제 체제'란 말이 처음 공식적으로 등장하였다. '사회주의 시장경제'란 국가의 거시적 통제하에 시장으로 하여금 자원 배치에 대한 기초적 작용을 하게 한다는 것이다. 그전 사회주의 체제하에서는 자원 배분은 국가가 독점하였으나, 이제는 그것을 어느 정도 시장 기능에 맡기겠다는 뜻이다. 1993년 3월 제8기 전국인민대표대회 제1차 회의에서 중국공산당은 사회주의 시장경제를 국시로 채택하기 위해 헌법을 개정하고 정부 지도부도 개편하여 이 정책을 지속적으로 또 안정적으로 이끌어갈 수 있는 체제를 구축하였다.[100)]

1978년 시험적으로 시작된 개혁개방이라는 이념(정책)은 30년이 지난 지금 마오이즘(모택동식 마르크스주의)을 대신하여 중국의 새로운 이데올로기로 자리 잡았으며 문화이념으로서도 생활지침

---

100) 장송자, 〈제8기 전인대 헌법의 특징〉, 《중국연구》 창간호, 대륙연구소, 1993, p. 7; 국민호, 위의 논문에서 재인용.

으로서도 대세가 되었다. 그동안의 경제발전 또한 괄목할 만하여 연 10% 넘게 성장한 경제는 국민총생산액(GDP)이나 외환보유고만 보더라도 일본을 제치고 미국을 따라가고 있다.(인구가 많다는 것을 고려하면 질적으로는 물론 문제가 있다.)

그러나 그 방향이 바람직한 방향으로만 가고 있지는 않다. 처음에는 강력한 중앙집권하에서 개방정책을 취하였지만 이후 지방정부의 세력화나 군부의 지방분권화 등 지방이기주의가 중앙정부의 통제를 어렵게 하고 있으며, 시민민주주의 경험이 전무한 상태에서 맞이한 이러한 개방정책하에서는 빈부격차와 관료들의 부정부패, 무책임한 배금주의와 상행위 등이 만연하고 있다.

중국식 사회주의는 모택동이 강조했던 인간의 주관적 의지보다는 경제발전이나 과학기술의 향상과 같은 물질적, 객관적 요인을 중시한다. 모택동 사상이 대약진운동 기간에 재화의 분배에 '평균주의'를 강조했으나, 중국식 사회주의는 노동에 따른 분배를 주장하고 일부 기업이나 개인이 먼저 부유해지면 나머지 대다수 인민들도 자극을 받아 점차 부유해질 수 있다는 소위 '선부先富 사상'을 강조하고 있다.[101] 중국공산당 11기 3중전회 후 정권을 잡은 등소평은 '4개 현대화'와 개혁개방을 당면한 급선무로 내세웠다. 4개 현대화란 1975년 주은래周恩來(저우언라이, 1998~1976)가 전국인민대표대회에서 제시한 농업, 공업, 국방, 과학기술 분야의 현대화를 말한

101) 월간중앙 1993년도 신년호 별책 부록 《중국의 비밀 : 300문 300답》, 중앙일보사, 1993, pp. 220-221.

다.[102] 그러나 주은래 사망 이후 화국봉華國鋒(화구오펑, 1921~2008) 체제에서 무리한 정책추구로 실패한 적이 있다. 그러나 등소평은 사회주의가 자본주의보다 노동생산성에서 뒤떨어짐을 인정하고 자본주의 경제 운영방식과 선진과학기술을 적극 도입하여 다시 한 번 4개 현대화 실현을 국가 최우선 과제로 채택한 것이다.[103]

등소평은 중국의 사회주의 노선을 '1중심 2기본점'이라 표현하였는데, 이는 개혁개방을 하나의 기본점으로 삼고, 다른 한편으로는 사회주의 통치원칙인 '4항 견지 원칙'을 또 다른 기본점으로 고수해야 한다는 의미이다. 여기서 말하는 '4항'이란 프롤레타리아 독재, 공산당 지도, 사회주의 노선, 마르크스-레닌 및 마오이즘을 말한다.[104] 결국 등소평이 말하는 중국 특색의 사회주의란 경제는 좌경으로 가지 않고 정치는 우경으로 가지 않는다는 이른바 '경제 반좌反左, 정치 반우反右'의 선택을 말한다.[105] 간단히 말해 공산당 일당 통치체제와 집단지도 체제를 유지하는 중국식 정치 방식 아래 경제만 시장경제(자본주의 생산양식과 해외투자 유치)를 시행한다는 것이다.

1984년에 열린 제12기 중앙위 3차 전체회의에서 채택된 '경제체제 개혁에 관한 결정'은 중국식 사회주의의 개념, 그중에서도 시

102) 육정균, 《중국 사회주의 건설 논리 : 경제개혁과 교육, 언론》, 도서출판 주류, 1991, p. 275.

103) 월간중앙, 앞의 책, pp. 229-231.

104) 장송자, 앞의 논문, p. 9; 국민호 앞의 논문 p. 105에서 재인용.

105) 장송자, 앞의 논문, p. 10; 국민호 앞의 논문 p. 105에서 재인용.

장경제, 상품경제, 대외개방(외자유치) 등에 대한 정책을 명확히 보여주고 있다.[106] 그리하여 1992년 과감한 가격자유화 조치를 취했고, 주식제도도 도입하였으며, 국영기업의 민영화도 시도하였다. 등소평 체제는 따라서 공산주의 사상, 즉 마르크스-레닌 사상의 재평가를 필요로 하게 되었다. 마르크스는 "사회주의 공동소유를 실현한 뒤에 공동소유의 우월성을 발휘하여 생산력을 발전시켜 인민들의 물질수요를 충족시켜야 한다."고 주장하였으나,[107] 중국에서는 이 원칙대로 실현되지 못했다.

이는 마르크스-레닌 혁명 이론이 부르주아 계급과 프롤레타리아 계급 간의 계급투쟁 이론에 치중하였고, 소련이나 중국의 혁명도 정치적 혁명에 치우친 결과 경제 운영에 필요한 지식과 경험이 부족한 데 원인이 있었다. 거기다 중국은 오랜 왕조 체제의 농업 자족사회였고, 지배 엘리트도 봉건적 관료로서 왕에게 봉사하는 경세 이론은 있으나 자발적인 국가 경영 의지나 경제 지식이 별로 없었던 것도 주요 원인이다. 무엇보다 시대가 바뀐 탓도 있다. 서구나 미국, 동아시아 일본의 경제적 발전은 마르크스-레닌 당시에는 상상하지 못했던 일이었다. 이것은 중국의 공산주의 실패를 말할 뿐만 아니라 소비에트의 몰락(1991년 12월)으로 공산주의식 경제 운영은 인간의 제도로서는 맞지 않다는 인류 보편의 소중한 경험을 가져다 준 세계적 사건이라고 볼 수 있다.

106) 최익만, 앞의 논문, p. 200; 국민호 앞의 논문 p. 106에서 재인용.
107) 홍만호·J. Y. Kwon, 《중국대륙》, 녹원출판사, 1988, p. 26.

1993년 3월 열린 제8기 전인대(전국인민대표대회) 제1차 회의에서 헌법 개정이 이루어졌는데, 그 내용을 보면 첫째, 중국의 현재 상황은 사회주의 초급단계이고, 중국 특색의 사회주의 건설 이론에 입각하여 현대화를 실현한다는 목표를 정했다.

둘째, 국영경제와 국영기업이라는 용어를 '국유경제'와 '국유기업'으로 수정했다. 이는 국가의 소유권과 기업의 경영권을 분리하여 자주적인 기업 경영권을 보장하겠다는 뜻이다.

셋째, 과거 '농촌인민공사', '농업생산합작사' 등 소위 집단 생산체제를 삭제하고, 개별농가에 생산을 위탁하는 '가정청부제家庭請負制' 위주로 개인(가구家口)에게 생산 책임을 지우는 방식으로 바꾸었다.

넷째, 과거 헌법 15조의 "국가는 사회주의적 공유제의 기초 위에서 계획경제를 실시한다."는 부분을 개정헌법 제7조에서는 "국가는 사회주의 시장경제를 실행한다."로 변경하였다. 이는 국가 계획경제에서 시장경제 체제로 바꾼다는 것을 뜻한다.

다섯째, 과거 헌법 제17조의 "집단 경제조직은 국가계획의 지도를 받고 관련 법률을 준수한다는 전제하에 독립적으로 경제활동에 종사할 자주권을 가진다."는 내용이 개정헌법 제9조에서는 "집단 경제조직은 관련 법률을 준수한다는 전제하에 독립적으로 경제활동에 종사할 수 있는 자주권을 가진다."로 수정되었다. '국가계획의 지도를 받고'가 삭제된 것으로, 이는 자유로운 경제활동을 보장한다는 의미이다.[108)]

그러나 시장경제 체제와 모순되고 장애가 되는 계급투쟁과 '4항 견지원칙'은 손대지 않은 점을 주목할 필요가 있다. 공산당 일당 독재 체제와 집단지도 체제는 그대로 유지하고 서방의 민주주의 방식은 전연 고려하고 있지 않다는 뜻이 담겨 있다. 일종의 사회주의와 자본주의의 '절충론'인 셈이다. 그 배경에는 원만한 경제 발전을 위해서는 강력한 중앙집권 체제가 필요하고, 공산당에 대신할 만한 대안이 아직 없다고 생각하는 현실적 요청이 깔려 있다.

중국은 한족이 다수를 차지하여 단일민족 국가나 마찬가지이지만, 역사적으로 진나라 통일 이후 오랫동안 왕조체제를 유지하여 왔다. 수시로 북쪽 흉노족이나 몽고족, 또는 만주족에게 나라를 빼앗기기도 하여 많은 우여곡절을 통한 큰 변화의 역사를 경험한 것 같지만 지배세력만 바뀌었을 뿐, 그 영토에 그 한족의 왕조라는 정치 체제는 변함이 없었다.

중국은 풍토에 있어서도 북쪽의 천산, 곤륜산맥으로 둘러싸여 있고, 서남쪽으로 히말라야 산맥이 둘러싸고 있고, 동쪽으로는 태평양에 접하고 있어 땅은 넓지만 외부와 단절된 분지와 흡사한 조건을 갖추고 있다. 즉 외부 세계와 단절된 지리적 환경을 갖고 있다.[109] 주변에 오랑캐가 있다고는 하지만 교섭할 만한 상대도 아

---

108) 장송자, 앞의 논문, pp. 12-13; 국민호, 앞의 논문 p. 110에서 재인용.
109) 최영진, 《동양과 서양 - 두 세계의 사상, 문화적 거리》, 지식산업사, 1998(8쇄) 참조.

닌 폐쇄적인 지형은 문화의식에도 그대로 반영되어 '민족(종족) 우월주의'와 함께 '중화의식'을 낳았다.

그러던 중국이 19세기에 와서 갑자기 서양의 침략을 받게 되자 혼란에 빠지지 않을 수 없었다. 서구 열강과 일본의 침략은 중국을 멸망시키기에 충분하였으나 땅이 넓은 덕분에 열강끼리의 이해 다툼에서 국토 전체의 식민지화는 면하였고(반半식민지 상태), 그 대신 외세의 간섭과 어우러져 내전에 휩싸이게 되었다. 사실 사회주의나 자본주의나 중국의 전통에서 보면 전연 낯선 이데올로기였고, 국가 존망 앞에서 이데올로기를 따질 여유도 없었다고 보는 것이 더 정확할 것이다.

모택동이 장개석과의 싸움에서 이긴 결과 사회주의(공산주의) 국가가 중국에 세워졌다. 따라서 개혁개방 이전의 공산정권 하에서는 모택동 중심의 정치행위에 과거 왕조 체제의 습관이 많이 남아 있었던 것이 사실이다. 원세개袁世凱(위안스카이, 1859~1916)의 등장[110]이나 모택동 개인의 처신[111]이 왕조풍을 띠고 있었던 것이 이를 증명한다. 그러므로 개혁개방 이후라 하더라도 완전히 서구적 정치의식(자유주의, 민주주의 등)이 부식扶植되기에는 시간이 걸리거나 아니면 도저히 불가능할지도 모른다.

---

110) 손문의 혁명 직후 군대를 가지고 있던 원세개가 총통에 올라 혁명을 무력화시킨 일이 있는데, 1년 만에 죽음으로써 짧은 해프닝으로 끝나고 말았다. 이런 저런 상황을 경험한 손문은 죽으면서 "혁명은 아직 끝나지 않았다."라는 유명한 유언을 남기기도 했다.

111) 모택동이 마치 황제처럼 군림했다는 것이 측근 일본 요리사의 증언으로 세상에 밝혀지기도 했다.

최근의 '동북공정東北工程'이나 '장성공정長城工程'에서 보인 안하무인의 역사 왜곡, 또 중국지도자들의 의식, 예를 들면 6·25전쟁 시 중국의 군대 파견을 '항미원조抗美援助'라고 보는 것이나(남한과 미국에 의해 북한이 침략을 당하였다는 북침北侵이 전제됨) 북한의 군사 도발 행위에 대한 태도(침묵 또는 외교적 언사로 일관) 등에서 과거 왕조시대의 중화의식을 여실히 볼 수 있다. 이런 것이 크게 보면 유교식 왕조정치 체제의 연속에 다름 아니다.

3. 중국식 사회주의 건설과 유학의 장려

1978년 개혁개방 이후 1989년 천안문 사태는 특수한 상황이라고 본다 하더라도 개혁개방이 상당히 진척된 현 상황에서도 중앙권력에 대한 순응, 중앙권력에 의한 통제라는 전통적인 중국인의 정치의식이 남아 있다. 등소평이 지방 분권화가 이루어져야 한다고 강조했지만, 아직 중앙집권화된 관료제가 굳건하게 자리를 지키고 있다. 정치대국, 경제후진국으로서의 국제적 위상과 주변국과의 긴장, 개혁개방 과정에서 나타난 지역간 불균형, 도농간 소득격차, 이에 따른 지역 이기주의와 부정부패, 지방권력의 신장에 따른 중앙권력의 약화 등의 문제는 지방분권화를 어렵게 하고 있다. 왜냐하면 중국은 강력한 중앙집권적 지도력 없이는 성공적인 경제개혁을 기대하기 어렵다고 생각하기 때문이다.

또 중국인은 지도자의 과오에 대해 크게 문제 삼지 않는 집단심리를 가지고 있다.(일본인도 그런 경향이 있다) 모택동의 과오에도 불구하고 여전히 손문-모택동을 민족의 지도자로 여기고 있다. 1989년 천안문 사태 때도 그러했고, 등소평의 남순강화 때도 그의 말 한마디가 개혁의 시발이 되었듯이 지도자의 말 한마디가 법 이상의 권위를 가지고 있다. 이처럼 아직 중국에서는 정부의 뜻에 반대하는 의견이 허용되지 못하고 있다. 당분간 유교적 전통에서 유래하는 지도자의 권위와 이에 대한 국민들의 순종, 특별한 종교 없이도 낙천적으로 현세주의적 삶을 살아가는 중국인의 생활태도에 별반 변화는 없을 것이다.[112)]

그러나 다른 한 면을 들여다보면 그렇지 않은 움직임도 서서히 나타나고 있다. 개혁개방에 따른 자유방임주의와 그에 연유하는 개인주의, 이기주의, 황금만능주의, 지나친 상업주의 등 사회적 병폐가 쌓이고 있는 것이다. 시장경제는 곧 자본주의의 배금주의와 상업주의 사고방식을 낳게 되어 있기 때문이다. 이것은 과거 공산주의 사회의 일사분란한 사회의 질서에서 볼 때 불안정하게 보일 것이다. 생활 태도에 특별한 종교윤리를 가지지 않은 중국인의 인생관의 경우 가정윤리를 중심으로 삶을 꾸려가는 경향이 많다. 이것은 사회 안정 역할을 해온 유교 윤리의 역할이라고 할 수 있다. 그러나 개방 이후 점차 혼란을 겪고 있다. 이에 대해 중국정부가 유학이 마르크스 사상 대신 사회 안정을 가져오고, 또 대외적으로 동남아시아의 화교까지 문화적으로 묶을 수 있는 좋은 정책이 아

112) 국민호, 앞의 논문, pp. 122-123.

닐까 생각한 것은 어쩌면 당연한 일인지도 모른다.

또한 소비에트 연방의 해체(사회주의 생산 방식의 실패)로 이제는 마르크시즘으로 정치 이념을 삼기에는 시대에 맞지 않고, 그렇다고 서구의 각종 사상과 이념을 그대로 무비판적으로 받아들이기에는 자존심이 허락하지 않는 점이 중국 공산당 지도층의 생각이다. 특히 지식인들의 경우는 서구 중심의 근대 문명 자체가 탈근대라고 하여 극복하고 수정해야 하는 대상이 된 마당에 서구 근대 사상에 연관되어 있는 각종 사상이나 이념을 단순 추종하는 것은 적절하지 않다고 생각할 것이다. 최근 중국 사회가 유학을 들고 나온 이유도 대략 이러한 복선과 배경을 깔고 있다.

1980년대에 들어와 개혁개방이 진행됨에 따라 중국 학계에서는 마르크스 사상에 맞추어 전통사상을 해석하던 방식을 벗어나 전통사상, 특히 문화대혁명 때 심하게 배척하였던 공자와 유가사상에 대해 새로 조명하기 시작했다. 개혁개방에 유가사상이 어떠한 역할을 하는가에 대한 논의인데, 이는 1970년대 일본에서 유행한 '유교자본론'의 영향을 다분히 받은 '중국식 유교자본론'이라 할 수 있다. 이때 하나의 붐을 조성했다 하여 '문화열文化熱(문화 논의 붐)'이라고 했다. 이때 유가사상의 논의 방향은 3가지 관점이 있었다.

첫째, 전반서화론全般西化論으로 유가사상이 현대화에 오히려 방해가 되므로 서구 자본주의의 길을 가야 된다는 입장이다. 둘째, '현대 신유가'를 표방하는 학자들의 주장으로 유가사상이 경제발전에 긍정적 작용을 한다고 보는 입장인데, 일본의 유교자본론과 같은 주장으로 '유교부흥론'이다. 셋째, 마르크스 사상을 견지하는 입장에서 유가사상을 비판적으로 계승 발전시키자는 입장이다. 이 견해는 물론 중국공산당과 많은 지식인들의 공감을 얻었다. 넷째, 이택후李澤厚(리쩌후)가 주장한 '서체중용론'이 있는데, 이는 서양문화를 중심으로 하고 중국문화로 보완하자는 뜻인데, 별로 호응을 얻지 못하였다.

2차 대전 이후 독립한 아시아 국가들은 자본주의 경제를 채택하여 산업화, 현대화에 착수, 30여 년 동안 괄목할 만한 성과를 이루었다. 대표적인 나라가 말레이시아, 싱가포르, 대만, 홍콩, 한국 등이고, 최근에는 베트남 등도 늦었지만 산업화에 적극 나서고 있다. 그런데 이들 중 한국, 베트남 외에는 전부 화교들이 상권을 쥐고 있는 나라들이다. 전 세계 화교가 2,800만 정도인데, 90%가 아시아에 집중하여 살고 있다. 사실 이 화교경제권이 있음으로써 중국의 개혁개방도 성공을 거둔 것이다.

화교들은 고향을 떠나온 사람들이고, 언젠가 본국으로 돌아간다는 귀소의식이 잠재되어 있어서 저축률도 높고 상행위에서도 혈연과 지연을 이용하여 단결을 잘 하였던 것이고, 이것이 경제 발전에 큰 힘을 발휘하였다. 이들의 공통점은 역시 '유가사상'과 '한자'라고 할 수 있다. 중국의 개혁개방에 이들의 경제적 기여를 무시할 수 없고, 또 지속적으로 동아시아 중화경제권으로부터 지원을 받기 위해서도 공통요소인 유가사상에 주목하지 않을 수 없었다. 이런 점도 작용하여 중국 지도자들이 유가사상에 주목하게 된 것이다.

5·4 신문화 운동(1919) 당시 서구의 문화적 침략에 맞서기 위하여 중국 전통문화를 계승 발전시키려 한 소위 '현대 신유가'들이 그 후 대륙이 공산화되면서 홍콩, 대만이나 미국 등 해외로 도피했으나 개혁개방 이후에는 중국정부가 이들을 중국 대륙으로 불러들여 유가사상을 선전하도록 허용한 것도 눈여겨볼 만하다.

중국에서 현대 신유학(또는 유학부흥론)이 정부의 지원을 받게 된 것은 1986년 11월 북경에서 열린 "철학, 사회과학 제7기 5개년 계획 회의"에서 '현대신유가연구' 과제를 중점항목으로 선정하였기 때문이다. 1984년부터 지식인 사회가 전통문화와 사상에 대해 눈을 돌림으로써 대대적인 토론이 벌어졌다.

이해 9월에 '공자기금회'가 결성되면서 양수명梁漱溟(량수밍, 1893~1988), 풍우란馮友蘭(펑요우란, 1895~1990)을 명예고문으로 추대하는 등 유학이 문혁文革의 사슬에서 풀려나 완전히 복권된 것도 이때였다. 같은 해 10월에 민간연구단체 '중국문화서원'에서 현대신유가 제4세대 학자인 두유명杜維明(뚜웨이밍), 성중영成中英(청중잉) 등을 초청하여 중국에서 순회 강연도 하고 글도 발표하도록 하여 '문화열'을 고조시켰다.[113)]

사실 중국에서는 '문화열文化熱'이라고 하지만 문화에 그치지 않고 자유로운 사상 발표(논쟁)의 확대라고 할 수 있다. 이 문화열에는 앞에서 말한 대로 4가지 의견이 대립되었다. 중국 당국이 비판

---

113) 송종서, 《현대신유학의 역정》, 문사철, 2010, pp. 434-435.

계승론의 입장을 취하면서 '유학부흥론'을 지원한 것은 서구식 자유주의, 자본주의, 민주주의를 요구하던 철저재건론을 억제하고 화교자본을 끌어들이려는 계산이 깔려 있었음은 물론이다.[114]

이러한 유학열, 즉 사상해방에 맞추어 전통사상에 대한 정리 편찬 작업이 또 대대적으로 진행되었는데, 예를 들면 다음과 같다.[115] 연구기관으로는 공자연구원(1999, 곡부 / 2002, 인민대) 등이 설립되었고, 1994년 '국제유학연합회'가 창설되어[116] 4년 주기로 국제학술대회를 개최한다. 또한 각 지역의 공자 사당(공묘孔廟)을 복원하고 인민대학과 사천사범대학, 그리고 천안문 광장에 공자상이 세워졌다.(천안문 광장 것은 그 후 고궁 안으로 옮겼다) 편찬사업으로는 《중국유학사》(전 10권 총 100만자, 사천대학 고적연구소), 《20세기 유학연구 대계》(약 1,000만자, 산동 곡부사범대학), 《유장儒藏》(총 8억자, 유경儒經, 유론儒論, 유사儒史 3부분으로 나누어 15~20년 동안 진행, 북경대학) 등이 있다. 산동대학에서는 최근에 부속 연구기관으로 '유학연구센터'와 별도로 '유학고등연구원'을 설립하였다.(2010. 4, 원장 허가로許嘉璐)

교육방면에서도 유학을 장려하고 있다.[117] 청소년들에게 유교경

---

114) 위와 같음.

115) 이철승, 〈중국의 동아시아 공동체론〉, 《오늘의 동양사상》 제15호, 예문동양사상연구원, 2006, p. 134.

116) 초대 이사장은 한국의 성균관장 최근덕 선생, 2, 3대는 당유唐裕 선생(싱가포르), 4대는 한국의 성균관대학교 전 총장 서정돈 선생이 맡았다.(임기 4년) 초대, 2대 회장은 중국의 곡목谷牧 선생이, 3, 4대는 섭선평葉選平 선생이 맡았다.

전을 읽히기 위해 1995년에 조박초趙朴初(자오퍄오추) 등이 전국정치협상회의에서 '유년고전학교幼年古典學校' 설립을 건의하였고, 그 해에 중국청소년발전기금회에서 '중화고시문경전송독中華古詩文經典誦讀' 활동을 시작하여 100여 개의 현에서 시험적으로 실시하였다. 2001년부터 청소년 경전 읽기 지도 기관 단체들이 생겨나고, 교재도 편찬하였으며, 경전 읽기 대회도 열고 있다.[118] 초등학교에서부터 유교경전을 읽는다는 것은 유가사상을 국시로 삼는다는 뜻이다. 앞으로 유교의 나라 한국에서는 그 진행을 지켜볼 필요가 있다.

중국공산당이 사상의 자유를 무한정 허용한 것은 아니지만, 계승발전론에 호감을 나타낸 것을 계기로 유가사상에 대한 조명은 당의 지원하에 계속되었다. 1999년(중국건국 50주년 해) 9월 9일 베이징 인민대회당에서 중국문화부, 교육부, 사회과학원 등이 주관한 '공자 탄생 2550년 기념좌담회'에서 사회과학원장 이철영李鐵英(리티에잉)은 공자와 유가사상의 역사적 역할을 논하고, 전통문화는 복합적이므로 반드시 비판적 계승의 원칙을 지켜야 한다고 천명했다.[119] 또한 2005년 5월에는 중국공자기금회와 곡부사범대학이 공동으로 중국 최초의 유가사상을 전문으로 교육하고 연구하는 정규대학인 '공자문화대학'을 개교했다.[120]

---

117) 이철승, 앞의 논문, p. 134.

118) 더 자세한 것은 이철승, 앞의 논문 참조.

119) 디지털 조선일보 9월 15일 국제면; 고영근, 〈개혁개방 이후 중국정치의 유가적 운용에 관한 연구〉, 《21세기정치학회보》 10-2호, 21세기정치학회, 2000, pp. 176-177.

120) 고영근, 위의 논문, p. 177에서 재인용.

개혁개방 조치 후 나타난 첫 번째 정치적 개혁 요구는 주지하듯이 소위 '천안문 사건'(1989. 6. 4)으로 나타났는데, 이때 이 시위를 반혁명적, 반정부적 '폭거'로 규정했다.[121] 당시 중국지도부는 정치발전과 경제발전의 함수관계에 대한 논리인 '신권위주의' 개념을 도입했는데, 그 내용은 다음 몇 가지로 요약할 수 있다.

첫째, 개혁은 권력과 자원의 재분배이므로 신보수주의자가 구보수주의자를 대체하거나 제어시킨 후 다시 신보수주의자로부터 권력과 자원을 재분배하는 것이 사회적 불안과 체제위기를 최소화할 수 있는 방안이다. 둘째, 고도로 집권된 정치체제하에서 효과적인 경제발전을 이룩할 수 있다. 셋째, 현 중국의 정치 상황에서 공산당 이외의 독립된 정치조직이나 정치활동은 낭만적이며 오히려 유해하기 때문에 '개명전제자開明專制者'에 의해 영도되어야 한다. 넷째, 경제 문화수준이 낙후된 상태에서는 다수의 이익을 대표하는 소수 엘리트들이 정치를 해야 한다.[122]

여기서 신권위주의가 강조하는 것은 정치 체제에 의한 통치가 아닌 훌륭한 지도자에 의한 정치, 즉 중국전통의 정치문화인 '인치人治'임을 알 수 있다.[123] 또 '개명전제자' 운운한 것도 유가 전통의 내성외왕內聖外王적인 지도자를 말하고 있음은 물론이다. 중국의

---

121) 1989년 6월 24일 통과된 중국공산당 제13기 4중전회의 공보公報; 고영근, 위의 논문, p. 178에서 재인용.

122) Nicholas D. Kristof New York Times, 28 Feb. 1989.; Ai Kai, 쟁명爭鳴, 137기 1989/3/1, 55-56; 고영근, 위의 논문, p. 178에서 재인용.

123) 고영근, 위의 논문, p. 178.

경제성장 배경에 대해 많은 요인을 들 수 있지만, 관료제도가 갖는 유가적 정치 운용 방식 또한 무시할 수 없는데, 그 유풍이 마르크스 사상과 모순 없이 그대로 공산당 지도자들에게도 전승되고 있는 것이다.(북한도 같이 생각해볼 수 있다)

이러한 중국 전통 정치의 개명군주론과 같은 유덕자 지도자론 외에 유가사상에서 취하고자 하는 내용은 구체적으로 무엇인지 살펴보자. 첫째, 유가사상은 《대학》에서 말한 '수신 - 제가 - 치국 - 평천하'라고 하여 개인과 가족이 국가 공동체의 요소이면서 그 속에서 의미를 가질 수 있는 것으로 일체화시키고 있다. 이는 개인은 물론, 가족, 마을 공동체가 모두 국가에 협조해야 한다는 윤리를 제시하고 있다. 이것이 사회주의 국가운영, 개혁개방으로 인한 일탈을 방지하는 역할을 할 것으로 중국지도부는 생각한 것이다.

그 좋은 예가 당나라 때 기독교 교파 가운데 하나인 경교景教가 중국에 들어왔지만 오늘날까지 그 영향은 미미하고, 중국의 가족제도는 조금도 변질되지 않고, 오히려 기독교를 가족제도화하려는 경향을 보이고 있는 것이 그 증거이다. 또한 불교가 종교로서 탈가족주의적인 성격을 가졌음에도 중국의 가족문화에 잘 동화되고 오히려 가족제도를 유지시켜 주는 순기능을 보여준 역사가 이를 실증하고 있다.[124] 이미 한나라 때 유교가 관학으로 채택된 이유도 그러하였다.

124) 양수명梁漱溟, 《중국문화요의中國文化要義》, 대북 : 이인里仁출판사, 1982, pp. 36-37; 고영근, 위의 논문, pp. 180-181에서 재인용.

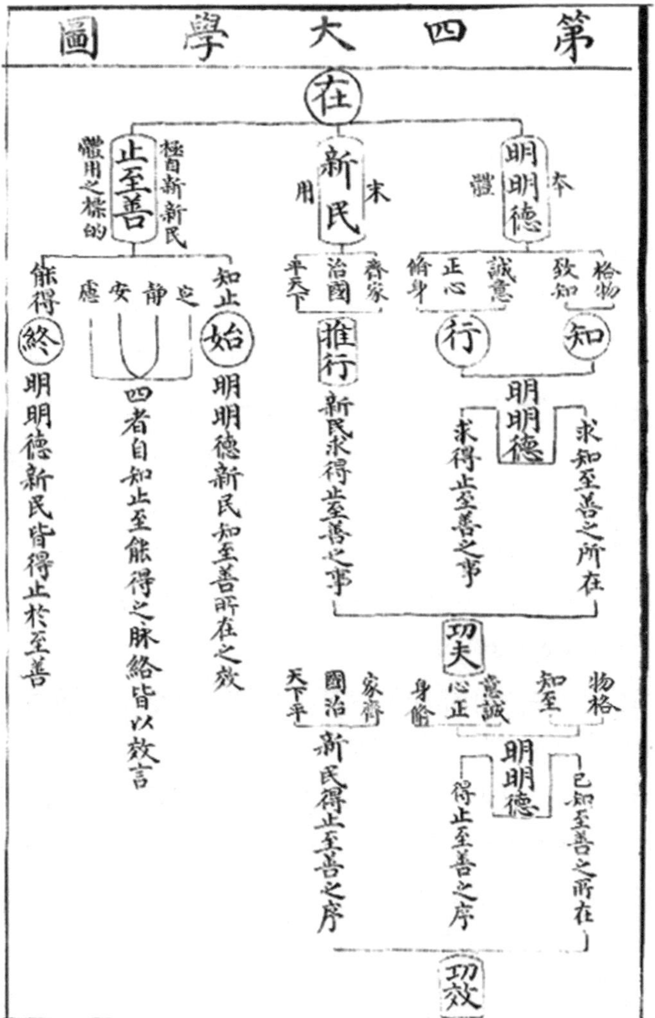

〈성학십도聖學十圖〉 중 〈대학도大學圖〉

모택동 혁명 시절에는 가족의 사유토지를 공유화하고 가족의 노동력을 집단에 소속시키는 바람에 중국인은 생리에 맞지 않은 가족의 해체를 경험한 바 있다. 역사적으로 묵가 사상이 중국에서 통일제국이 성립된 뒤 사라진 것도 그 사상 속에 가족주의를 부정하는 종교집단과 유사한 집단주의(집체주의) 사상이 강했기 때문이다.

이러한 곡절을 거쳐 중국정부는 개혁개방 이후에는 '사회주의 물질문명 건설' 방침과 병행하여 '사회주의 정신문명 건설'을 강조하고, 그 과정에서 유가사상이 중요시하는 가족윤리를 국가발전 전략의 일환으로 긍정하기 시작하였다. 1990년대 이후 지역사회의 민간전통문화를 국가이데올로기를 강화하는 문예활동으로 권장하자, 과거 봉건 미신으로 치부하였던 명절풍습과 민간예술 등이 부활하였다.[125] 강택민江澤民(장쩌민)이 중국공산당 70주년 기념식에서 행한 연설에 이러한 취지가 잘 나타나 있다. 그는 말하기를 "중국 특색의 사회주의 문화의 건설은 …… 반드시 민족의 우수한 문화전통을 계승, 발양시키고 또 사회주의 시대정신을 충분히 구현하여 자국에 발을 디디고 또한 세계문화의 우수한 성과를 충분히 흡수하여 민족 허무주의와 전면적인 서구화를 허용하지 않는다."라고 하였다.[126]

125) 고영근, 위의 논문, pp. 181-182.

126) 강택민姜澤民, 《십삼대이래중요문헌선편十三大以來重要文獻選編(하下)》, 1993, p. 1644; 고영근, 위의 논문, p. 183에서 재인용.

이제 중국에서 이념적으로 사회주의와 자본주의, 전통문화와 사회주의는 갈등 관계가 아니다. 각 소수민족의 전통문화도 발양하도록 권장하면서 중국 전체의 화합과 단합을 위하여 '애국주의'를 고취하고 있다. 이 역시 유가사상에서 제가齊家에서 치국治國으로 나아가는 국가중심주의 사상을 발양한 것이다. 1994년 8월 〈애국주의교육실시강요愛國主義教育實施綱要〉를 배부하였고, 1996년 8월 항일전쟁 승리 50주년 기념에서도 애국주의를 재강조하였다. 1997년 5월에는 '중앙정신문명건설위원회'를 설립하여 공산당의 기층 및 중간 간부들에 대한 애국주의, 집체주의, 사회주의 교육에 주력하고 있다.[127]

이상에서 살펴본 바와 같이 사회주의 시장경제를 통하여 중국식 사회주의 건설을 추진하면서 정신적 지주로 전통의 유가사상을 적극 장려하고 있다. 그러나 실제 정치에 있어서는 시장경제의 부작용을 최소화하기 위해 부심하고 있다.

가장 중요한 것이 빈부격차와 부정부패이고, 그 다음으로는 점증하는 노조결성과 투쟁이다. 빈부격차를 해소하기 위하여 연간 소득 100만 위엔(12만 달러) 이상 고소득자 가족에게는 상속세를 물리는 방안을 검토 중이라고 밝힌 중국경제일보 1999년 12월 23일자 보도를 통하여 짐작할 수 있다.[128] 또 부정부패 척결을 위

127) 고영근, 앞의 논문, p. 184. 여기서 말하는 집체주의는 '공동체의 중요성 강조'를 말한다.
128) 고영근, 위의 논문, p. 185.

해서도 노력을 기울이고 있다. 예를 하나 들면 1996년 8월에 중앙기율검사위원회가 반부패투쟁의 제도화를 추진할 것을 결의한 바 있다.[129)]

노동운동도 고용위기에 따라 실업 문제와 더불어 점증하고 있다. 가족주의 윤리로 해결하기에는 역부족으로 보인다. 그러므로 강택민은 1999년 9월 제9기 전인대에서 법치에 의존하여 국가를 다스리겠다고 천명하였다. 소위 '의법치국依法治國'이다.[130)] 과거 왕조시대에도 겉으로는 유가사상을 내세웠지만 속으로는 황제 권한이 막강하여 도무지 오늘날 우리가 논의하는 인권과 자유의 개념이 전무하였다. 중국 역대 왕조에서 신하들의 인권이 유린된 사례를 폭로한 책도 나와 있는 형편이다.[131)] 유가사상은 전근대사상이므로 역시 현대 자본주의(개혁개방의 사회주의) 체제에는 맞지 않는 점이 많다.

또 한 가지 대외 관계에 있어서 중국 전통의 중화주의의 재등장이 이웃나라와 갈등을 빚을 가능성이 서서히 나타나고 있다. 북한을 대적하고 있는 우리나라의 경우 이미 직접적으로 부딪치고 있다. 북한의 군사적 도발을 감싼다든가, 탈북자 인권 문제를 북한 편을 들어 전연 도외시한다든가 동북공정, 만리장성공정 등과 같이 역사를 왜곡한다든가 하는 문제 등이다. 앞으로 미국과 일본과의

---

129) 〈인민일보〉 1996/8/17; 고영근, 위의 논문, p. 185에서 재인용.

130) 고영근, 앞의 논문, p. 186.

131) 백양(보양柏楊), 《중국인사강中國人史綱》 상, 하; 김영수 역, 《맨얼굴의 중국사》(전 5권), 창해, 2005.

관계에서도 유사한 일이 벌어지겠지만, 중국 지도자의 사고방식에는 전통적 중화의식이 남아 있다.[132] 북한을 중국의 번방藩邦(울타리 나라)으로 생각한다면 통일은 우리 마음대로 되지 않는다.[133]

국내 정치에서 남북문제, 통일문제를 단순하게 편의대로 이슈로 삼는 것은 국내 정치용일 뿐이지만, 국민들에게 남북분단의 역사와 책임에 대해 왜곡할 가능성이 크다. 앞으로 중국이 자국문화를 군사력과 더불어 확산시키려 할 것인데, 우리나라가 역대 중국의 유가사상을 받아들였다 해서 앞으로 문화나 학술에 있어 사대주의적 발상을 또 한다면 주체성을 잃어버릴 위험이 크다. 이런 상황에서 현재 동양사회사상학 연구자들에 의해 이러한 문제를 직시하고 주체적으로 중국 고전을 연구하고 미래 인류문명의 대안으로 삼으려는 일련의 활동이 있는 것은 매우 다행한 일이다.[134]

---

132) 이철승, 〈현대 중국사상계에 나타난 '중국학열과 신중화사상'〉, 《중국학보》 제54집, 한국중국학회, 2006 참조.

133) 국내 일반 국민들, 특히 젊은 세대나 좌파 정치인, 심지어 좌경 지식인까지 현재 우리나라가 휴전 상태인 것을 모르고 남북 관계나 통일 문제를 막연하게 논의하고 있다. 북한과 미국이 휴전협정의 당사자이고, 북한 권력의 배후에는 중국이 또 있다. 미사일이나 핵 문제를 북한이 포기하지 못하는 데는 북-중 관계도 중요 요인이다. 그러므로 동·서독 관계나 중국의 양안兩岸 관계와 우리 입장은 다르다. 소비에트 연방은 무너졌지만, 공산주의 전략전술은 아직 북한의 대남 정책에 남아 있다. 여기에 대한 젊은이들과 좌경 지식인들의 통찰이 부족하다. 〈한반도포럼 남북관계 3.0 제안〉, 〈중앙일보〉 2012/7/24 참조.

134) 이동희, 〈동양사상 연구의 새로운 방향 : 중국의 현대신유학 연구 동향과 관련하여〉, 이동희, 《유교문화의 전통과 미래》, 도서출판 문사철, 2011, pp. 303-340 참조. 이들과 유사한 발상으로 유가의 전통윤리 입장에서 현대 자본주의 사회를 비판하고 동시에 유교자본론 자체를 비판하

4. 결 어 - 미래 전망

기독교 전통이 없는 동아시아에서 경이적인 경제성장을 이룩한 데 대하여 서구 학자들과 일본의 학자들이 제기한 유교자본주의론은 기본 시각이 틀린 것은 아니지만, 유교 자체가 자본주의를 추동하기보다 자본주의적 발전을 제약하는 측면이 강하다는 것을 간과한 오류가 있다. 또 역사적으로 각 문화권에서 전개된 유교의 지역적(나라별) 특색이 있다는 점도 간과하였다. 다시 말하자면 유교문화적 요인만 가지고 단순히 말할 수 없다는 것이다.

예를 들면 일본의 경우 명치유신 이후 과학기술과 서구적 사회제도를 이미 경험했고, 또 천황제 아래에서 군국주의 정치제도를 유지함으로써 국민들의 순종적 애국사상을 이미 배양한 토대가 있다. 그 외 자연재해에 대한 긴장감이라든지 사무라이 정신과 같은 공격적 성향 등이 유교보다 더 일본 경제부흥을 일으킨 요인으로 작용했으며, 무엇보다 큰 요인은 미국의 군사적 목적에 의해 전후 일본의 부흥을 지원한 것이라고 할 수 있다. 역사를 거슬러 올라가 보더라도 네덜란드의 상선이나 미국 페리 제독의 흑선黑船과 만난 것 자체가 우연, 아니면 '지리적 조건'이라고 할 수 있다. 그 밖에 한국이나 대만, 싱가포르, 홍콩 등도 나라별로 제도를 비

는 논의도 있다. 이상익, 〈유가사상과 유교자본주의론의 타당성 문제〉, 《철학》 제66집, 한국철학회, 2001도 참조, 이상익도 동아시아 고전(사상)이 현대 문명의 대안이 된다고 보고 있다.

롯한 여러 요인을 들 수 있다. 물론 거시적으로 보면 유교문화권이어서 기독교에 대해 유교의 원인을 말할 수 있지만, 그것은 너무 막연한 설명이라고 하지 않을 수 없다.

중국의 경우 유교자본론의 영향을 받아 개혁개방 이후 중국식 사회주의 정치 체제를 유지하면서 경제는 시장경제를 병행할 수 있다는 아이디어를 얻었음이 분명하다. 그 후 중국은 시장경제를 운영하는 데 필요한 여러 가지 경제 정책에 대해 한국의 과거 경험을 경청하고 있는데,[135] 이는 실수를 줄일 수 있는 좋은 방법이다. 여기에는 일본보다 낮은 단계의 한국 경제 모델이 중국에서는 배우기 적절하고, 소위 유교적 전통의 공통점이 일본보다 더 많다고 인식했기 때문이다.

이런 면이 있지만, 중국은 일본의 유교자본주의론을 객관적으로 보고 있다. 중국식으로 말하면 이 주장은 '현대 신유학'의 주장이나 과거의 '유교부흥론'과 같은 것인데, 중국은 여러 학자들이 다양한 측면에서 자유롭게 논쟁함으로써 객관적으로 인식하고 있다. 이는 중국공산당의 입장이 '비판계승론'인 것과도 무관하지 않다. 이 기조에서 유학을 긍정하는 것이다.

유학에 대한 중국 당국의 태도가 학술적으로는 여러 의견에 대해 거리를 두고 있지만, 일단 사회주의 시장경제 발전에 유효하다고 인정한 이상 비판계승론은 유학부흥론처럼 대내외적으로 역할

135) 유상철(중국연구소 소장), "중국이 한국서 배우고 싶은 열두 가지", 〈중앙일보〉 2012/6/6.

을 하게 될 것이다. 특히 유학을 국가가 지원하는 경우에는 비판계승론이 왜곡될 가능성이 많다. 유학이 남긴 역사적 족적, 부정적 영향 등은 감추어지고 하나의 이데올로기처럼 유학을 들먹이게 되면 잘못하면 유학의 부작용만 확대될지도 모른다. 과연 중국식 사회주의 건설에 유학의 어떤 점이 기여할 것인지, 부정적인 잔재는 어떻게 털어버릴 것이지 진지한 논의가 뒤따라야 한다.[136)]

대외적으로는 유학 논의에 '중화의식'이 내포되어 있어 이웃나라에 미치는 영향도 고려해야 한다. 이 점을 한국은 면밀히 지켜보아야 한다. 중국이 유학을 장려하니까 우리도 어떻게 한다는 식으로 몰주체적으로 접근해서는 안 된다.

136) 유학이나 중국사상을 연구하는 많은 학자들이 '시장경제'와 '유학의 전통'은 상호 모순되는데, 어떻게 조화를 이룰지 의문이라고 입을 모은다. 미조구치 유조溝口雄三는 "시장경제 아래에서 또 경쟁사회 속에서 어떻게 중국 전통의 상호부조 윤리를 살릴 것인지, 오히려 지금 전통 개혁의 큰 과제에 부닥치고 있다."라고 지적한다. 미조구치 유조 외, 《중국 제국을 움직인 네 가지 힘》, 글항아리, 2012, p. 349. 또 이철승은 "'시장' 개념이 현대사회의 불평등 관계와 그 권력구조를 은폐하고 있듯이 그들이 사회주의 '공유화公有化'를 주장하고 있지만 점점 비사회주의적인, 즉 자본주의의 요소가 확대되고 있다."고 말한다. 이철승, 《유가사상과 중국식 사회주의 철학》, 심산, 2002, p. 256.

제5장 동아시아 한·중·일 삼국의 유교

1. 서 언

유교(유학)는 동아시아(중국, 한국, 일본, 월남) 공통문화 요소인 것은 틀림없지만, 중세 후기(근세) 신유학이 성립되고 난 후 그 수용과 전개에서는 각국이 서로 다른 양상을 보였다. 현재는 과거의 연속이고, 미래는 현재의 연장이다. 동아시아 미래가 어떻게 전개될 것인가? 동북아 4대강국에 미국의 지배력이 가세한 지정학적으로 매우 불리한 한국의 입장, 여기에 북한의 핵이란 새로운 위협요소가 부가된 현실, 그리고 이 현실의 미래 전개는 어떻게 되고, 우리는 어떻게 생존해야 하는가 하는 매우 어려운 정치외교적 난제에 부딪치고 있다. 이념으로서의 유학은 단순히 서양철학이나 불교와 같은 것이 아니다. 정치이념, 문화이념, 사고방식에 이르기까지 견고하게 영향을 미쳐왔다. 유학은 처음부터 현실 정치 문제를 일종의 종교적 실천처럼 수행해왔다. 그러므로 문화와 정치를 함께 논하지 않으면 안 된다.

우리와 밀접한 관계가 있는 동북아시아 한, 중, 일 3국의 경우 과거 사상과 문화의 역할은 지금도 행해지고 있어서 문화공동체 구성은 생각해볼 수 있다. 그러나 각국의 기후와 풍토, 각국이 겪은 역사적 체험(특히 근 100년 동안), 현재 처한 대내외적 복잡한 정치외교적 환경 때문에 문화공동체가 이루어지기는 당분간 어렵다고 할 수 있다. 따라서 유학이 공통 이념이긴 하지만 미래에 광범위하게 동아시아 공동체에 영향을 미친다고는 볼 수 없을 것 같다. 그러므로 한국의 경우 과거 이념에만 얽매어서는 안 될 것이다.

2. 중국 한漢나라에서 유학의 독점적 지위

동아시아 유교(유학) 문명권에서 공자를 시조로 하는 유학이 오늘날까지 영향을 미치고 있다. 기독교와는 다른 형식의 종교이지만, 종교와 같은 역할을 해왔다. 문명의 차원에서 보면 그렇다. 단순히 학술사상이나 윤리규범 이상의 역할을 해왔기 때문이다. 그러면서 유학은 다른 종교와 달리 정치방법(통치술)으로서의 이론을 일종의 이데올로기로 가지고 있다. 통치자의 윤리, 지도자(관리)의 윤리, 또 가족의 윤리, 나아가 개인의 윤리(정치를 담당하기 위한 준비)가 그 속에 통합되어 있다. 물론 정점에는 왕이 교조의 위치에 있다. 이념적으로는 공자가 교조이지만, 현실적으로는 왕이 최고의 위치에 있다.[137] 왕이 최고 권력자이므로 기독교의 신

137) 천자만이 하늘에 제사를 지낼 수 있다. 중국에 천단天壇이 남아 있고, 대한제국 선포 후 지금의 조선호텔 자리에 우리나라도 원구단圓丘壇을 만들어 천자처럼 하늘에 제사 지냈다. 현실적으로는 왕(천자)이 교조의 위치에 있지만, 유교에서는 공자를 최고의 교조로 모시므로 왕은 공자를 숭배하고, 공자 제사에 참석하여 공자 숭배의 각종 칭송의 글을 내린다. 교묘한 오버랩핑이 되는 것이어서 선비(사대부)는 공자와 왕을 이념과 현실에

을 필요로 하지 않는다. 왕이 교조라면 이것은 일종의 국가종교이며, 국가를 통치하는 것이 일종의 종교 행위가 되는 것이다. 이러한 유교는 언제부터 중국에서 등장하여 어떻게 정치이념으로서 최고의 권위를 유지하게 되었는가?

진나라가 망하고 한나라가 세워진 후 초기(고조에서 4대 무제 이전까지 약 80년간)에는 황노학黃老學(황노도가)이 유행하였다. 무제의 조모인 두태후竇太后가 황노학에 심취하여 조정 대신들도 함께 지지함으로써 유학은 상대적으로 냉대를 받았다. 두태후가 죽자 황노학은 세력이 약해지고 유학이 점차 주목을 받게 되었다. 당시 춘추학에 밝았던 동중서董仲舒는 무제에게 이렇게 건의하였다.

동중서董仲舒

《춘추》에서 일체를 하나로 통일시키는 것은 천지의 불변의 원칙이고 고금에 통용되는 당연한 이치입니다. 그런데 오늘의 상황을 보면 스승은 저마다 도가 다르고 사람들은 저마다 다른 의견을 내고, 각기 다른 학파들이 저마다 주장을 달리

서 동시에 섬기는 것이 된다.

하니, 지도자는 통일된 법제를 가지지 못하고 자주 바꿈으로써 백성은 무엇을 지켜야 할지 모릅니다. 따라서 저의 생각으로는 육예六藝의 학문과 공자의 가르침에 근원을 두지 않는 학설은 길을 끊어버리고 나오지 못하게 하여야 합니다.(《한서》 권56, 〈동중서전〉)

한나라 초기 아직 제도적으로 안정되지 못한 상황에서 여러 가지 불협화음이 없을 수 없었다. 심한 경우 공신들이 조정에서 술을 마시고 공을 다투다가 대궐의 기둥을 칼로 내려치는 일까지 있을 정도였다. 이런 상황에서 숙손통叔孫通이라는 유학자가 고조에게 '조정의 의례儀禮'를 제정하는 일을 자기에게 맡겨달라고 하였다. 의례를 만든 뒤 조회朝會를 엄숙하게 치러내자 고조는 그제야 유학자들을 신임하게 되었다.

원래 한 고조 유방劉邦은 농민 출신으로 정장亭長이라는 최하급직의 신분에서 군사를 일으킨 인물이라 유학자들을 아주 싫어하여 심지어 유학자가 쓰고 있던 갓에 오줌을 누기도 하였다. 또 그는 당시

유방劉邦

왕에게 상주할 때마다 《시詩》, 《서書》를 인용하는 육가陸賈라는 유학자를 힐난하면서 "나는 말 위에서 천하를 얻었소. 어찌 《시》, 《서》 따위에 얽매이겠소."라고 하자, 육가는 "말 위에서 천하를 얻었지만 어찌 말 위에서 천하를 다스릴 수 있겠습니까?"라고 하여 고조를 부끄럽게 한 일이 있다. 그 후 고조의 생각이 달라졌고, 숙손통의 조정 의례에 감복하여 수성守成(나라를 지킴)에는 유학자가 있어야 된다고 생각하게 되었다.

이런 과정을 거쳐 한 무제 때에는 동중서의 건의를 받아들여 유교를 통치 이념으로 삼고, '오경五經'의 편찬, '태학太學'의 건립, 과거 제도의 시행을 하게 되고, 점차 관료조직망을 통하여 천하를 다스리기 시작했다. 행정구획은 군, 현으로 나누고 이 행정조직에 관료를 직접 임용하여 군주 독재 체제를 구축해 나갔다. 유학도 여기에 영향을 받아 도덕 이론으로서보다 정치 이론으로서의 성격을 강하게 띠게 되고, 관료는 당대 최고의 엘리트로서 권력과 부를 독점해 귀족정치의 기틀을 닦아 나갔다. 그리하여 공자도 신격화되고, 오경도 신성시되고, 유학도 국가종교로서 확실한 위치를 점하게 되었다. 그러면서 한편으로는 통치술로서 '법가法家 사상'을 원용하였다.

보통 우리가 알고 있기로 유학은 '수신 – 제가 – 치국 – 평천하'라고 한다. '수신'을 제외하고 나머지 세 과정은 모두 공동체 운영에 관한 것이다. '제가' 역시 오늘날의 '핵가족'을 생각하면 안 되고, '대문중' 정도의 큰 가족 공동체를 말한다. 그러므로 '제가' 역시 공동체 운영이라는 점에서 같다. 한나라 때 관료가 최고의 지성인이고 권력자요 부귀한 자였던 관계로 유학은 위와 같은 공동체 운영에 관한 지도력과 인격, 도덕적 교화 사업 등에 치중하여 이론이 전개되지 않을 수 없었고, 상대적으로 '수신'에 대한 이론은 별로 발달하지 못했다. 그것이 한나라 이후 수나라, 당나라에 이르기까지 불교와 노장사상이 성행하게 된 중요 이유이다.

그 후 송대에 와서 민족주체의식과 더불어 유학을 다시 부흥시키고자 할 때 자연히 '수신' 방향에 관심을 많이 기울이게 되고, 그 과정에서 불교 이론이 많이 참고가 되었다. 아울러 '수신'의 추구에서 인간과 자연과의 관계를 탐색하지 않을 수 없게 되자 우주에 대한 관심을 불러일으켰고, 자연스럽게 도가사상과 도교의 이론 역시 참고하게 되었다. '천인합일天人合一' 사상이 바로 그것이다.

그렇다고 유학의 본래 이념인 '치인治人'의 이념이 사라진 것은 아니다. '수기-치인'의 병행 이론이 그대로 송대 성리학性理學에도 계승되면서 '수기' 방면에 이론이 보완되었다. 그리하여 우주론-인간론(도덕론)-현실정치론이 함께 어우러진 완벽한 하나의 중세 신학이론으로서 성리학이 형성되었고, 이것이 동아시아 문명사에서 오랫동안 영향을 미쳤던 것이다.

이 유학은 서구침략에 의한 근대 문명의 전기를 맞기까지 700여 년 동안 종교 아닌 종교로서, 또 정치 이데올로기 내지 가부장적 공동체 윤리로서 권위를 유지하였다. 그러나 근대 개항기에 와서 큰 변화를 겪게 된다.

3. 아편전쟁 이후의 중국 유학의 변화

중국이 아편전쟁(1840년 발발)에서 패한 이후 서양을 배우지 않으면 안 된다는 자각이 시작되었다. 더욱이 1860년 영, 불 연합군에 의해 북경이 함락되자 위기의식은 극에 달하였다. 첫 움직임이 증국번, 좌종당, 이홍장 등이 중심이 된 '양무洋務운동'이다. 이 운동은 문화는 중국 전통을 지키면서 서양의 발달된 무기를 도입하여 군비를 확충하자는 정책이다. 중국 전통의 '오랑캐를 배워 오랑캐를 이긴다'는 취지였다.

그러나 20년 뒤 1895년 청일전쟁에서 다시 패배한 후 양무운동은 비참한 결말을 초래하고, 변법變法(정치제도 개혁)만이 유일한 대안이라 생각하게 되었다. 엄복, 강유위, 담사동, 양계초 등이 주동한 이 변법운동은 서양이 부강한 이유는 군사무기와 군사과학에만 있는 것이 아니라 동양 전제정치와는 다른 근대적 정치제도에 있다는 생각에서 중국의 왕정체제를 개혁하자고 주장하였다. 이 변법을 위해서는 유학의 바탕인 전제왕정을 뒤엎어야 하므로 유학에는 큰 도전일 수밖에 없었다. 그리하여 변법파는 부득이 혁명적 방법으로 밖에 할 수 없다는 결론에 도달, 1898년 '무술정변'을 일으켰다. 그러나 서태후 등 보수파들에 의해 103일 만에 실패로 돌아가고 말았다.

변법파들이 주장하는 입헌군주제의 바탕에는 서양의 자유민권 사상이 깔려 있다. 엄복은 서양이 부강한 이유는 "자유를 체體로 삼고 민주를 용用으로 삼는 데 있다."는 천부인권론을 내세웠다. 담사동은 유학의 삼강오륜의 윤리는 전제군주를 떠받치는 버팀목이라 보고 강하게 비판하였다. 중체中體에서 서체西體로 변화가 불가피하다고 보아 유학에 하나의 큰 변화를 요구한 셈이었다.

한편 강유위 등은 서양의 강함은 기독교와 같은 종교 문화에 있다고 보고 공자를 내세워 기독교처럼 중국 문화의 체로 삼고자 하였다. 중국의 문제를 인식하고 중체서용이 불가능하다는 것을 인정하면서도 변법파들은 여전히 전통유학에 미련을 버리지 못하고 있었다. 이는 '현대신유학'과 비슷한 입장이고, 정치적으로는 개량주의에 머물렀다고 밖에 할 수 없다. 물론 무술정변 실패에 외부적인 조건이 여의치 않았지만, 그들의 사고방식에는 유학전통을 살리려는 민족주의 의식이 강하게 남아 있었다.

그러나 중국을 식민 상태에서 구할 수 있는 유일한 길은 공산주의 혁명 밖에 없다고 생각한 마르크스주의자들은 전통문화, 유학에 대해 전연 다른 평가를 내렸다. 1915년 진독수는 유교사상을 타도하고 서구의 과학과 민주를 선전하기 위하여 《신청년》을 창간하여 '동서문화논쟁'(1915~1927)이 일어나는 계기를 만들었다. 또 '과학과 형이상학 논쟁'(과현科玄논쟁; 1923~1924)도 일어나 전통문화를 옹호하는 일파는 점차 인문학, 즉 성리학의 형이상학적 유산을 옹호하는 입장을 보였다.

1919년 5월 4일 북경에서 일어난 애국적 학생운동은 서구 문화에 대한 중국 전통문화의 길을 모색하였는데, 여러 입장에서 동서문화 비교를 활발하게 진행하였다. 이 움직임을 '5·4 신문화 운동'(1915~1927)이라고 한다.

크게 나누면 중국 전통을 버리고 전반적으로 서구화해야 한다는 입장과 개량주의적 전통적 입장, 즉 전통을 서구사상으로 보완해 가되 중국 전통을 옹호하려는 민족주의적 입장이 대립되었다. 보완적 전통주의자들은 '송대 신유학'을 중국 전통문화의 정수로 보고 이것을 미래 세계문화에 기여할 수 있다고 믿었다. 이들을 '현대신유학자'라고 한다. 제1세대로 양수명, 장군매, 웅십력, 제2세대로 풍우란, 하린, 전목, 제3세대로 당군의, 서복관, 모종삼 등이 있고, 제4세대로 채인후, 유술선, 두유명 등이 있다.(유술선과 두유명은 미국에서 활동) 그러나 모택동에 의해 중국이 공산화되면서 유학은 1980년대 초반까지 청산해야 될 부르주아 전통으로 지목되어 여지없이 파괴되었다.

1978년 이후 등소평의 개혁개방 정책 채택 이후 유학에 대해서도 긍정적 평가가 이루어졌다. 1984년부터 89년까지 이어진 소위 '문화열文化熱'은 유학부흥론의 모습을 보였고, 지금도 이어지고 있다. '개혁개방'은 우리말로 하면 경제개발에 해당하고, 문화열은 민족문화 부흥 정도에 해당한다고 할 수 있다. 지금 공산당 일당 체제, 국민의 직접선거가 없는 집단지도체제를 유지하고 있는 반半

전통-반半민주 식의 절충식 정치체제에서 유학이 체제유지에 유효하다고 생각하여 초등학교에서 '사서四書읽기 대회'를 여는 등 공자사상 전파에 열을 올리고 있다.[138]

그러나 이는 객관적으로 볼 때 서구적 의미의 종교가 없었던 무신론, 범신론적 전통, 마르크스주의 종식, 모택동 사상의 퇴조, 개혁개방으로 인한 서구 사회의 부정적 문화의 침투 방지 차원에서 선택하지 않을 수 없는 일종의 정치적 결정이라고 할 수 있다. 이는 현대신유학처럼 자유로운 사상적 선택이 아니고 '민족주의' 경향이 다분히 있는 것이다. 현대신유학 역시 그런 경향을 갖고 있다.

그런데 한국의 주자학 전통에서 볼 때 현대신유학에는 약간의 문제가 있다. 육상산, 왕양명 위주의 유심주의唯心主義 성리학을 주류로 보는 데[139]서 보듯이 객관적으로 타당성이 부족하다고 할 수 있다. 과거의 신유학은 주자학이 중심이고, 지금의 현대신유학은 양명학이 중심이라는 비교우위의 도식 자체가 억지인 것이다.

---

138) 여기에 대해서는 진성수, 〈중국과 대만의 경전읽기운동 연구〉, 《유학연구》 27집, 한국유교학회, 2012 참조.

139) 현대신유학의 대표 학자 모종삼의 경우 육상산, 왕양명이 공자 이후 송대 성리학까지 중국 전통사상의 본줄기이고, 주자학은 별파(별종)라고 보고 있고, 대만과 해외에서 현대신유학을 하는 많은 학자들도 그렇게 생각하고 있다. 모종삼, 황갑연 외 역, 《심체와 성체 1》, 소명출판사, 2012; 황갑연, 〈현대신유학자 모종삼의 주자 도덕철학 이해에 대한 재고〉, 《중국학보》 56집, 2007; '역자와의 대화'(모종삼 저서 《심체와 성체》 전7책 대표 번역자 황갑연과의 대담), 《오늘의 동양사상》 23호, 예문동양사상연구원, 2012 참조.

원시유교(공자, 맹자, 순자 사상)가 유심주의는 아니기 때문이다. 유교는 공동체 윤리를 강조하는 정치이론인 것이다. 이런 관점에서 볼 때 현재 중국식 사회주의 건설에 유학을 끌어들인 경우도 마르크스주의를 한번 거친 중국 정치가 유학의 왕도정치와 충효윤리를 어떻게 활용할 것인지 매우 흥미로운 일이다. 그 유학이 미래에 우리 한국 사람들이 전통적으로 생각한 유학과 같을지는 의문이다. 또한 중국 유학은 항상 '중화주의'를 중국인의 집단무의식 속에서 전제하고 있다. 북한의 무력도발과 북핵 문제를 중국이 어떻게 인식하고 코멘트하는지 보면 잘 알 수 있다.

4. 일본 막부幕府에서의 주자학 수용과 일본식 해석

근세 일본은 중국을 중심으로 한 동아시아 문화권에 속하였다. 하지만 그 사상사의 구체적인 양상이 다른 나라와 사뭇 다르다. 그것은 일본의 경우 주자학이 중국 사대부나 우리나라 선비와 같은 담당층이 없고, 또 과거 제도가 없었기 때문에 관료 겸 엘리트들만의 독점적 교학이 아니었던 것이 중요 이유이다. 즉 무사계급, 쵸닌(町人; 상인계급)이나 농민들에게도 어느 정도 유학이나 성리학이 보급되었다. 그리하여 주자학 일변도가 아니고 고학古學, 양명학, 국학國學, 미토학(水戶學) 등 여러 학파가 다양하게 성행하였다. 그러나 에도 막부시대(1603~1867) 일본 역시 주자학을 수용하여 체제교학으로 삼았다. 그리하여 현대에 이르기까지 일본사회에 영향을 끼치고 있다. 여기에는 조선조 임진왜란과 통신사의 영향도 크다. 반면에 주자학을 일본 본위로 해석한 학자도 다수 있는데, 이것이 일본의 특색이다.

국서루선도國書樓船圖(조선의 국서國書를 받들고 일본의 강을 건너는 통신사 일행)

에도시대에 들어와 주자학을 처음 학습한 사람은 후지와라 세이카(藤原惺窩, 1561~1619)와 그 제자 하야시 라잔(林羅山, 1583~1657)이다. 두 사람 다 승려 출신으로 주자학을 수용, 막부 관학의 기초를 마련하였다. 세이카는 18세 때 교토 상국사相國寺의 승려가 된 후 주자학을 공부하기 시작, 30세 때(1590)는 조선 통신사 황윤길黃允吉, 김성일金誠一, 허잠許箴 등과 교유하면서 주자학에 취미를 많이 가졌고, 도쿠가와 이에야스가

후지와라 세이카藤原惺窩

정권을 잡고 난 뒤 일으킨 임진왜란 때 가져간 많은 주자학 관계 서적을 보고 한층 더 공부를 심화시켜 나갔다.[140] 그때 포로로 연행되어 왔던 퇴계학파 강항姜沆의 영향도 많이 받았다. 그는 주자학자이면서도 육상산, 왕양명의 학문도 수용하고, 한시漢詩를 좋아하고 일본 노래 와카(和歌)도 즐기는 폭넓은 교양을 지닌 인물이었다. 그는 불교는 배척하였고, 은거하면서 주자학에 힘을 쏟아 당시 많은 제자를 길렀다.

하야시 라잔林羅山

하야시 라잔은 교토 출신 하급무사 출신의 아들로서 13세 때 승려가 되었다가 3년 뒤 하산하여 유학을 공부하였다. 그는 당시 승려들이 기본적으로 익히는 문학과 사학을 배우면서 유학과 신도학神道學도 흡수하였다.[141] 그는 세이카와 달리 육상산, 왕양명 등의 학설을 배척하고 주자학만을 신봉할 것을 주장, 한때 스승 세이카와 갈등을 빚기도 했다. 그는 스승의 추천으로 막부의 문교 책임자로 발탁되어 반관반민의 강습소를 만들

140) 성해준, 〈일본 주자학의 전개와 수용〉, 《동아시아 유교문화의 새로운 지향》, 청어람미디어, 2004, pp. 247-248. 이하 세이카의 서술은 여기에서 인용.

141) 성해준, 위의 책, pp. 248-250. 이하 라잔의 서술은 여기에서 인용.

어 본격적으로 주자학을 연구하였다. 주자학이 막부 교학이 된 것은 1634년의 일로 이때 막부의 모든 제도와 법령이 완비되자 라잔은 공공연하게 배불排佛을 주장하였다. 그는 이에야스(家康)의 정치를 왕도라 하고 이것은 바로 주자학의 덕치와 같다고 주장하였다. 1691년에는 유시마성당(湯島聖堂; 공자사당)과 쇼헤이코(昌平黌; 당시 관립 대학교)를 맡아 관리하였다. 같은 해 그 손자는 막부의 대학 책임자가 되어 교학을 이끌었다. 그는 쉽게 볼 수 없는 박학가로 문사철은 물론 본초학, 병학, 신도학神道學 등에도 밝았다. 이하야시 집안 전승의 학문을 당시 '린케(林家) 관학'이라고 불렀다.

이들과 달리 야마자키 안사이(山崎闇齋, 1618~1682)는 주자학을 수양주의적으로 전개하고, 또 일본 입장에서의 해석을 강조하는 학풍을 보였다.[142] 안사이 역시 무사의 아들로 어릴 때 입산하여 승려가 되었지만 20대 중반에 환속하여 주자학을 공부, 하야시 라잔처럼 '주자학만이 진리'라고 강조하였다. 그는 주자의 저술을 정밀하게 연구한 결과 원,

야마자키 안사이山崎闇齋

142) 성해준, 위의 책, pp. 250-252. 이하 안사이의 서술은 여기에서 인용.

명 이래 주자학 흐름이 잘못되었다고 보고, 주자 원래 의미로 돌아가고자 하였다. 그리하여 '린케 관학' 같은, 막부에 봉사하는 학문은 속학이라 배척하고 인간의 길을 찾아가는 것이 주자학이요 유학이라 생각하였다. 그리하여 주자의 주해 이외는 다 물리치고, 또 주자의 '거경궁리居敬窮理'에서 '거경'이 더 중요하다고 생각했다.

그러면서 한편으로는 주자학을 일본 전통 사상에 습합襲合시켜 '주체적 실천학'으로 변화시켰다. 그는 말하기를 "중국의 요, 순, 문왕, 무왕, 공자, 맹자가 일본에 쳐들어와서 일본을 복종시키려 한다면 주저하지 말고 이를 타도해야 한다."라고 하고, 또 "예의, 덕화로써 복종시키려 해도 그들의 신하가 되지 않는 것이 '춘추의 도'이며 '일본 공맹孔孟의 도'이다."라고 하였다.

안사이는 천지의 리理에 바탕을 둔 군신의 의義는 일본에서만 완전히 실현되었고, 만세일계萬歲一系의 천자를 정점에 둔 일본의 국체國體는 만국에 유례를 찾아볼 수 없는 자랑스러운 제도임을 주장하면서 천황에 대한 절대 충성을 강조했다.[143] 그는 윗사람을 공경하여 올라가면 공자, 나아가 하늘에 이르는데, 일본의 유일한 지고至高의 존재는 일본을 창조한 아마테라스 오미가미(天照大神)이고, 그 정통을 이은 현 천황가의 지배를 받는 것은 일본인의 올바른 도리라고 하였다.[144] 이는 주자학과 신도의 결합인데,

143) 나가오 다케시, 박규태 역, 《일본사상 이야기 40》, 예문서원, 2002, p. 193.

144) 나가오 다케시, 위의 책, p. 187.

이를 '스이카垂加 신도'라고 한다. 그의 제자 아사미 케이사이(淺見絅齋, 1652~1711)에 와서는 역성혁명으로 정권을 잡은 은나라의 탕왕, 주나라의 무왕은 '군주를 죽인 대죄인'이라고까지 단죄하였다.145) 이러한 주장은 미토번(水戶藩)의 미토학파(水戶學派)에 전해져 '존왕양이론'의 토대가 되었다. 뒤에는 거꾸로 막부가 실정을 하여 막번체제 타파, 즉 '도막론倒幕論'이 일어날 때는 그 원동력이 되기도 하였다. 안사이 사상은 이와 같이 후학들에게 큰 영향을 미쳤는데, 그의 문인은 약 6천명이나 되어 에도시대 사상과 교육에 많은 영향을 주었다.

탕왕湯王

이러한 관학적 성격의 주자학에 대해 비판적인 학파가 없었던 것은 아니다. 양명학, 고증학(일본에서는 '고학古學'이라고 불렀다), 국학國學, 군학軍學(군사학) 등이 있었다. 대체로 양명학이나 고증학은 조선조에도 있었으므로 특이한 것은 아니나 국학이나 군학은 일본적 특색이 있다. 일본의 '사무라이'는 헤이안(平安) 시대(794~1185) 후기부터 본격적으로 성립한 계층이며, 그 본질은 '자신의 토지와 일

145) 성해준, 앞의 책, p. 251.

족을 지키기 위하여 싸우는 전투의 전문가'이다. 막부가 성립되고 전쟁이 종식되자 이들은 관념적 사상을 통해 스스로를 의식, 무사도를 하나의 사상으로 체계화시켰다. 이것이 '군학'이고, 많은 군학자들이 나와 군학서軍學書를 저술하였다. 야마가 소코(山鹿素行, 1622~1685)의 《산록어류山鹿語類》가 유명하다.[146] 조선의 선비사회와는 다른 일본의 풍토와 문화의 일단면이고, 그것이 바탕이 되어 침략과 전쟁에 가책이 별로 없었던 것이다.

국학은 순수한 일본문화를 찾자는 취지의 학문이다. 나라(奈良) 시대(710~794)의 문헌인 《만엽집萬葉集》과 《고사기古事記》, 그리고 헤이안 시대 여류문학이 텍스트였다.[147] 태고적 일본의 모습을 환상적으로 미화하였다. 모토오리 노리나가(本居宣長, 1730~1801)의 《고사기전古事記傳》에서 "태고의 일본 정치가 좋았다."라고 하여 현재 천황의 직접 통치를 승인

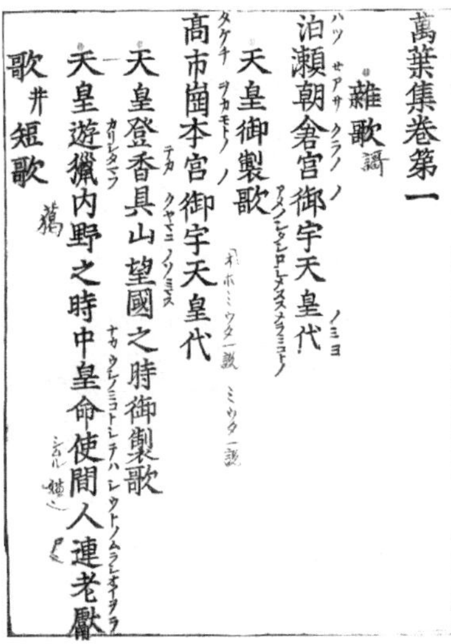
萬葉集卷第一
雜歌
泊瀨朝倉宮御宇天皇代
天皇御製歌
高市崗本宮御宇天皇代
天皇登香具山望國之時御製歌
天皇遊獵内野之時中皇命使間人連老獻歌并短歌

《만엽집萬葉集》

146) 나가오 다케시, 위의 책, pp. 132-137.
147) 나가오 다케시, 위의 책, p. 180.

하면서 그 이유를 《고사기》에 그렇게 쓰여져 있기 때문이라고 국수주의적으로 해석하였다.148) 이런 사상은 당연히 배타적 성격을 가질 수밖에 없다.

한편 주자학을 반대하고 서양문물을 받아들여야 한다고 생각한 일군의 학자들도 있었는데, 일본이 비록 쇄국정책을 취했으나, 네덜란드와는 외교관계를 가지고 교류함으로써 '난학蘭學'이 유행하였다.149) 또 8대 쇼군에 이르러서는 재정문제 해결을 위해 1720년 기독교 관련 이외의 양서는 해금 조치함으로써 일반 학자들도 유럽문화를 공부할 수 있게 되었다. 그리하여 산업 진작을 위한 의학, 천문학, 공학 같은 실학이 많이 소개되었다.150) 이것이 일본의 명치유신과 유럽문화 수용에 기초가 되었다. 중국이 아편전쟁에서 패하자 이념적으로나 군사적으로 우월감이 생겨 조선을 치자는 '정한론征韓論'이 일어났고, 개화론자 후쿠자와 유키치(福澤諭吉, 1835~1901)는 일본은 아시아를 벗어나 유럽문화에 들어가야 한다는 '탈아입구론脫亞入歐論'을 주장하였다.151) 그러면서 천황제와 부딪치는 기독교는 배척하였다. 일본인의 집단 무의식 속에는 이때 형성된 천황 숭배, 정한론, 탈아입구, 사무라이 싸움 기질, 일사분란한 질서의식이 내면화되었다.

148) 나가오 다케시, 위의 책, p. 185.
149) 나가오 다케시, 위의 책, p. 199.
150) 나가오 다케시, 위의 책, p. 200.
151) 나가오 다케시, 위의 책, pp. 238-242.

5. 한국의 주자학 과잉

조선조 주자학은 어떤 면에서 보면 중세의 조선조를 떠받친 고급문화였지만, 다른 면에서 보면 이데올로기 과잉이었다. 명청 교체기 조선조는 광해에서 인조로 넘어가는 시기, 인조반정 후 노론 정권기의 정치 상황을 보면 주자학이 이념적으로 과잉이었음을 알 수 있다. 명청 교체 시기는 주자학적 명분이나 중국 본위의 내셔널리즘을 원용한 만주족에 대한 폄하와 배척을 수긍할 수 있지만, 명나라가 망한 다음에 '재조번방지은再造藩邦之恩'을 내세워 만동묘萬東廟를 짓고 명나라의 신종과 의종을 제사지낸 것은 지나친 명분주의에 사로잡힌 것이다. 그 후 학문과 정치에서 주자학을 지나치게 숭배한 것도 같은 맥락이다. 정조대왕이 주자학 공부에 몰두했던 일[152], 조선 말에 이르기까지 많은 학자들이 주자서 읽기에 열중하여 《주자대전》에 대한 주해서를 계속 낸 일[153], 대원군마저 《자치통감강목》을 애독하고 《강목집요》[154]를 지은 일은 소중한 전통문화유산이긴 하지만, 주자학에 대한 지나친 편애라 아니할 수 없다.

---

152) 정조는 주자와 송시열의 저서에서 시문詩文을 뽑아 《양현전심록兩賢傳心錄》을 편찬하였고 또 《주서백선朱書百選》을 편찬하였다.(물론 신하에게 명하여 편찬)

153) 주자문집에 대한 주해서는 퇴계의 제자들에 의한 《주서강록간보》에서 시작하여 송시열의 《주자대전차의》, 한말의 이항로의 《주자대전차의집보》에 이르기까지 많은 주해서와 주자문집의 발췌본이 나왔다.

154) 1878년 신응조가 대원군의 명을 받아 편찬하였다. 7권 3책.

물론 조선조 중기에 회재 이언적이 주자의 《대학장구》에 대한 보완책으로 《대학장구보유》와 《속대학혹문》을 지었고, 서계 박세당은 《사서사변록》을 지어 주자의 《대학장구》에 대해 일부 비판한 적이 있다. 화담 서경덕은 성리학의 한 유파인 유기론唯氣論(기의 우주 유기체론)155)을 주장하며 평생 우주 자연의 연구에 몰두하였다. 또 양명학도 하곡 정제두에 의해 학파를 형성하였고, 조선조 후기에 와서는 실학과 고증학도 성행하였다. 다산 정약용의 경우 실학과 고증학에 관한 방대한 저술을 남겼음은 주지의 사실이다.

《회재집晦齋集》

155) 중국 고대부터 '기 우주론'은 《장자》의 '들판의 아지랑이 관찰'에서 보듯이 유물론적이라 할 수는 없어도 우주의 근원적 물질, 혹은 요소가 무엇인가에 대해 탐구하여 그것을 '기氣'라고 하였다. 이 기의 유기체론적 우주론은 성리학자 횡거 장재가 전개하였는데, 주자가 이를 자기 체계 속에 넣어 자연(우주)을 설명할 때는 이 '기론氣論'을 응용하였다. 서화담은 우리나라에서 횡거 계통을 이은 대표적 인물이다.

한국의 경우 일본과 달리 중국을 통해 들어온 기독교(천주교)에 대해서도 많은 유학자들이 종교로서 수용하고 신앙한 것도 특이하다. 한편 이론 성리학에 있어서 율곡 이이의 특색 있는 전개를 빼놓을 수 없다.

퇴계 이황이 '정통 주자학자'라면 율곡은 주자학보다 범위가 넓은 '탁월한 성리학자'라고 할 수 있다.[156] 성리학 형성에 영향을 준 불교와 도가사상에 대해서도 이해가 깊었고, 또 명나라 학자 정암 나흠순의 학설(주자학과 양명학의 장단점을 절충)도 참고하여 그의 사상을 전개하였기 때문이다. 그러므로 그를 단순히 주자학자라고 할 수 없고, '한국적 성리학'을 완성하였다고 할 수 있다. 그의 학설은 그가 항상 강조한 바와 같이 '도학'으로서 철학 이론뿐만 아니라 정치·경제·사회 전반에 걸쳐 '몸의 실천'을 통하여 실제 적용하고자 하였다. 임진왜란을 통하여 일본에 전해진 퇴계학은 근자 70년대 이후 국학붐을 타고 국제학술대회를 계기로 일본 학자들이 많이 내방하여 '일본의 퇴계학'을 많이 선양함으로써 잘 알려졌지만,[157] 율곡학의 경우 상대적으로 그 가치를 학자들이

---

156) 주자학과 성리학의 개념의 범위를 비교하면 '성리학'이 더 넓다. 퇴계는 주자학을 40세 이후 본격적으로 공부하기 시작했고, 그중에서도 '주자의 편지글'을 정밀하게 읽고 추려 제자들에게 가르치는 것을 필생의 사업으로 여겼으며, 이런 입장에서 주자학 이외의 다른 학설은 돌아볼 여념이 없었고, 제자들에게도 주자학에만 집중하도록 권하였다. 그러나 율곡은 성리학 전반에 걸쳐 두루 섭렵하였고, 화담이나 매월당 김시습, 명나라 나흠순 같은 학자들에게도 관심을 가졌다. 율곡은 항상 '도학'이라는 말을 즐겨 썼는데, 이와 맥락이 같다.

157) 서울에 퇴계학연구원, 부산에 퇴계학부산연구원이 있고, 대구의 영남

잘 모르고 있는 실정이다.

일본의 경우 주자학과 신도를 결합하여 국수주의 사상인 국학 및 존왕양이 사상으로 계승되었는데, 조선의 경우 실학자들이 우리 것을 연구하려는 국학의 성격을 띠었다. 일제강점기 민족주체성을 찾는 과정에서 '실학'을 더욱 선양하였다. 이런 것은 일본이나 별반 차이가 없다. 다만 일본의 경우 서양문화에 대해 적극적으로 받아들이려는 태도가 조선보다 강했다고 할 수 있다. 이는 인물의 차이보다도 조선 남쪽에 위치하여 표류 선박과의 조우가 쉽고, 과거 제도가 없어 학자들이 비교적 취향에 따라 다양한 학문을 접할 수 있었고, 지방자치적인 행정구조, 근대 서구 식민지 침략의 시기와 내용에 있어 조선과 달랐던 점[158]이 서양문화의 수용을 용이하게 한 점도 무시할 수 없다.

이와 같이 두 나라의 근대화 과정에서 차이가 난 것은 여러 요인에서 살필 수 있고, 국가 운명적인 요소(지정학적 요소)도 있다고

퇴계학회, 국제적으로는 '국제퇴계학회'가 결성되어 각국에 지부가 있다. 경북대, 안동대에 퇴계연구소가 또 있다. 《퇴계학보》가 140집 가까이 간행되었고, 1970년 연구원이 설립된 이후 매년 학술대회, 격년제로 국제학술대회도 여러 번 열었다.

158) 1853년 미국의 페리가 함대를 이끌고 일본에 와 개항을 요구한 때부터 조선이 일본 침략으로 강화도조약을 체결한 1876년까지 약 20년간과 1876년부터 청일전쟁이 일어난 1894년까지의 20년간은 서구 식민지 침략의 양상이 조금 달랐다. 앞 시기는 서구 세력이 무역에 초점을 두었고, 후기는 식민지 쟁탈이 국제정치적으로 중요하게 되었으며, 그 와중에서 조선의 '군사적 요충지'로서의 중요성이 인식되기 시작하였다. 이에 대해서는 이동희, 〈개화기의 갈등과 모색〉, 《동아시아 전통문화와 현대한국》, 계명대학교 출판부, 2008, pp. 145-151 참조.

할 수 있다. 그러나 조선은 중앙집권제의 절대왕정에 과거제에 의한 주자학 일방의 정치이념에 매몰되어 다른 학문이나 외부세계의 변화에 대해 민감할 수 없었던 것은 분명하다. 지나친 중국 중심의 '화이華夷사상'에 세뇌된 것을 반성하지 않을 수 없다. 한말에 '위정척사파'의 이론도 주자학에 기초하여 동양의 문화(중국문화; 주자학)를 지키기 위하여 오랑캐와 서양문명을 배척한다는 논리였다. 심지어 나라(국가)는 망해도 또 세우면 되지만 한번 오랑캐 문화에 침윤되면 오랑캐로 변해버리기 때문에 위정척사를 한다는 식이다. 여기에 내셔널리즘은 없다. 주자의 민족주의는 북방을 침범한 오랑캐에 대한 남송의 '구토舊土 회복'이라는 중국적 내셔널리즘이지만, 한말 주자학자의 위정척사는 주자학을 모방하는 데 그쳐 진정한 '조선을 지키기 위한' 내셔널리즘은 외치지 못했다. 동북아시아 유교문화는 공자와 주자에 의한 중화문명이지 조선조라는 '우리나라'는 아닌 것이다. 이 점이 오늘날 시점에서 보면 매우 유감이 아닐 수 없다.

6. 동아시아 문화공동체와 정치외교적 갈등

한국이 한국전쟁(6·25사변)을 겪는 동안 일본은 미국에 전쟁물자를 공급함으로써 과거 생산시설을 재가동하여 경제를 회생시키고, 이후 미국에 자동차를 수출함으로써 비약적으로 경제를 부흥시켰다. 이때 일본이 주장한 것이 '유교자본주의'이다. 유교가 경제

부흥에 도움이 된다는 것은 막스 베버(Max Weber)가 서구 자본주의 발전에 프로테스탄티즘(신교, 즉 청교도 윤리)이 추동력이 된 것과 마찬가지로 일본의 그것은 유교이고, 이를 '유교자본주의'라고 할 수 있다는 것이다. 즉 충, 효를 강조하는 유교의 가족윤리라는 것이다. 이것과 연관된 요인으로 교육의 중시, 높은 저축률, 종신고용제, 재벌위주의 산업구조, 금권결탁, 가부장적 회사경영 등이 함께 거론된다. 이는 서구 가치관과는 다른 것임에도 동아시아 산업화의 촉매제가 되었으므로 유교자본주의라고 명명한 것이다.

이는 동양 삼국이 대부분 공유하는 요소이다. 지금 중국이 경제 발전을 하고 있는데, 그 시작은 동남아시아에 흩어져 있던 화교(홍콩 포함)였다. 이들은 공동체 의식, 가족주의 의식을 가지고 있었으며, 상호신의를 바탕으로 중국인 상권을 유지하고 있었다. 그러므로 중국의 경제 발전도 유교와 무관하지 않다고 할 수 있다. 한국 역시 마찬가지이다. 이렇게 보면 동아시아의 문화적 공통성은 많다. 문자도 '한자'를 공통으로 쓰고 있어[159] 사고에 공통성이 있다.

그러나 역사적으로 유교와 주자학을 다르게 해석하였듯이 현재 각국은 유교적 유산이 조금씩 다르게 영향을 미치어 그 사회 윤리적 문제도 차이를 보인다. 중국이나 한국의 경우 가족주의 여

159) 동북아 공동번영을 위해 한중일 3국 저명인사 30명으로 구성된 민간 협의체인 '한·중·일 30인회'는, 2006년 제1차 창립총회 이후 3국이 번갈아가며 회의를 주최하였다. 2011년 6차 회의(중국 항저우)에서 한중일 공통한자를 만들자는 안건을 발의해 2013년 8차 회의(일본 홋카이도)에서 상용공통한자 808자를 선정하였고, 현재 책이 나와 있다.

파로 '연고주의'가 가장 큰 사회적 문제로 대두되고 있다. 한국의 경우 '박애'를 주장하는 기독교(특히 개신교)도 '교회연고'라는 신종 연고주의로 병들어 있다. 교회를 자식에게 세습하기까지 한다. 중국의 경우 정치 방면에서는 집단지도체제를 취하고 있어 다소 연고주의를 완화하였지만, 사회 각 부분에 아직 영향을 미치고 있다. 한국의 경우 지연, 교회연 등이 정치 방면에도 영향을 미치고 있다. 뿐만 아니라 사회 부정부패의 온상이 되고 있다. 일본의 경우 이성異姓의 양자제도에서 보듯이 연고의식이 훨씬 덜한 것 같다. 이는 천황 중심의 국가주의, 군국주의라는 병영식 사회통제의 경험이 연고의식을 완화시킨 것이다. 한편 북한은 지도자가 3대 세습하고 있는데, 어느 일본 학자의 연구처럼 이는 유교의 영향임이 분명하다.

또 하나 문제는 중국이나 한국이 '시민윤리'의 미정착 단계에서 자본주의를 도입한 결과 '물신숭배', '한탕주의'가 경제 질서를 어지럽히고 있다. 해방 이후 아직까지 한국의 경우 부정부패가 사라지지 않고 있고, 불량식품 등 상식을 벗어난 경제범죄가 판을 치고 있다. 중국의 경우도 불량식품 문제, 부정부패, 짝퉁문제 등이 아직 감소하지 않고 있다. 이러한 부정의 뒷면에는 '비합리적인 사고방식'이 도사리고 있어 근대화라는 문명과는 상당한 거리가 있다. 한국의 경우 정치판이 욕과 상말, 무고, 명예훼손이 겁도 없이 저질러지고 있다. 정치는 오로지 '정권 쟁취'에 매몰되어 있다. 북한 방송은 비난과 욕을 여사로 하고 있다. 일본 역시 금권 정치로

골머리를 앓고 있다. 이런 것이 반드시 유교의 영향이라고 할 수는 없지만, 일말의 책임은 면할 수 없을 것이다. 유교가 근대적 사고방식과 시민윤리 정착에는 부정적인 영향을 계속 미치고 있다. 다만 3국이 시차가 있을 뿐이다.

흔히들 '동아시아 3국의 문화공동체' 수립을 말한다. 공통점을 보면 가능한 면도 있지만, 갈등의 면을 보면 매우 회의적이다. 갈등은 대외정책(외교)면에서 뚜렷이 나타난다. 대외정책이나 국제사회에서의 활동에는 유럽 여러 나라들 사이의 협조보다 더 큰 차이를 느낄 수 있다. 이는 역사적 경험이 이질적이고, 국내 정치체제가 다르고, 국가의식이 서로 상이하기 때문이다. 우선 공통의 문화인 유교나 주자학을 한국과 일본이 받아들여 전개한 양상이 다르고, 중국의 반半식민지 경험, 한국의 식민지 경험, 일본의 침략행위와 같은 역사적 경험이 모든 것을 뒤집어버린다. 영토문제, 역사해석 문제에서 우선 장벽에 부딪친다. 여기에 또 중요한 변수로 핵을 포함한 북한 문제가 있다.

북한 문제에는 중국의 '화이론華夷論', '한반도에 대한 종주권 의식', '미-중 패권경쟁 문제'가 복합적으로 내재하고 있다. 거기에 한국에서 북한 문제를 정치적으로 이용하고(친북과 진보활동을 혼동), 북한은 이를 틈타 남남갈등을 부추기고 있다.(목표는 적화통일) 한국의 일부 정치인이나 지성인들은 아직 과거 조선조의 당쟁의식, 명분론에 사로잡혀 있고, 국제사회에서 돌아다니는 외교적 레토릭(修辭)에 현혹되어 앞의 세 가지 문제에 대해 깊이 생각하지 못하고 있다. 여기에 유교적 교양을 가진 진유眞儒의 역할이 절실히 요구된다.

논설의 출처 일람

■ 제1부 현대 교양을 위한 유교 이야기 : 《현대인의 유교읽기》(아시아문화사, 초판 1999년 / 개정증보판 2005년)

■ 제2부 동아시아의 전통문화와 미래 전망

◆ 제1장 한국의 유교사회와 인문학 전통 : 〈유교사회의 인문학 전통〉, 《인문학의 전통과 새로운 지평》(계명대학교 인문과학연구소 편, 계명대학교 출판부, 2004년)

◆ 제2장 여말 주자학의 도입과 조선 초기의 주자학 : 〈여말 주자학의 도입과 조선 초기 성리학의 특징〉, 《한국문화사상대계 2》(영남대학교 민족문화연구소 편, 영남대학교 출판부, 2000년)

◆ 제3장 유교의 입장에서 '통일' 문제를 보는 시각 : 〈유학의 시각에서 본 통일 - 윤리의식 개혁과 관련하여 -〉, 《담수》 43집(사단법인 담수회, 2014년)

◆ 제4장 중국의 사회주의 건설과 유학의 장려 : 〈중국 시장경제 구축과 유학의 재발견〉, 《담수》 41집(사단법인 담수회, 2012년)

◆ 제5장 동아시아 한·중·일 삼국 유교 : 〈유학과 더불어 아시아 속으로〉, 《담수》 42집(사단법인 담수회, 2013년)

도판목록 및 사진자료 출처

- 〈안향安珦〉, 작자 미상, 국립중앙박물관 소장 / 137
- 〈이색李穡〉, 작자 미상, 국립중앙박물관 소장 / 146
- 〈정몽주鄭夢周〉, 이한철李漢喆 이모移模, 국립중앙박물관 소장 / 152
- 〈불씨잡변佛氏雜辨〉, 《삼봉집三峯集》, 정도전鄭道傳 찬撰, 국립중앙도서관 소장 / 160
- 〈김시습金時習〉, 작자 미상, 무량사 소장 / 174
- 〈태극도太極圖〉, 《성리대전性理大全》, 호광胡廣(명明) 등 찬撰, 국립중앙도서관 소장 / 177
- 〈장재張載〉, 포전주蒲田周(명明) 찬撰, 《속간성현도續刊聖賢圖》, 국립중앙도서관 소장 / 179
- 《소학언해小學諺解》, 선조宣祖 명간命刊, 국립고궁박물관 소장 / 188
- 문묘文廟, 문화재청 사진 제공 / 189
- 〈송시열宋時烈〉, 작자 미상, 국립중앙박물관 소장 / 199
- 〈성학십도聖學十圖〉 중 〈대학도大學圖〉, 이황李滉 찬撰, 국립중앙도서관 소장 / 237
- 〈동중서董仲舒〉, 포전주蒲田周(명明) 찬撰, 《속간성현도續刊聖賢圖》, 국립중앙도서관 소장 / 247
- 〈유방劉邦〉, 포전주蒲田周(명明) 찬撰, 《속간성현도續刊聖賢圖》, 국립중앙도서관 소장 / 248
- 〈국서루선도國書樓船圖〉, 작자 미상, 국립중앙박물관 소장 / 256

《공자성적도孔子聖蹟圖》로 보는 공자의 일생

1. 니산치도尼山致禱
2. 조두예용俎豆禮容
3. 직사위리職司委吏
4. 직사승전職司乘田
5. 태묘문례太廟問禮
6. 문례노담問禮老聃
7. 태산문정泰山問政
8. 안영저봉晏嬰沮封
9. 퇴수시서退修詩書
10. 배조우도拜胙遇途
11. 협곡회제夾谷會齊
12. 주소정묘誅少正卯
13. 광인해위匡人解圍
14. 예견남자禮見南子
15. 송인벌목宋人伐木
16. 영공문진靈公問陳
17. 자로문진子路問津
18. 재진절량在陳絶糧
19. 행단예악杏壇禮樂
20. 서수획린西狩獲麟
21. 치임별귀治任別歸

문묘배향文廟配享 인물

성균관成均館의 대성전大成殿에는 현재 공자孔子와 사성四聖, 공문孔門 10철哲, 송조宋朝 6현賢, 우리나라의 18현賢 등 모두 39분의 위패가 봉안되어 있다.

- 공자孔子
- 사성四聖 : 연국兗國 복성공復聖公 안자顔子, 성국郕國 종성공宗聖公 증자曾子, 기국沂國 술성공述聖公 자사子思, 추국鄒國 아성공亞聖公 맹자孟子
- 공문십철孔門十哲 : 비공費公 민손閔損, 운공鄆公 염경冉耕, 설공薛公 염옹冉雍, 제공齊公 재여宰予, 여공黎公 단목사端木賜, 서공徐公 염구冉求, 위공衛公 중유仲由, 오공吳公 언언言偃, 위공魏公 복상卜商, 영천후潁川侯 전손사顓孫師
- 송조육현宋朝六賢 : 도국공道國公 주돈이周惇頤, 예국공豫國公 정호程顥, 낙국공洛國公 정이程頤, 신안백新安伯 소옹邵雍, 미백郿伯 장재張載, 휘국공徽國公 주희朱熹
- 동국십팔현東國十八賢 : 홍유후弘儒侯 설총薛聰, 문창후文昌侯 최치원崔致遠, 문성공文成公 안향安珦, 문충공文忠公 정몽주鄭夢周, 문경공文敬公 김굉필金宏弼, 문헌공文獻公 정여창鄭汝昌, 문정공文正公 조광조

趙光祖, 문원공文元公 이언적李彦迪, 문순공文純公 이황李滉, 문정공文正公 김인후金麟厚, 문성공文成公 이이李珥, 문간공文簡公 성혼成渾, 문원공文元公 김장생金長生, 문렬공文烈公 조헌趙憲, 문경공文敬公 김집金集, 문정공文正公 송시열宋時烈, 문정공文正公 송준길宋浚吉, 문순공文純公 박세채朴世采